UNZÄHMBARER ZONO

Shikke

Inhalt

UNZÄHMBARER ZONO

TW: Häusliche Gewalt

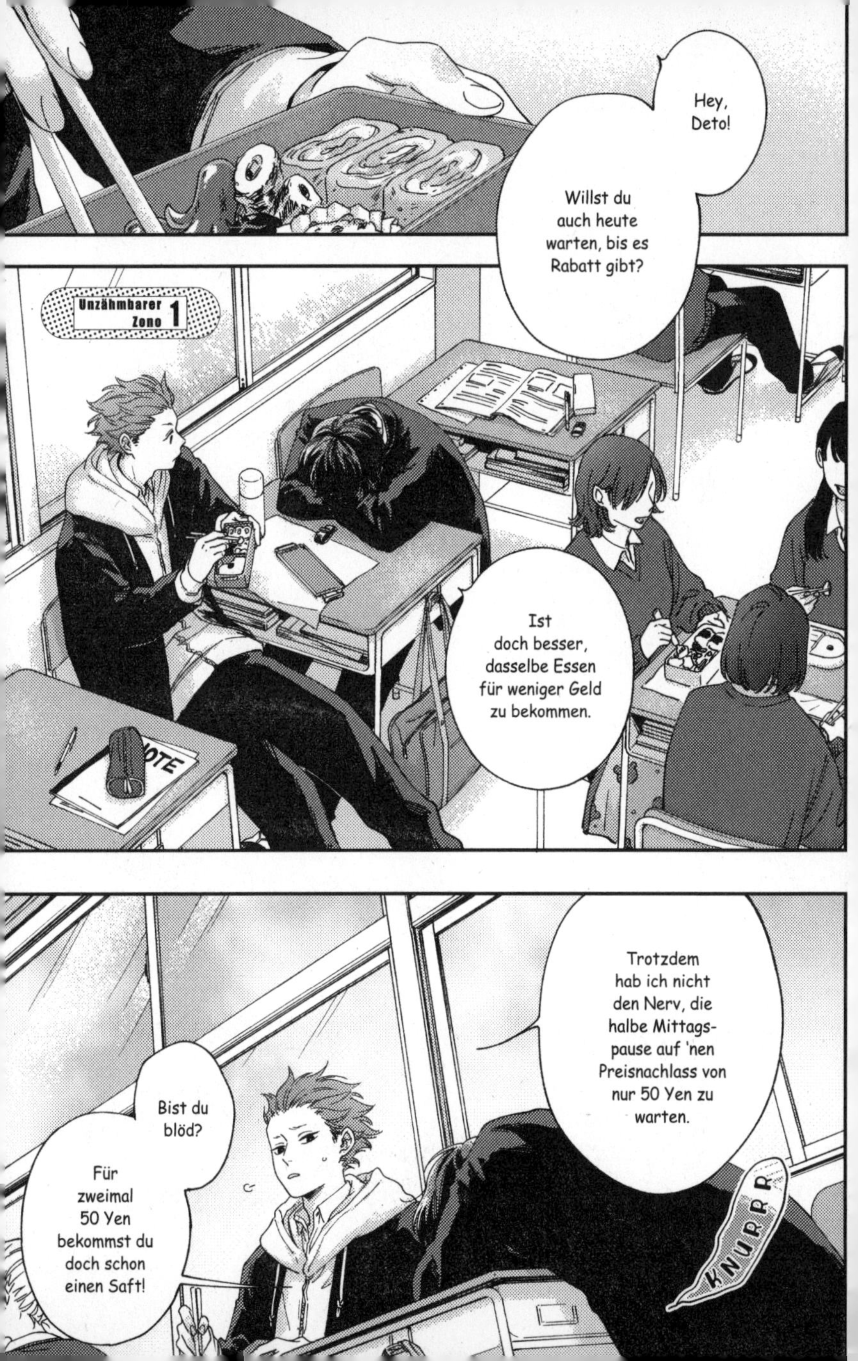
Hey, Deto!
Willst du auch heute warten, bis es Rabatt gibt?
Unzähmbarer Zono 1
Ist doch besser, dasselbe Essen für weniger Geld zu bekommen.
NOTE
Trotzdem hab ich nicht den Nerv, die halbe Mittags-pause auf 'nen Preisnachlass von nur 50 Yen zu warten.
Bist du blöd?
Für zweimal 50 Yen bekommst du doch schon einen Saft!
KNURRR

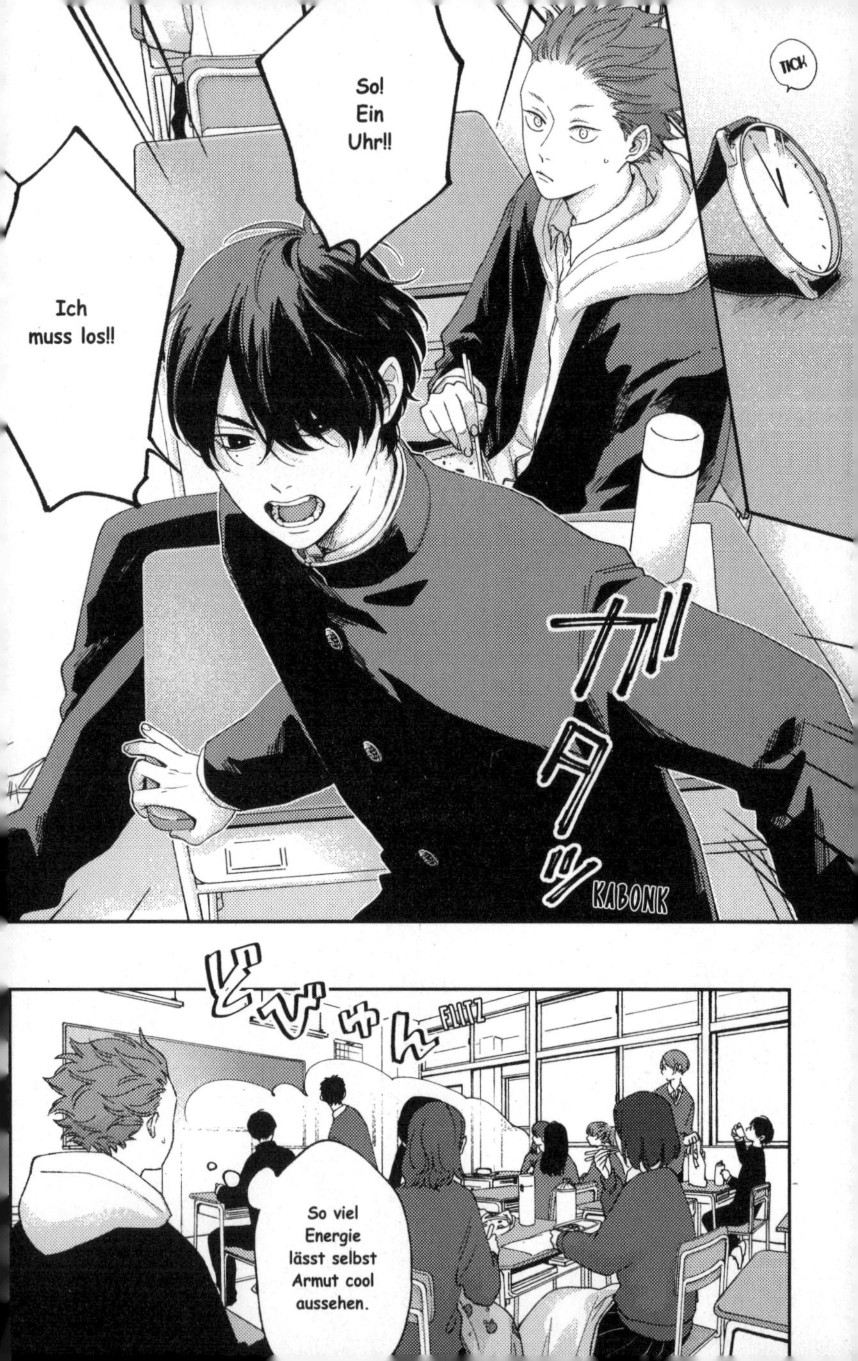
TICK
So! Ein Uhr!!
Ich muss los!!
KABONK
FLITZ
So viel Energie lässt selbst Armut cool aussehen.

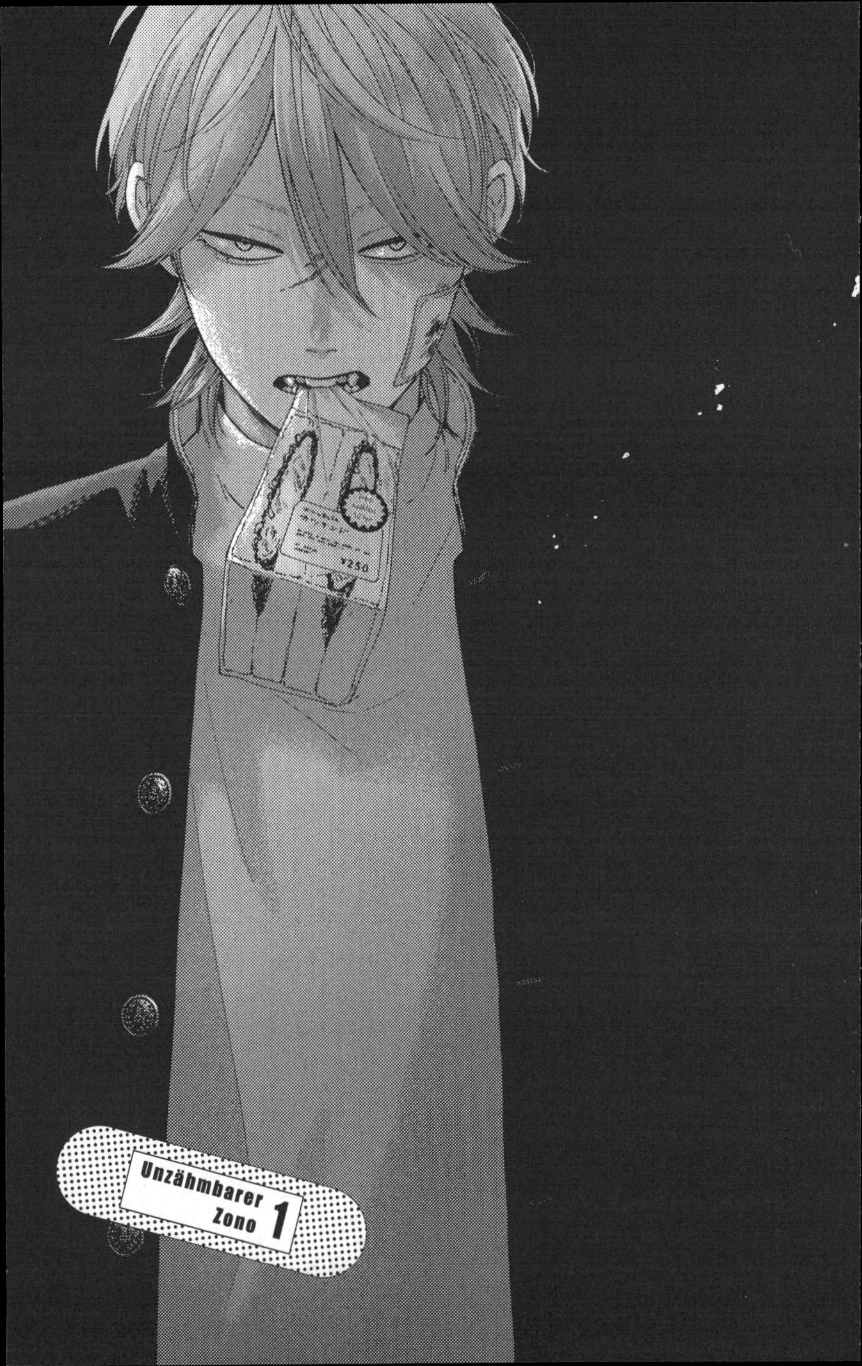
Unzähmbarer
Zono 1

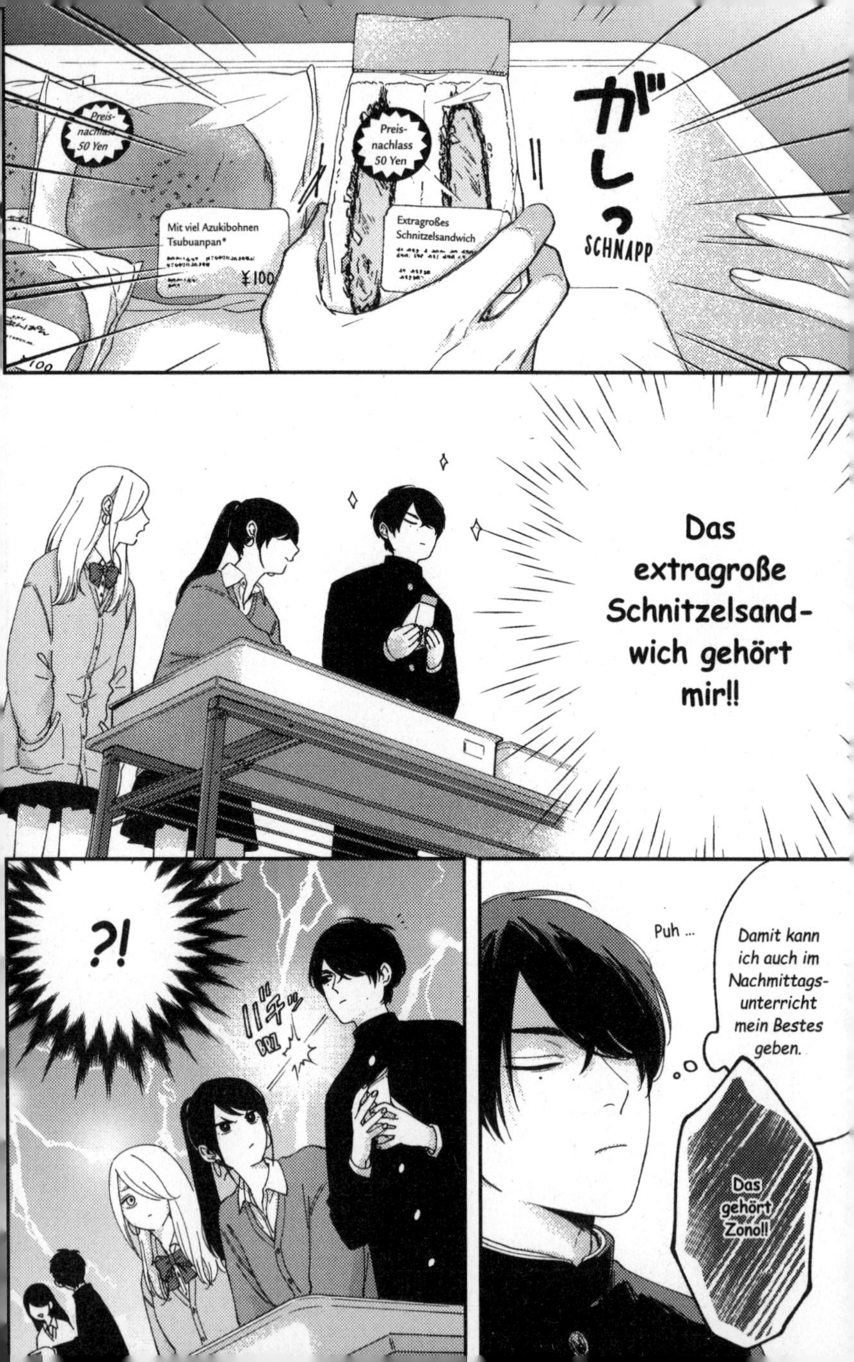
Preis-
nachlass
50 Yen
Preis-
nachlass
50 Yen
Mit viel Azukibohnen
Tsubuanpan*
¥100
Extragroßes
Schnitzelsandwich
がしっ
SCHNAPP
Das extragroße Schnitzelsandwich gehört mir!!
?!
バチッ
BRZ
Puh ...
Damit kann ich auch im Nachmittagsunterricht mein Bestes geben.
Das gehört Zono!!

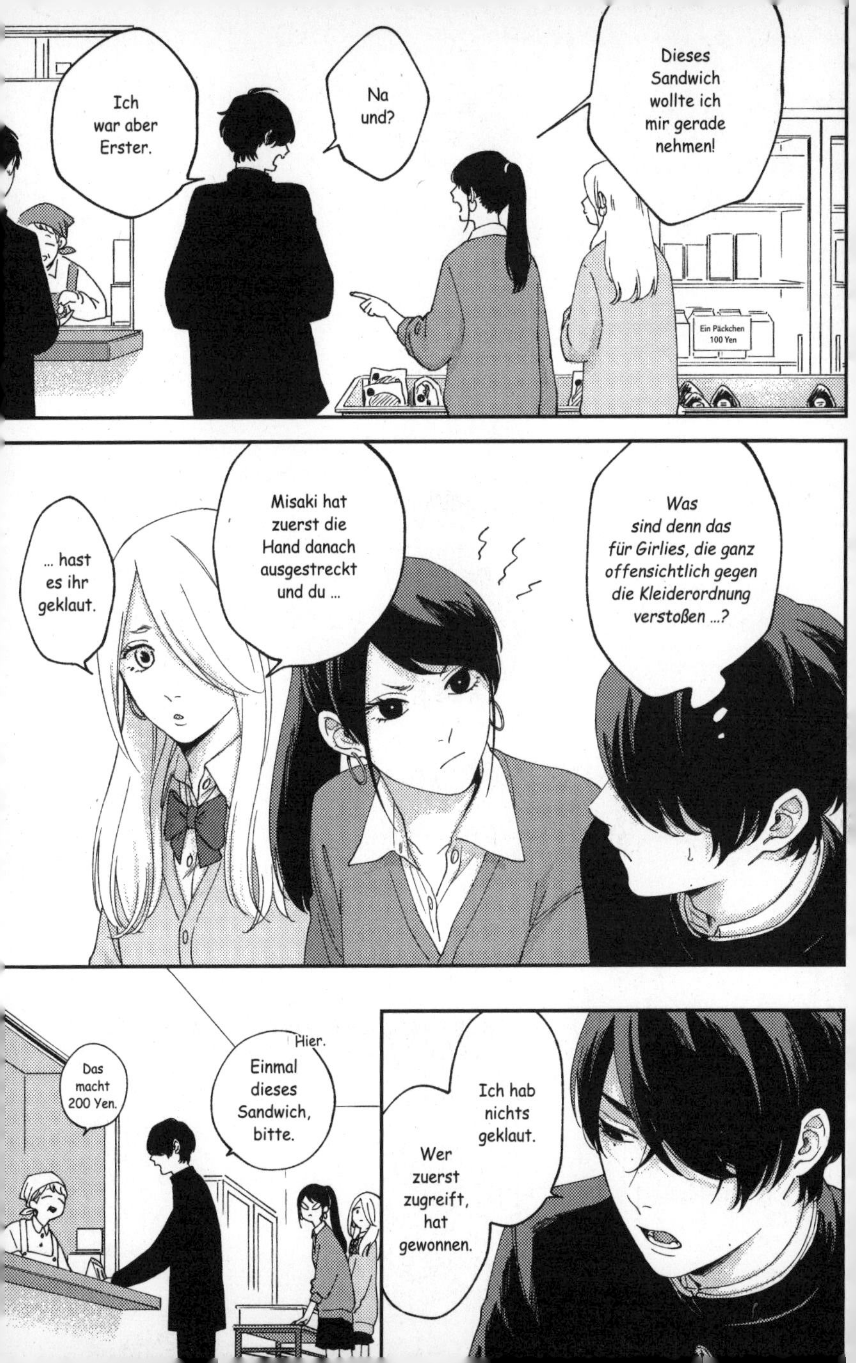
Dieses Sandwich wollte ich mir gerade nehmen!
Na und?
Ich war aber Erster.
Ein Päckchen 100 Yen
Was sind denn das für Girlies, die ganz offensichtlich gegen die Kleiderordnung verstoßen ...?
Misaki hat zuerst die Hand danach ausgestreckt und du ...
... hast es ihr geklaut.
Ich hab nichts geklaut.
Wer zuerst zugreift, hat gewonnen.
Hier.
Einmal dieses Sandwich, bitte.
Das macht 200 Yen.

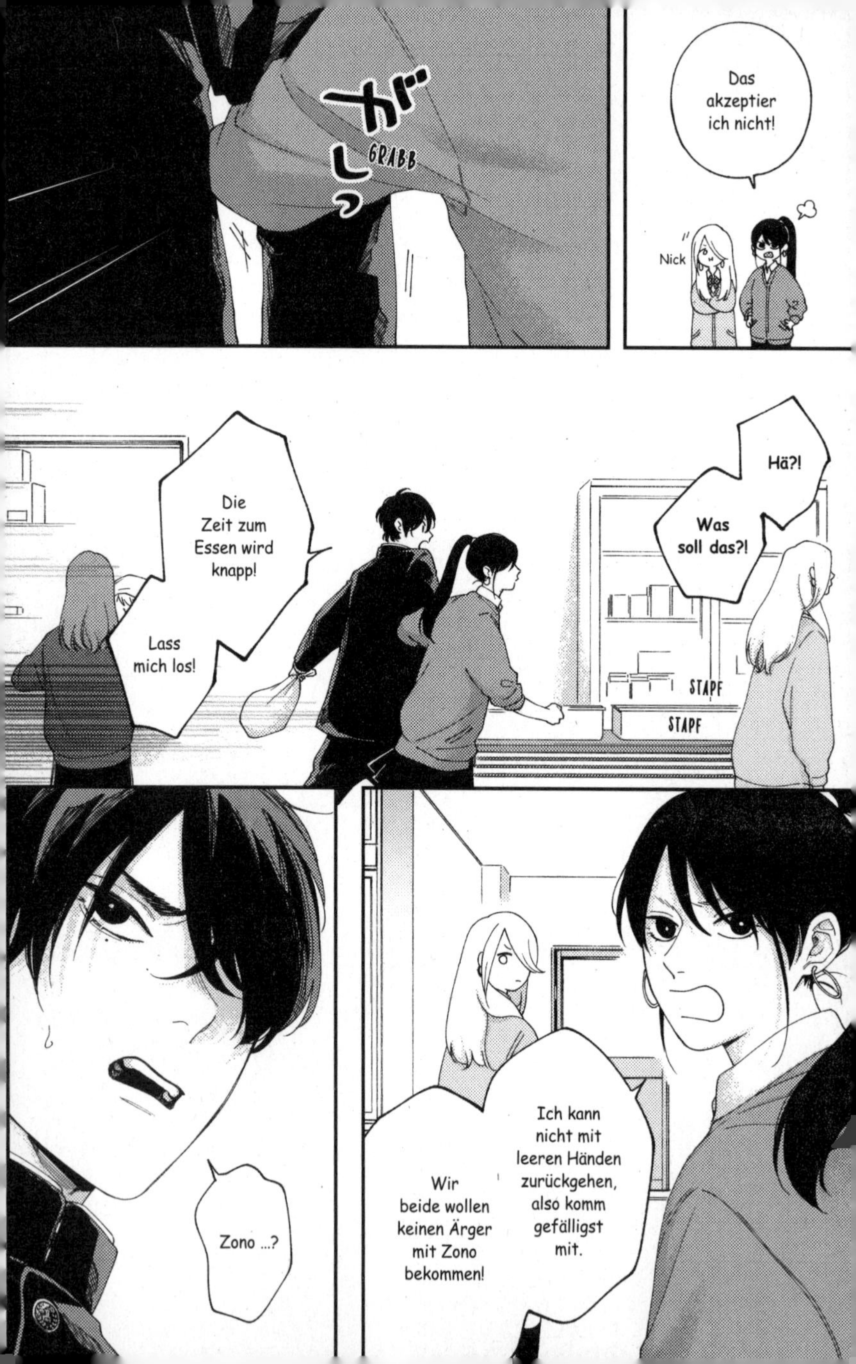
Das akzeptier ich nicht!
Nick
GRABB
Hä?!
Was soll das?!
Die Zeit zum Essen wird knapp!
Lass mich los!
STAPF
STAPF
Ich kann nicht mit leeren Händen zurückgehen, also komm gefälligst mit.
Wir beide wollen keinen Ärger mit Zono bekommen!
Zono ...?

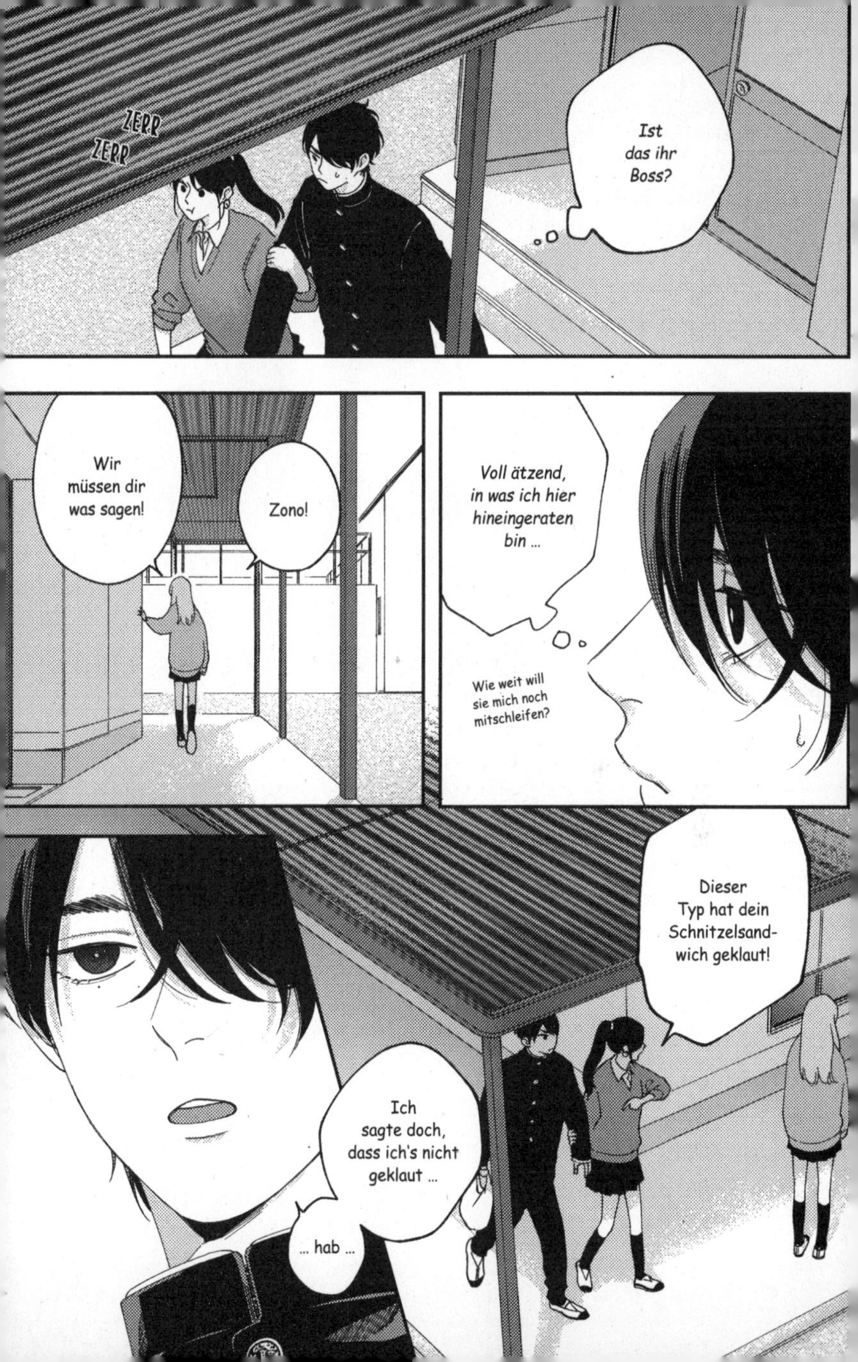
ZERR ZERR
Ist das ihr Boss?
Voll ätzend, in was ich hier hineingeraten bin ...
Wie weit will sie mich noch mitschleifen?
Zono!
Wir müssen dir was sagen!
Dieser Typ hat dein Schnitzelsand-wich geklaut!
Ich sagte doch, dass ich's nicht geklaut ...
... hab ...

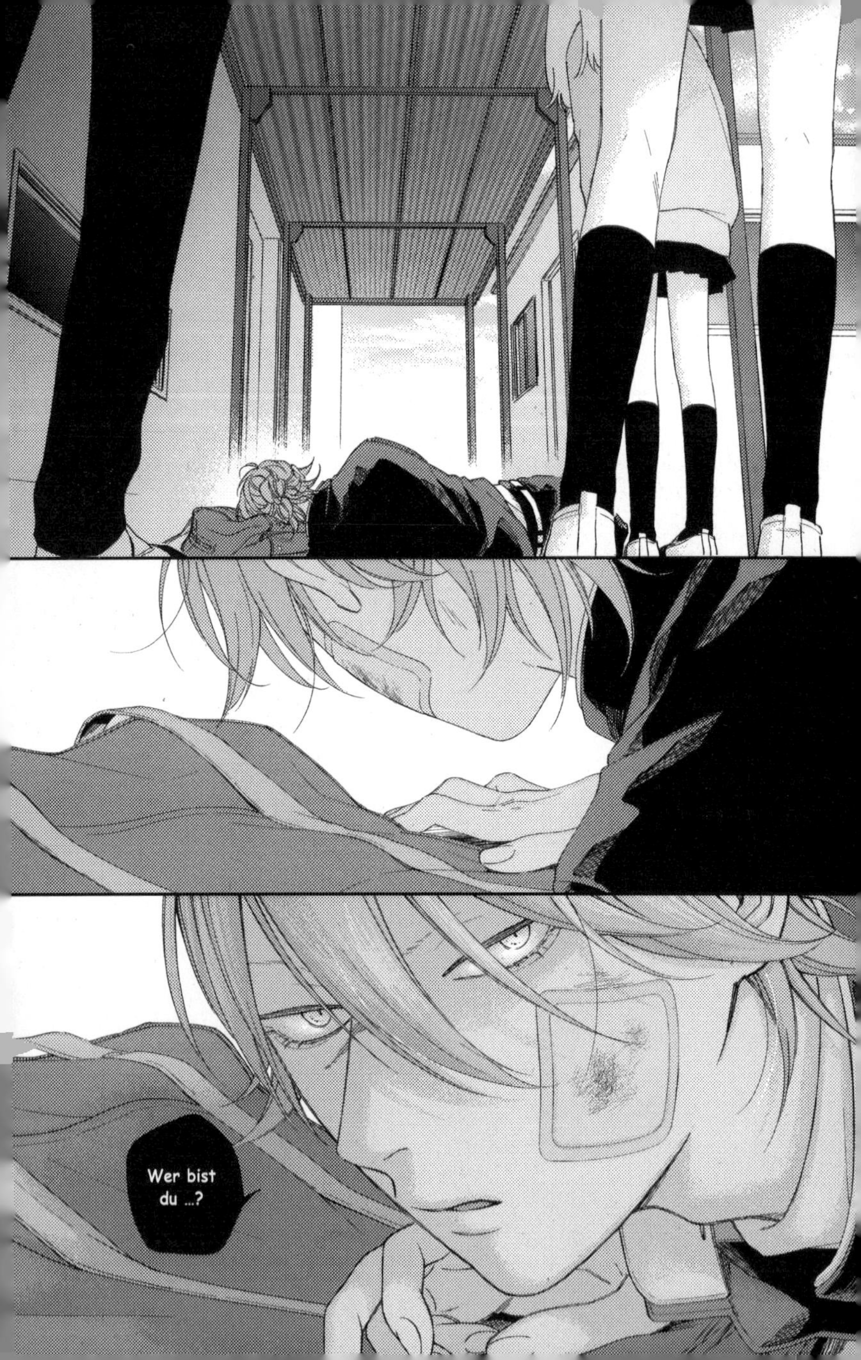
Wer bist du ...?

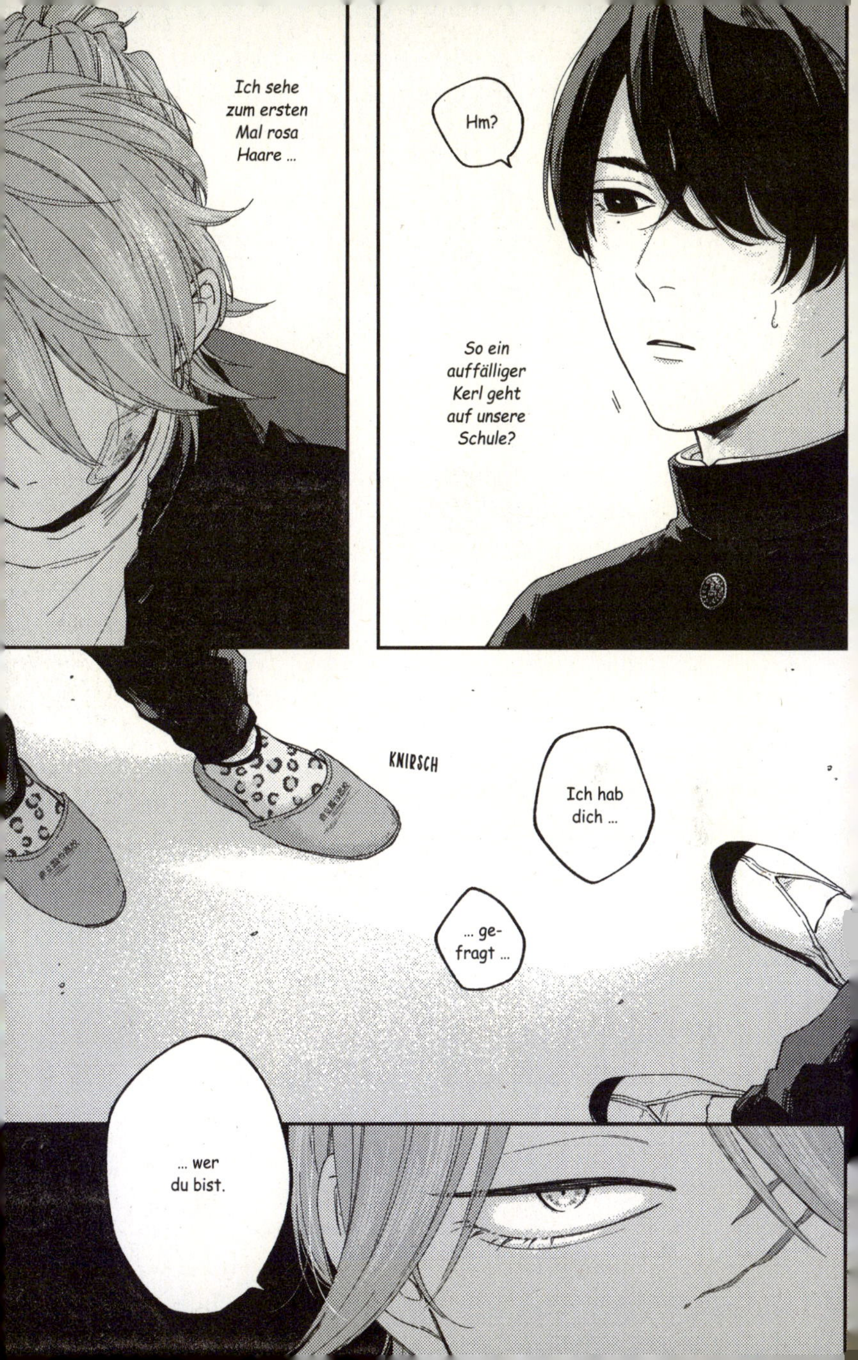
Hm?
Ich sehe zum ersten Mal rosa Haare ...
So ein auffälliger Kerl geht auf unsere Schule?
KNIRSCH
Ich hab dich ...
... ge-fragt ...
... wer du bist.

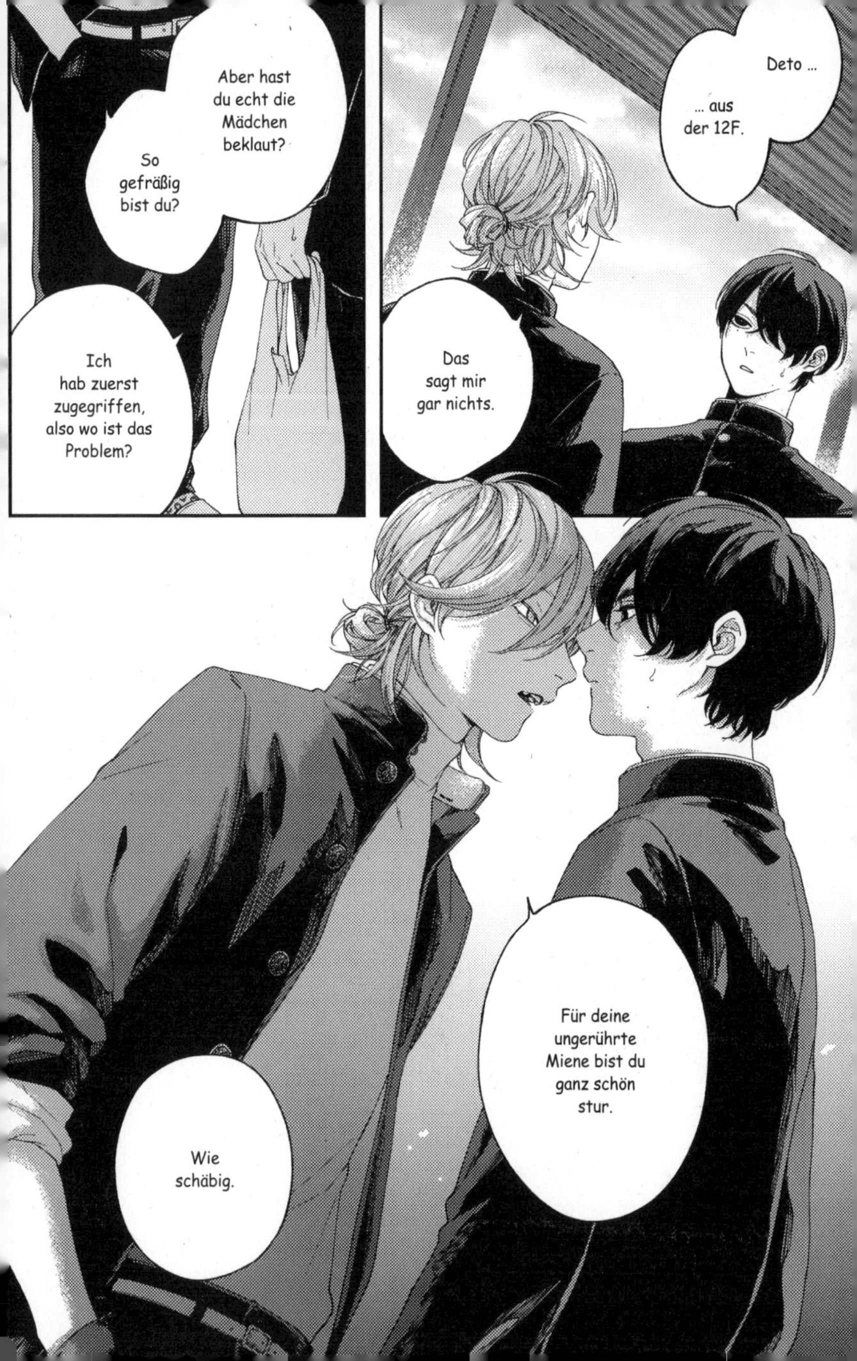
Deto ...
... aus der 12F.
Das sagt mir gar nichts.
Aber hast du echt die Mädchen beklaut?
So gefräßig bist du?
Ich hab zuerst zugegriffen, also wo ist das Problem?
Für deine ungerührte Miene bist du ganz schön stur.
Wie schäbig.

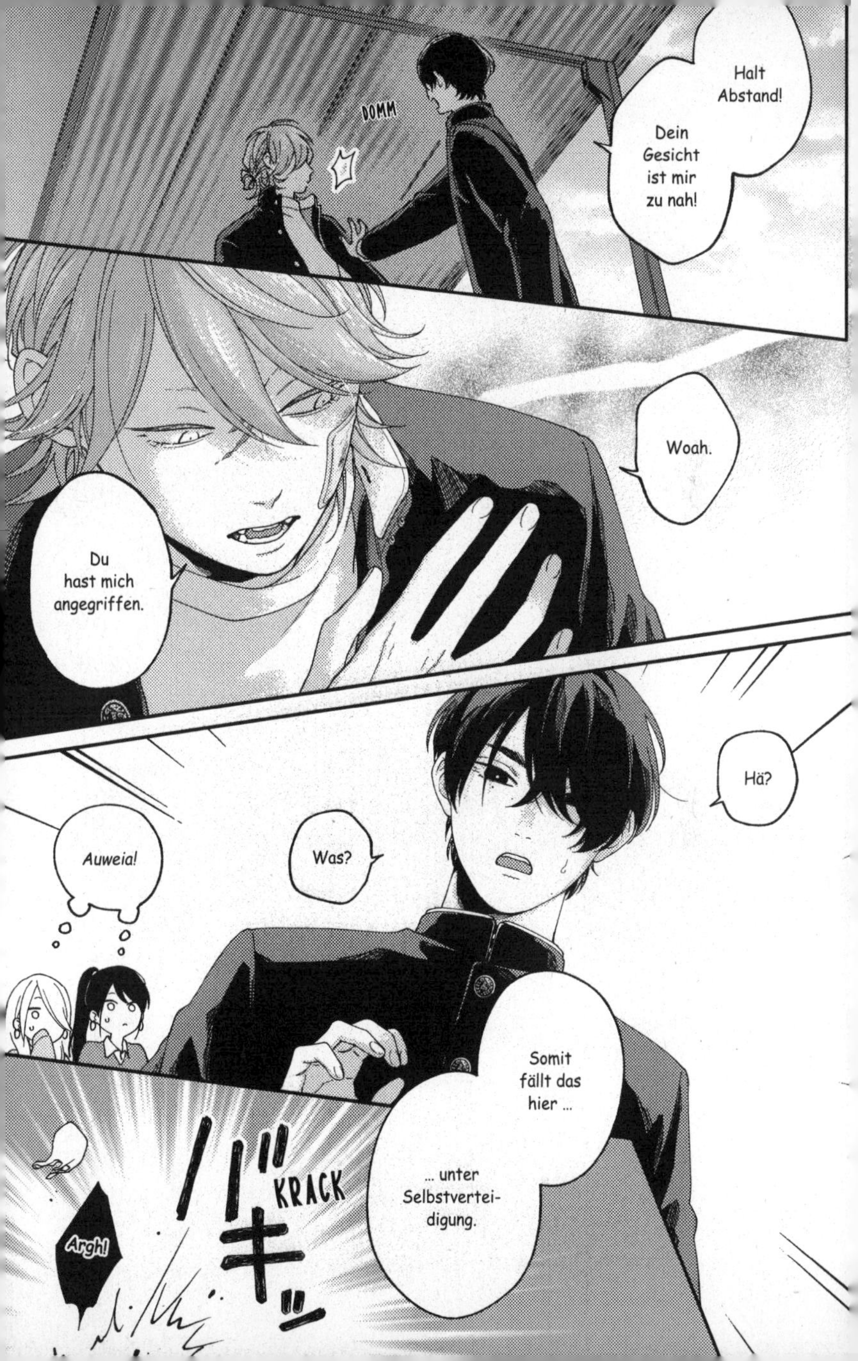
Halt Abstand!
Dein Gesicht ist mir zu nah!
DOMM
Woah.
Du hast mich angegriffen.
Hä?
Was?
Auweia!
Somit fällt das hier ...
... unter Selbstvertei-digung.
KRACK
Argh!

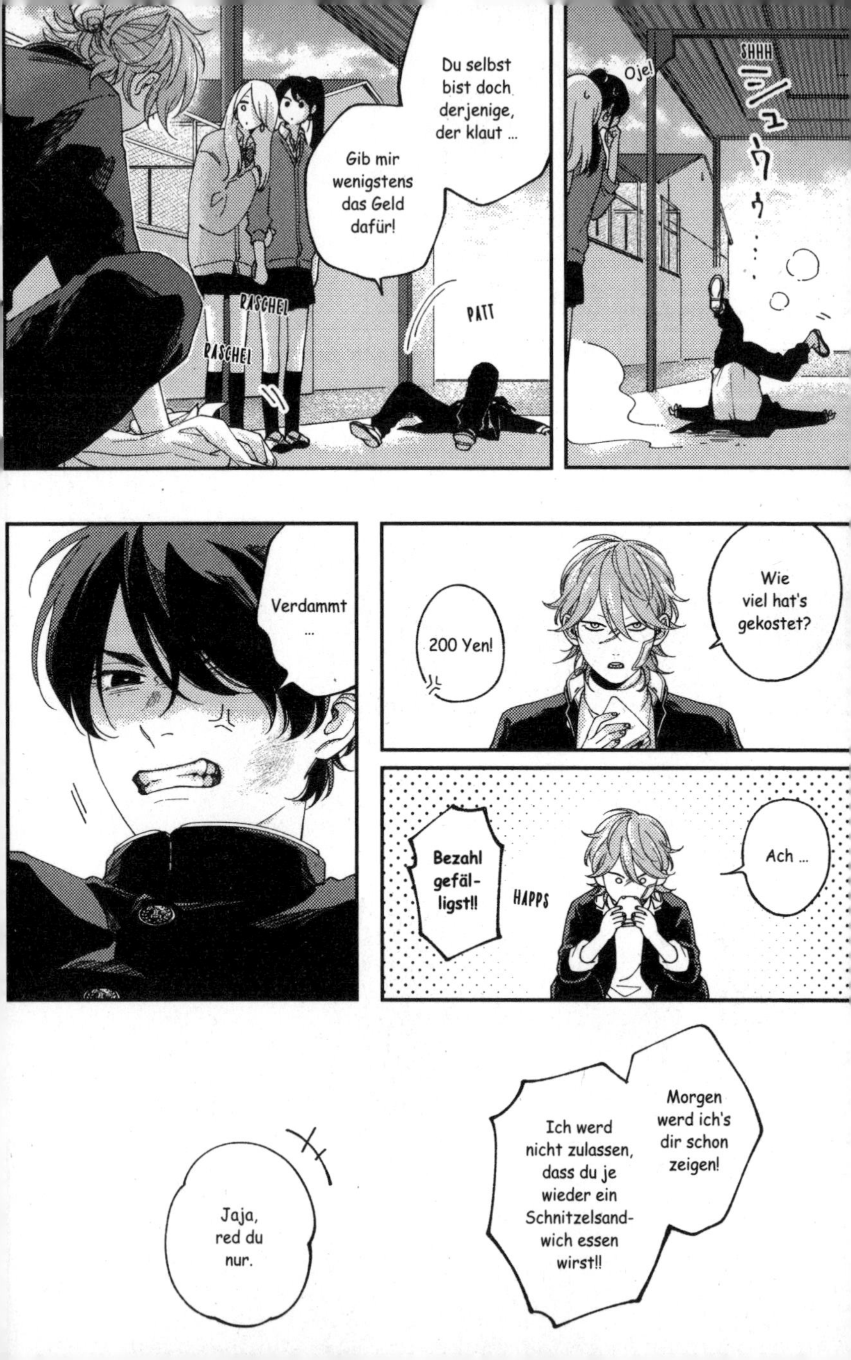
Oje!
SHHH
Du selbst bist doch derjenige, der klaut ...
Gib mir wenigstens das Geld dafür!
PATT
RASCHEL
RASCHEL
Wie viel hat's gekostet?
200 Yen!
Verdammt ...
Ach ...
HAPPS
Bezahl gefälligst!!
Morgen werd ich's dir schon zeigen!
Ich werd nicht zulassen, dass du je wieder ein Schnitzelsandwich essen wirst!!
Jaja, red du nur.

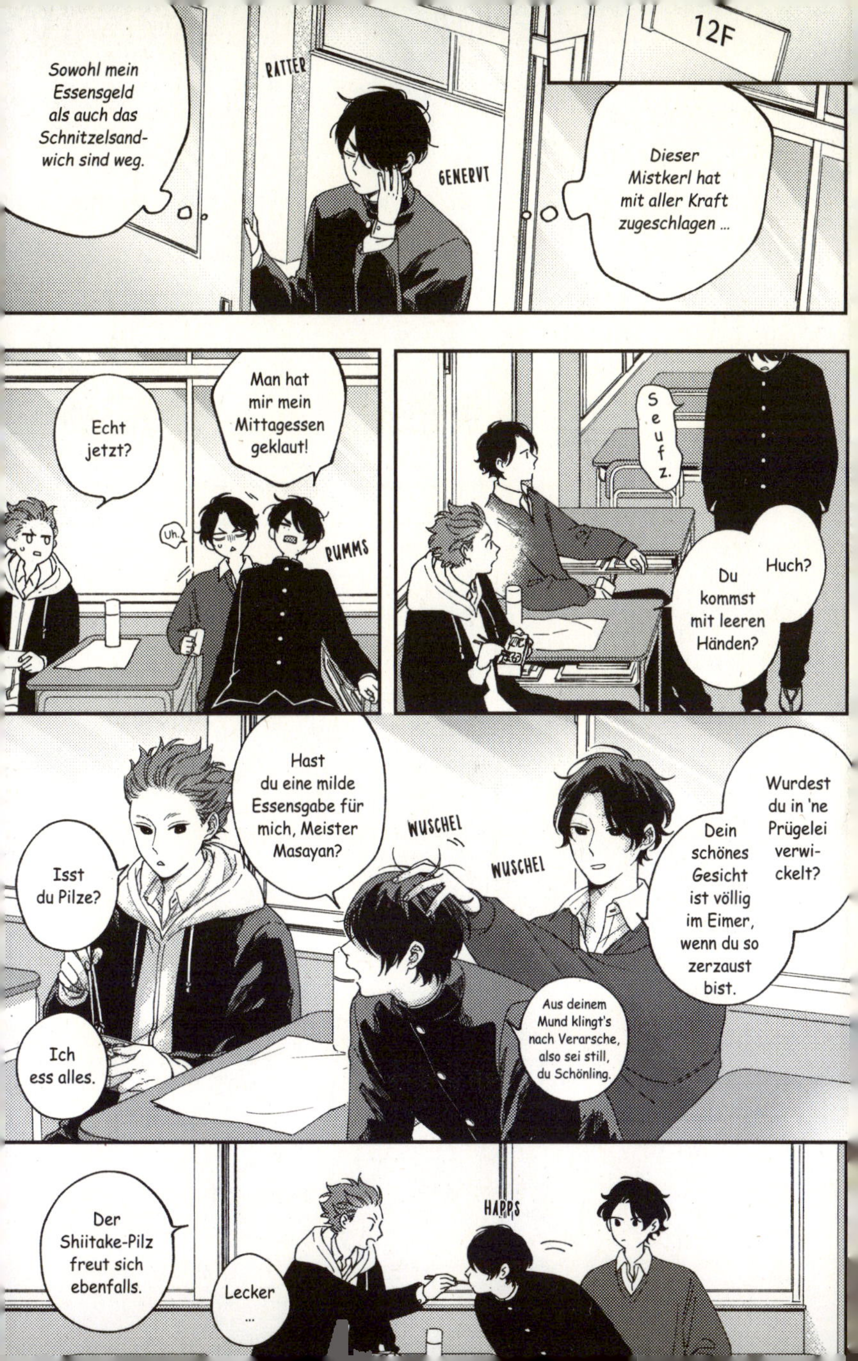
12F
Dieser Mistkerl hat mit aller Kraft zugeschlagen ...
GENERVT
RATTER
Sowohl mein Essensgeld als auch das Schnitzelsandwich sind weg.
Seufz.
Huch?
Du kommst mit leeren Händen?
Man hat mir mein Mittagessen geklaut!
RUMMS
Uh.
Echt jetzt?
Wurdest du in 'ne Prügelei verwickelt?
Dein schönes Gesicht ist völlig im Eimer, wenn du so zerzaust bist.
WUSCHEL
WUSCHEL
Aus deinem Mund klingt's nach Verarsche, also sei still, du Schönling.
Hast du eine milde Essensgabe für mich, Meister Masayan?
Isst du Pilze?
Ich ess alles.
HAPPS
Lecker ...
Der Shiitake-Pilz freut sich ebenfalls.

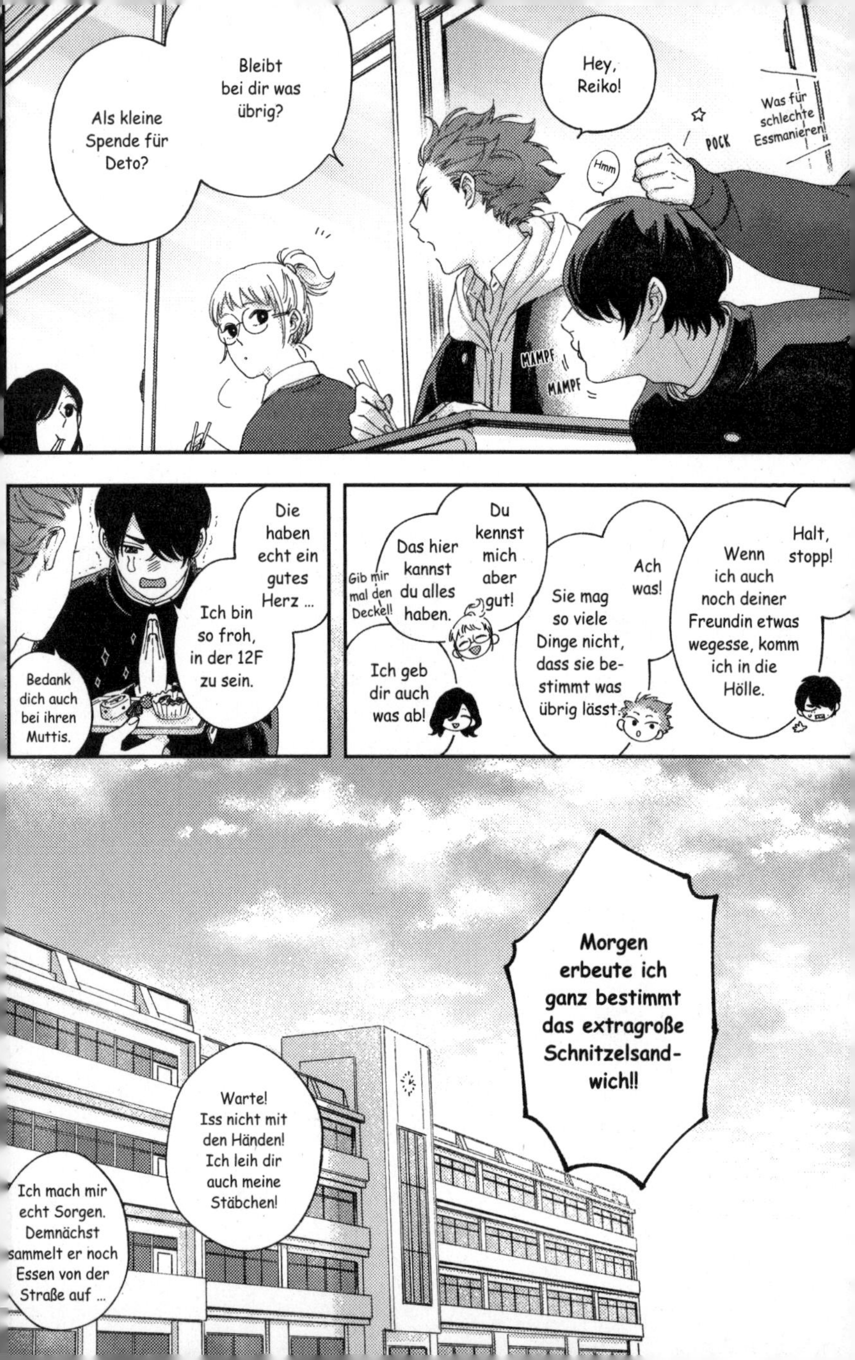
Hey, Reiko!
Was für schlechte Essmanieren!
POCK
Hmm ...
Bleibt bei dir was übrig?
Als kleine Spende für Deto?
MAMPF
MAMPF
Halt, stopp!
Wenn ich auch noch deiner Freundin etwas wegesse, komm ich in die Hölle.
Ach was!
Sie mag so viele Dinge nicht, dass sie bestimmt was übrig lässt.
Du kennst mich aber gut!
Das hier kannst du alles haben.
Gib mir mal den Deckel!
Ich geb dir auch was ab!
Die haben echt ein gutes Herz ...
Ich bin so froh, in der 12F zu sein.
Bedank dich auch bei ihren Muttis.
Morgen erbeute ich ganz bestimmt das extragroße Schnitzelsandwich!!
Warte! Iss nicht mit den Händen! Ich leih dir auch meine Stäbchen!
Ich mach mir echt Sorgen. Demnächst sammelt er noch Essen von der Straße auf ...

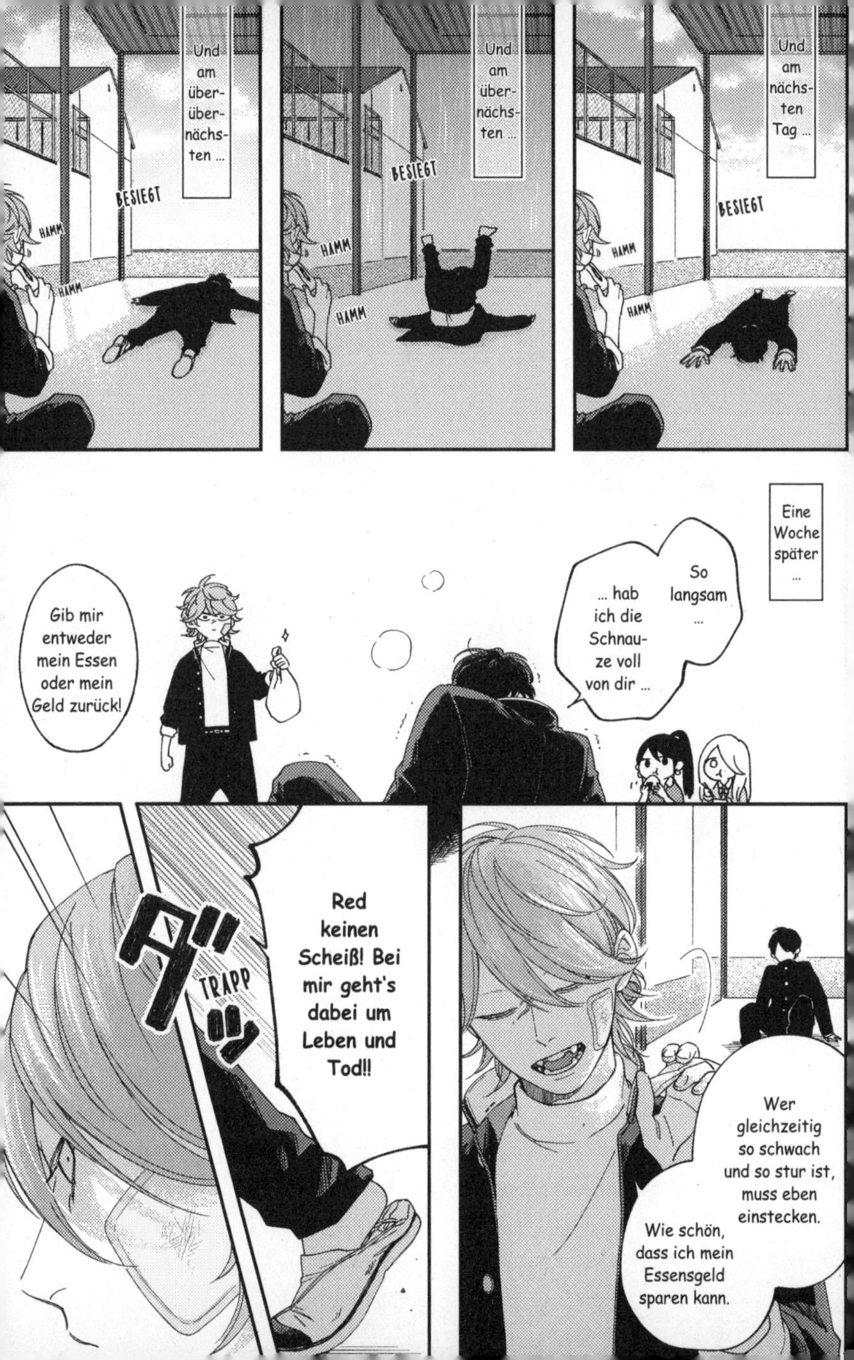
Und am nächsten Tag ...
BESIEGT
HAMM
HAMM
Und am übernächsten ...
BESIEGT
HAMM
HAMM
Und am über-übernächsten ...
BESIEGT
HAMM
HAMM
Eine Woche später ...
So langsam ...
... hab ich die Schnauze voll von dir ...
Gib mir entweder mein Essen oder mein Geld zurück!
Wer gleichzeitig so schwach und so stur ist, muss eben einstecken.
Wie schön, dass ich mein Essensgeld sparen kann.
Red keinen Scheiß! Bei mir geht's dabei um Leben und Tod!!
TRAPP

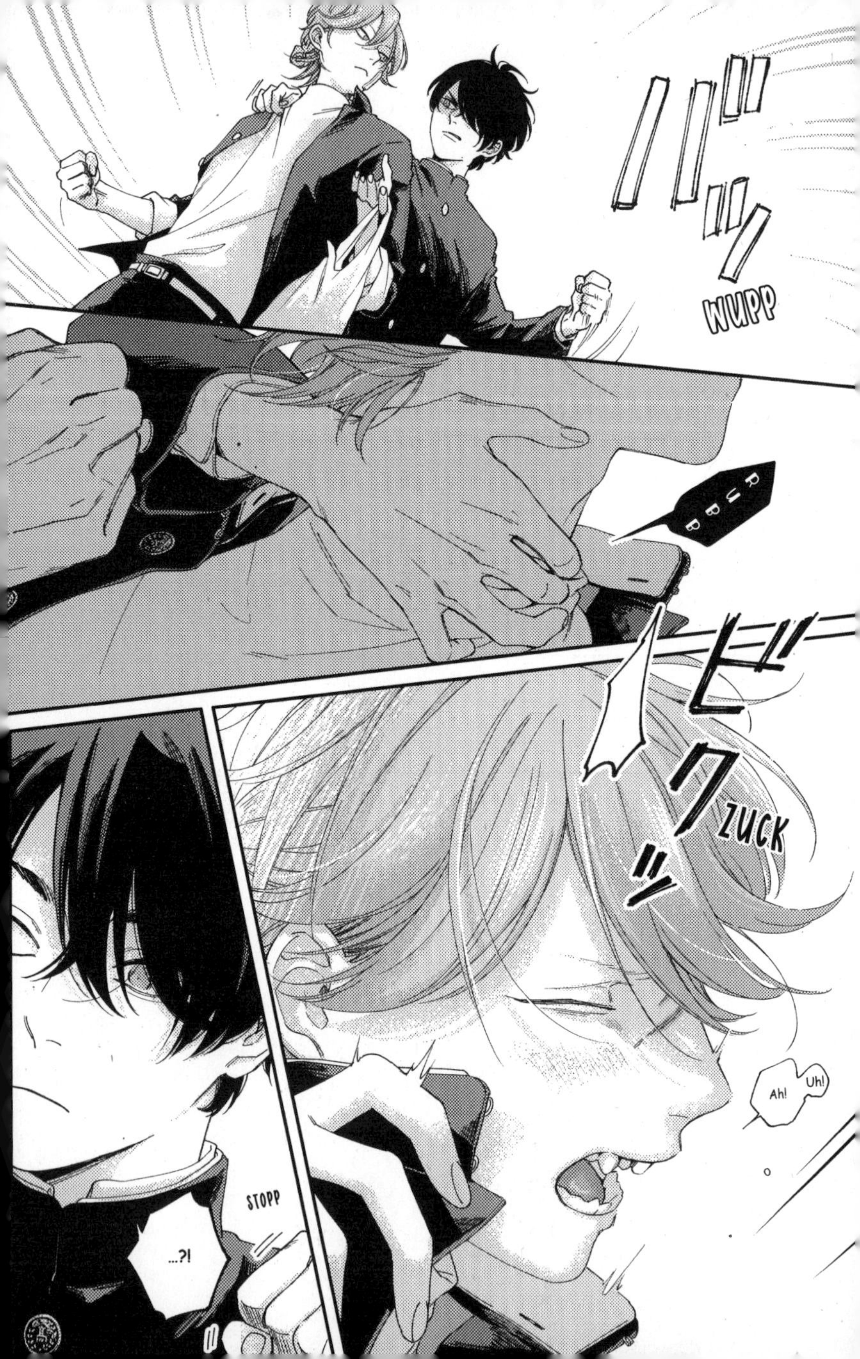
WUPP
RUBB
ZUCK
Uh!
Ah!
STOPP
...?!

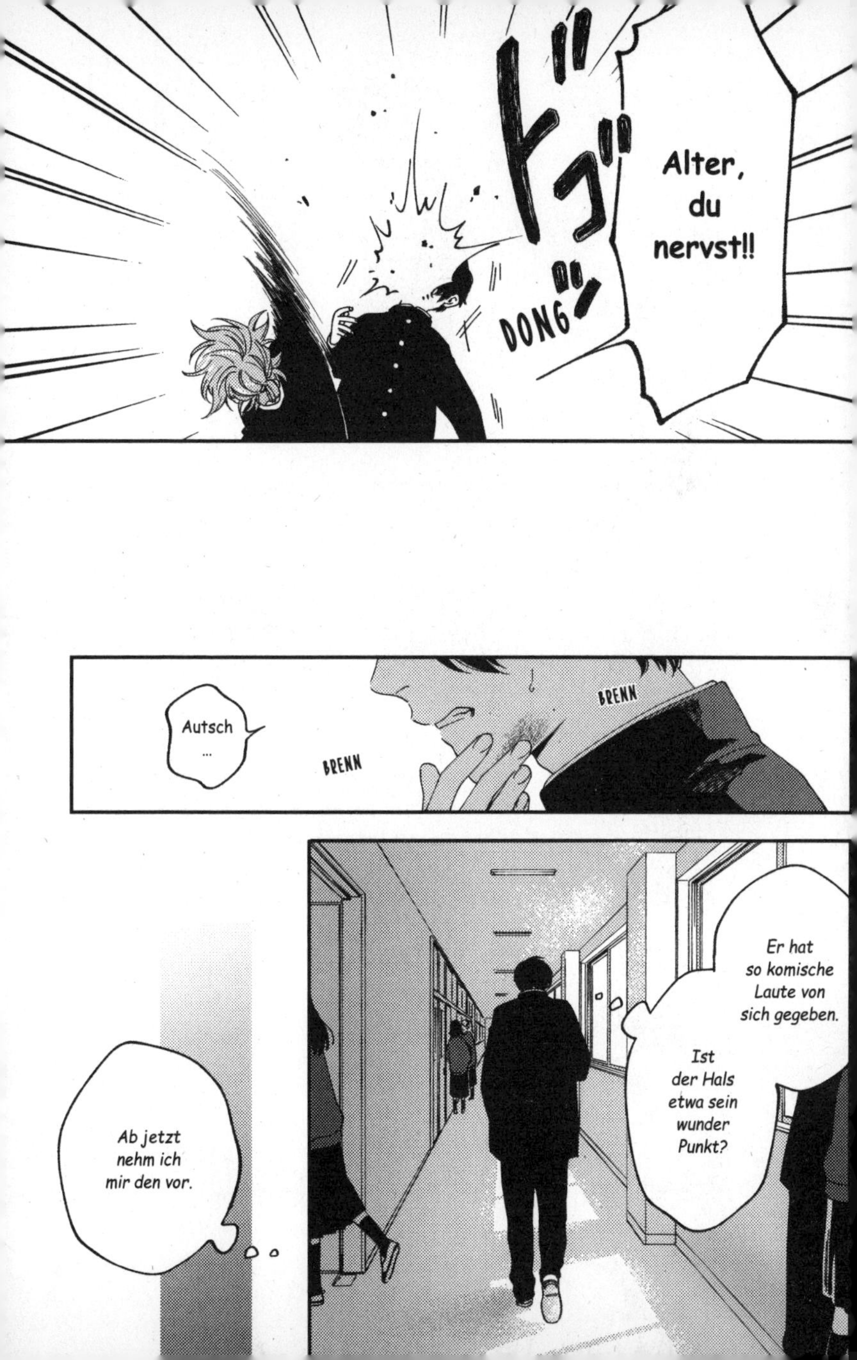
Alter, du nervst!!
DONG
Autsch ...
BRENN
BRENN
Er hat so komische Laute von sich gegeben.
Ist der Hals etwa sein wunder Punkt?
Ab jetzt nehm ich mir den vor.

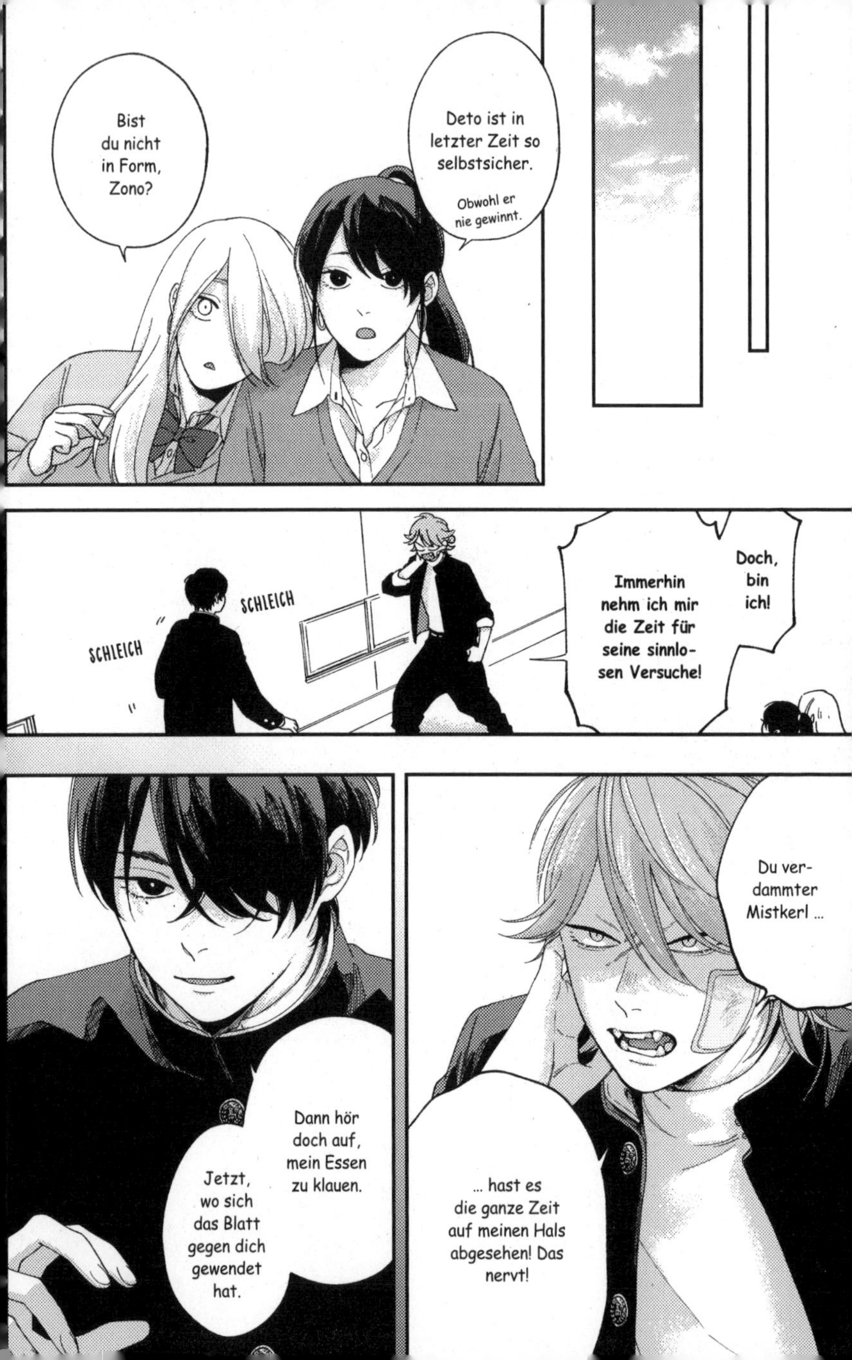
Deto ist in letzter Zeit so selbstsicher.
Obwohl er nie gewinnt.
Bist du nicht in Form, Zono?
Doch, bin ich!
Immerhin nehm ich mir die Zeit für seine sinnlosen Versuche!
SCHLEICH
SCHLEICH
Du verdammter Mistkerl ...
... hast es die ganze Zeit auf meinen Hals abgesehen! Das nervt!
Dann hör doch auf, mein Essen zu klauen.
Jetzt, wo sich das Blatt gegen dich gewendet hat.

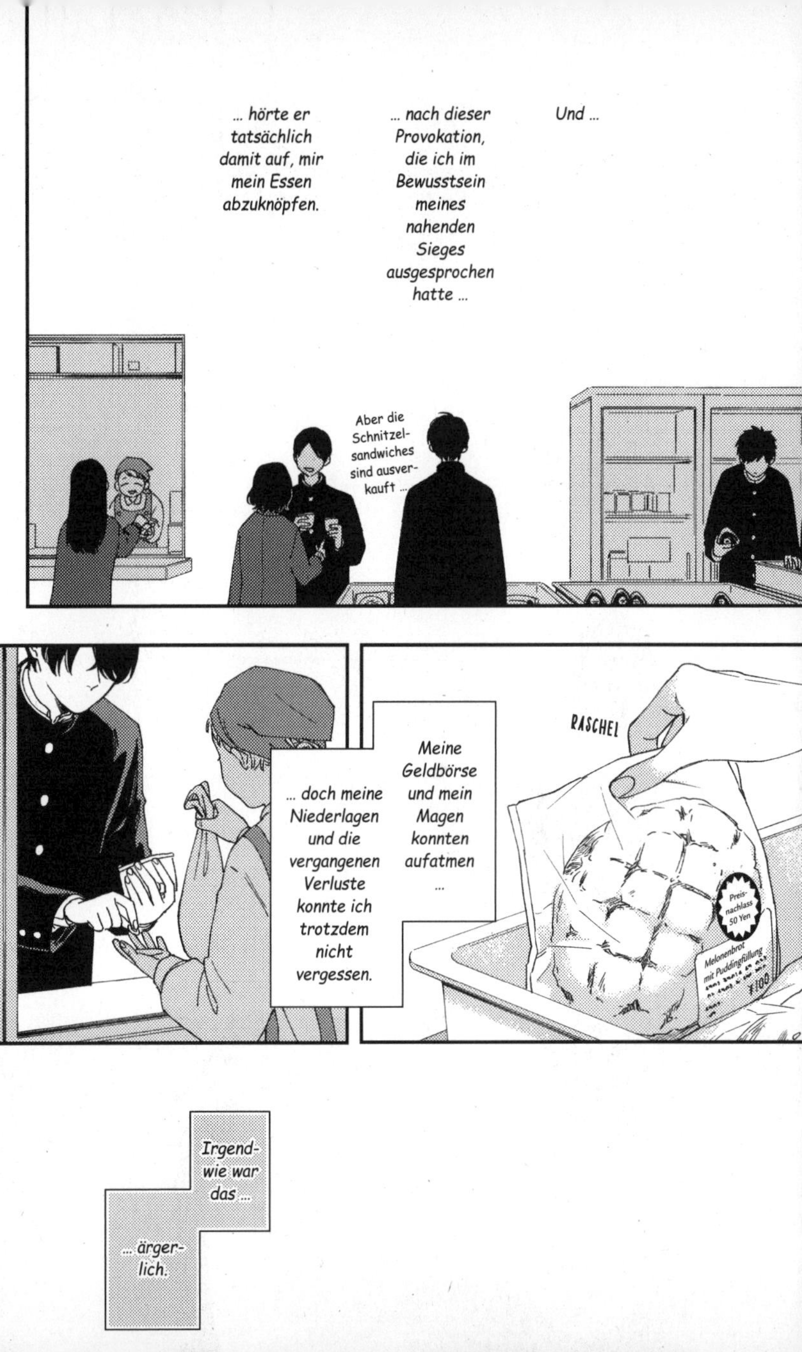
Und ...
... nach dieser Provokation, die ich im Bewusstsein meines nahenden Sieges ausgesprochen hatte ...
... hörte er tatsächlich damit auf, mir mein Essen abzuknöpfen.
Aber die Schnitzel-sandwiches sind ausver-kauft ...
RASCHEL
Preis-nachlass 50 Yen
Melonenbrot mit Puddingfüllung
¥100
Meine Geldbörse und mein Magen konnten aufatmen ...
... doch meine Niederlagen und die vergangenen Verluste konnte ich trotzdem nicht vergessen.
Irgend-wie war das ...
... ärger-lich.

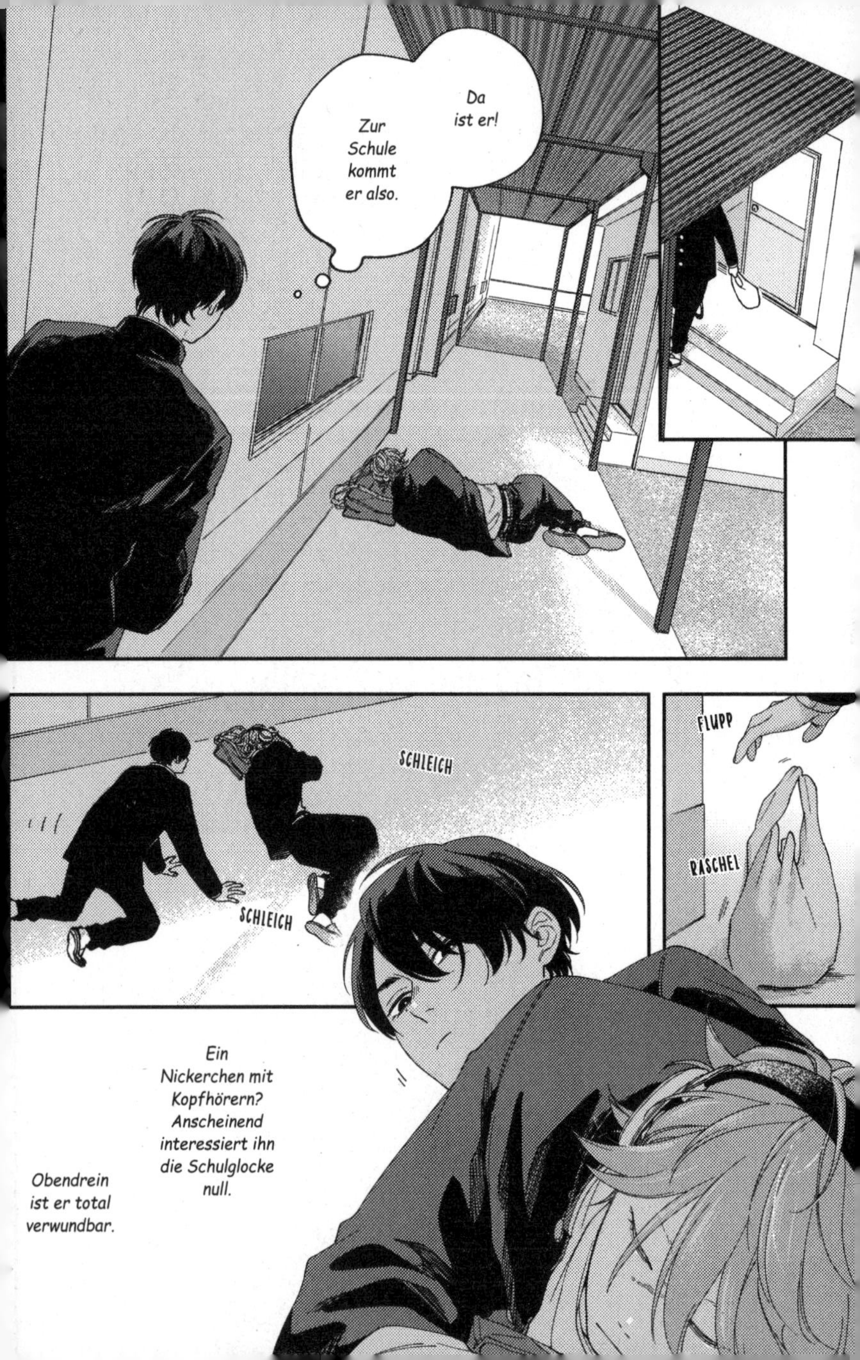
Da ist er!
Zur Schule kommt er also.
SCHLEICH
SCHLEICH
FLUPP
RASCHEL
Ein Nickerchen mit Kopfhörern? Anscheinend interessiert ihn die Schulglocke null.
Obendrein ist er total verwundbar.

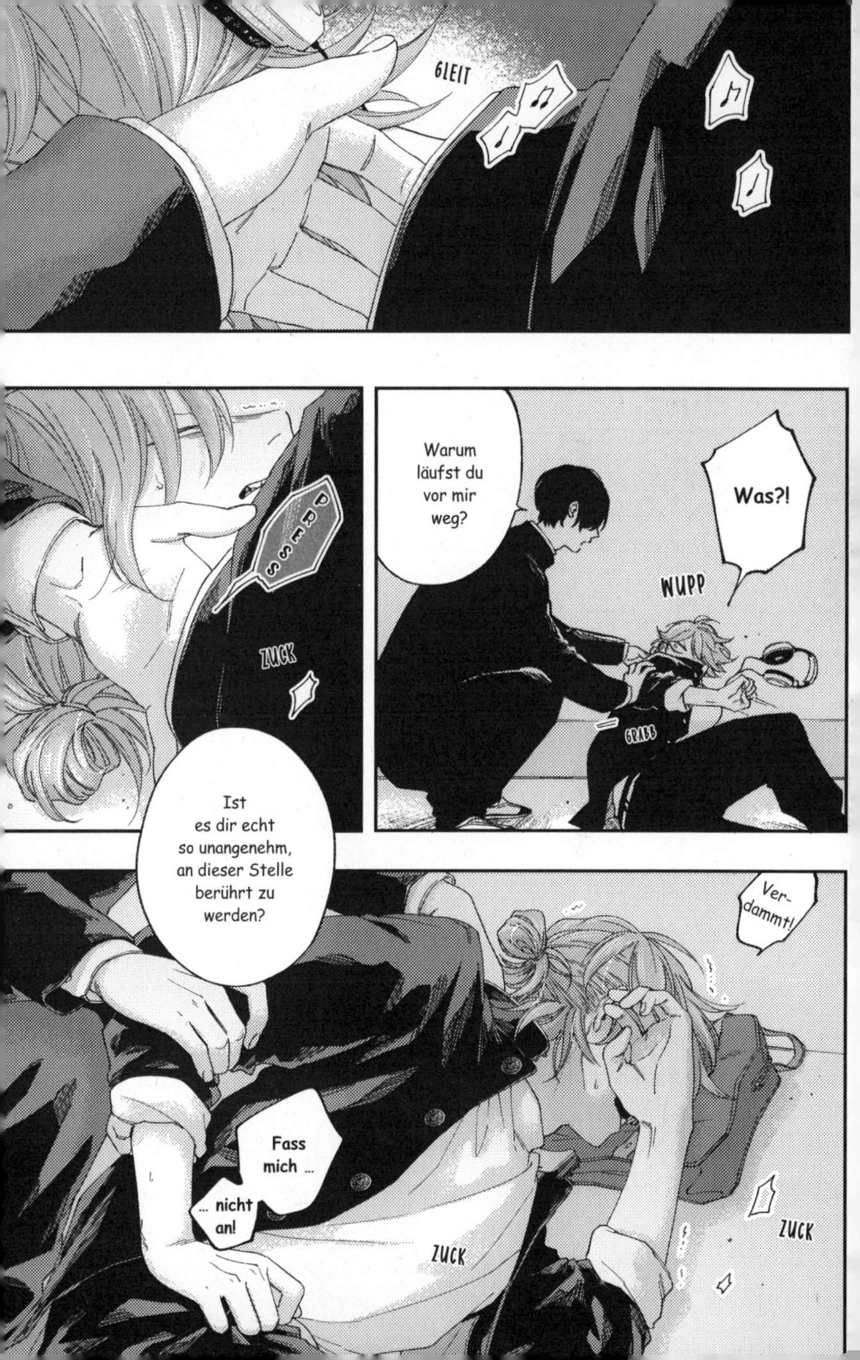
GLEIT
Was?!
WUPP
Warum läufst du vor mir weg?
GRABB
PRESS
ZUCK
Ist es dir echt so unangenehm, an dieser Stelle berührt zu werden?
Verdammt!
ZUCK
Fass mich ...
... nicht an!
ZUCK

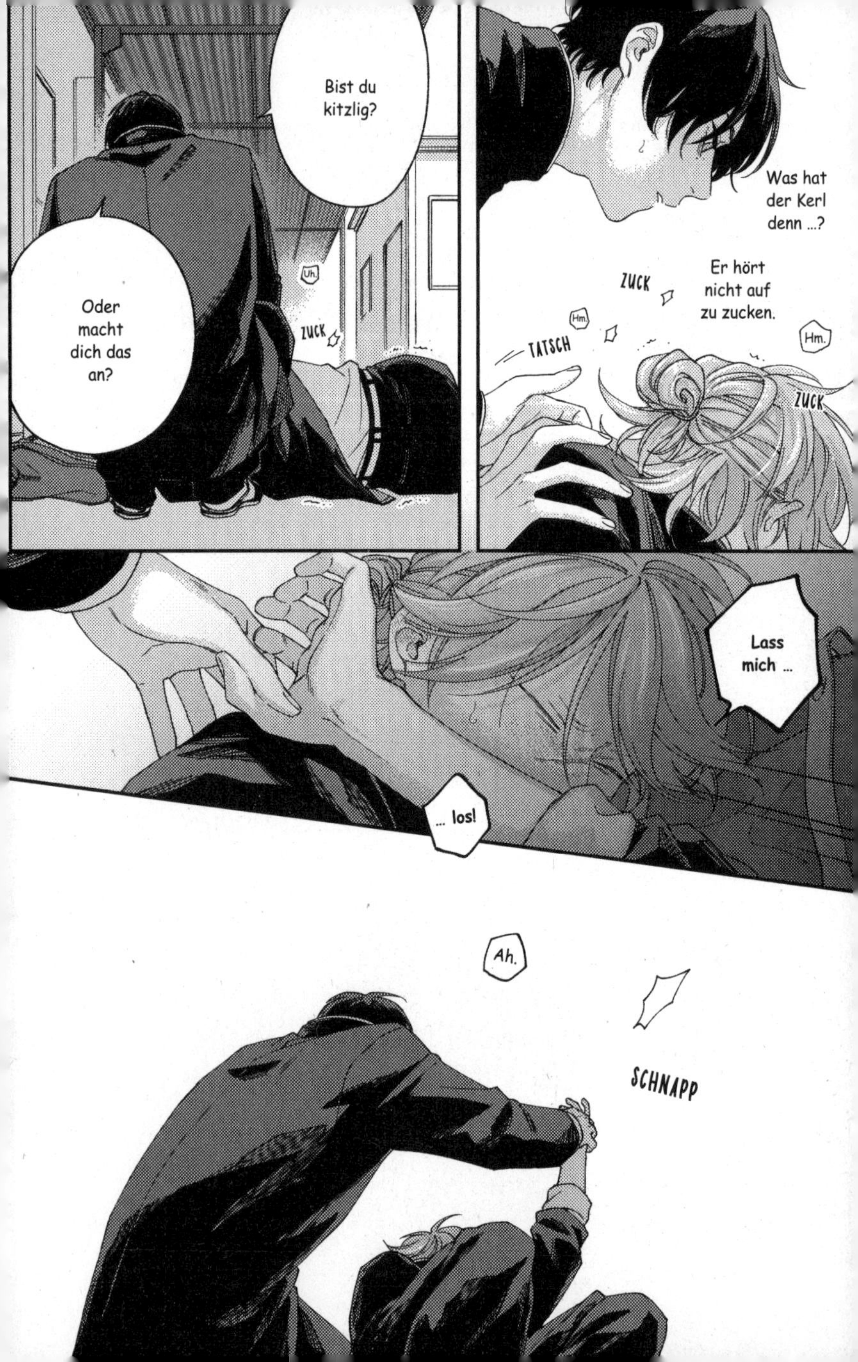
Was hat der Kerl denn ...?
Er hört nicht auf zu zucken.
ZUCK
Hm.
Hm.
TATSCH
ZUCK
Bist du kitzlig?
Oder macht dich das an?
Uh.
ZUCK
Lass mich ...
... los!
Ah.
SCHNAPP

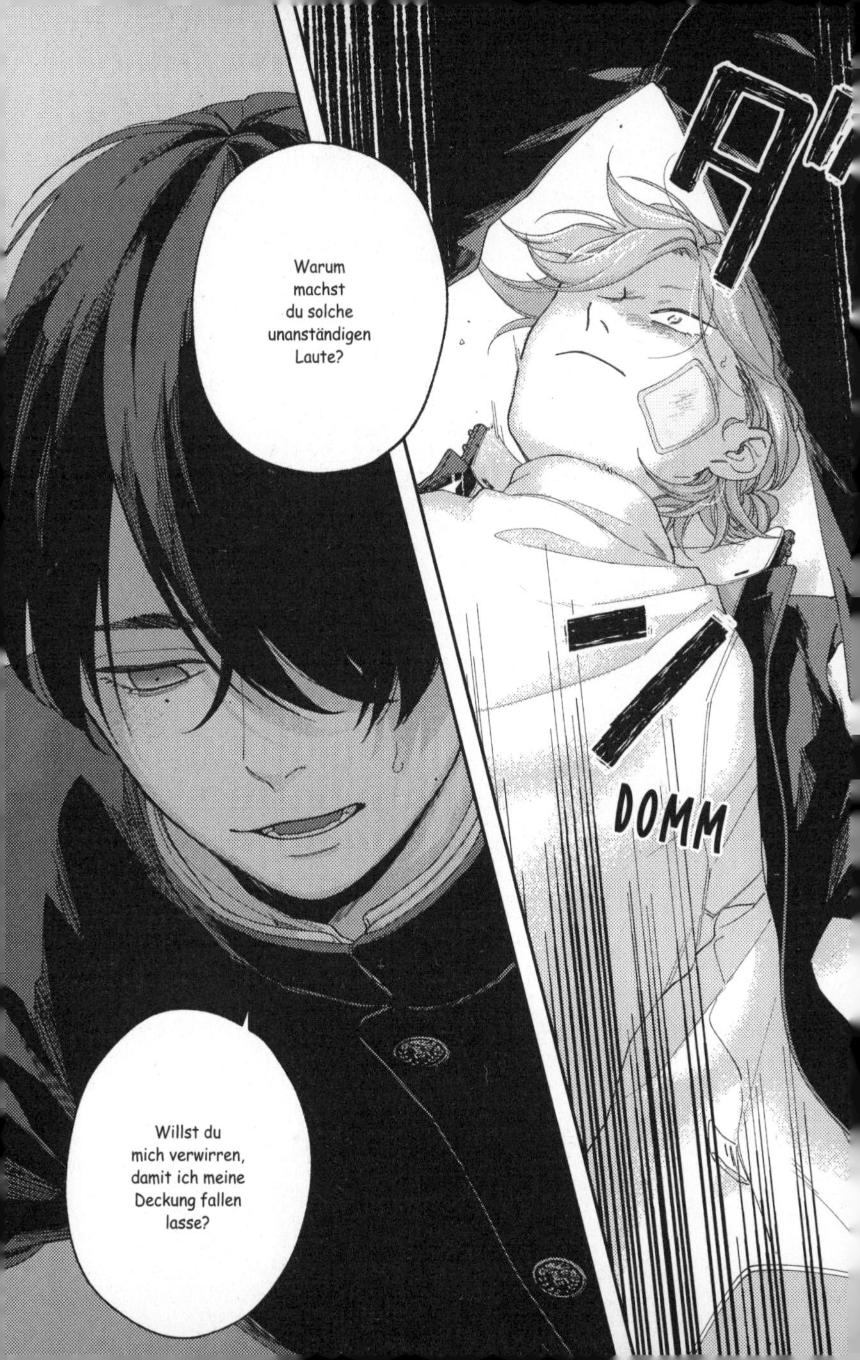
Warum machst du solche unanständigen Laute?
DOMM
Willst du mich verwirren, damit ich meine Deckung fallen lasse?

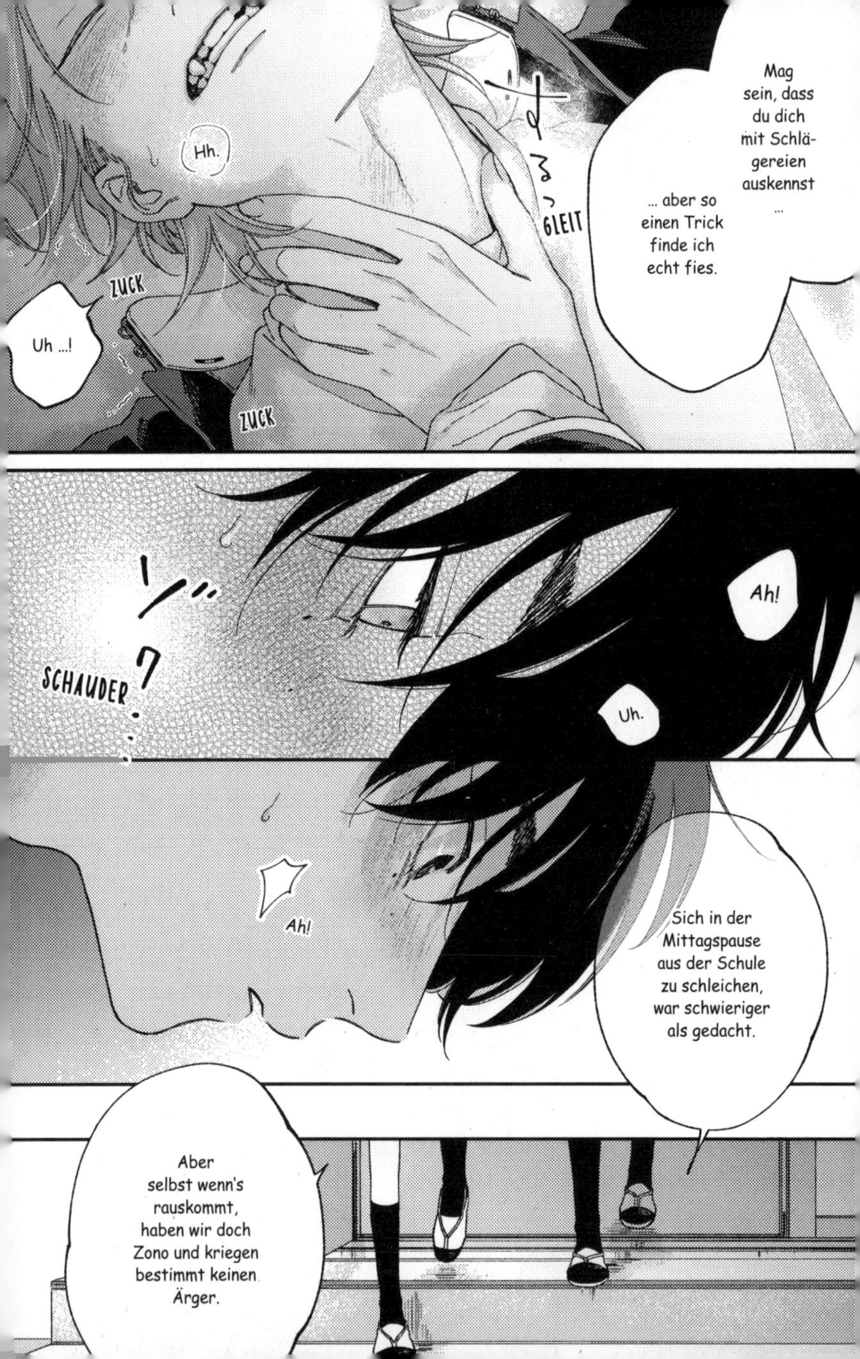

Mag sein, dass du dich mit Schlä-gereien auskennst …
… aber so einen Trick finde ich echt fies.
GLEIT
Hh.
ZUCK
Uh …!
ZUCK
Ah!
Uh.
SCHAUDER
Ah!
Sich in der Mittagspause aus der Schule zu schleichen, war schwieriger als gedacht.
Aber selbst wenn's rauskommt, haben wir doch Zono und kriegen bestimmt keinen Ärger.

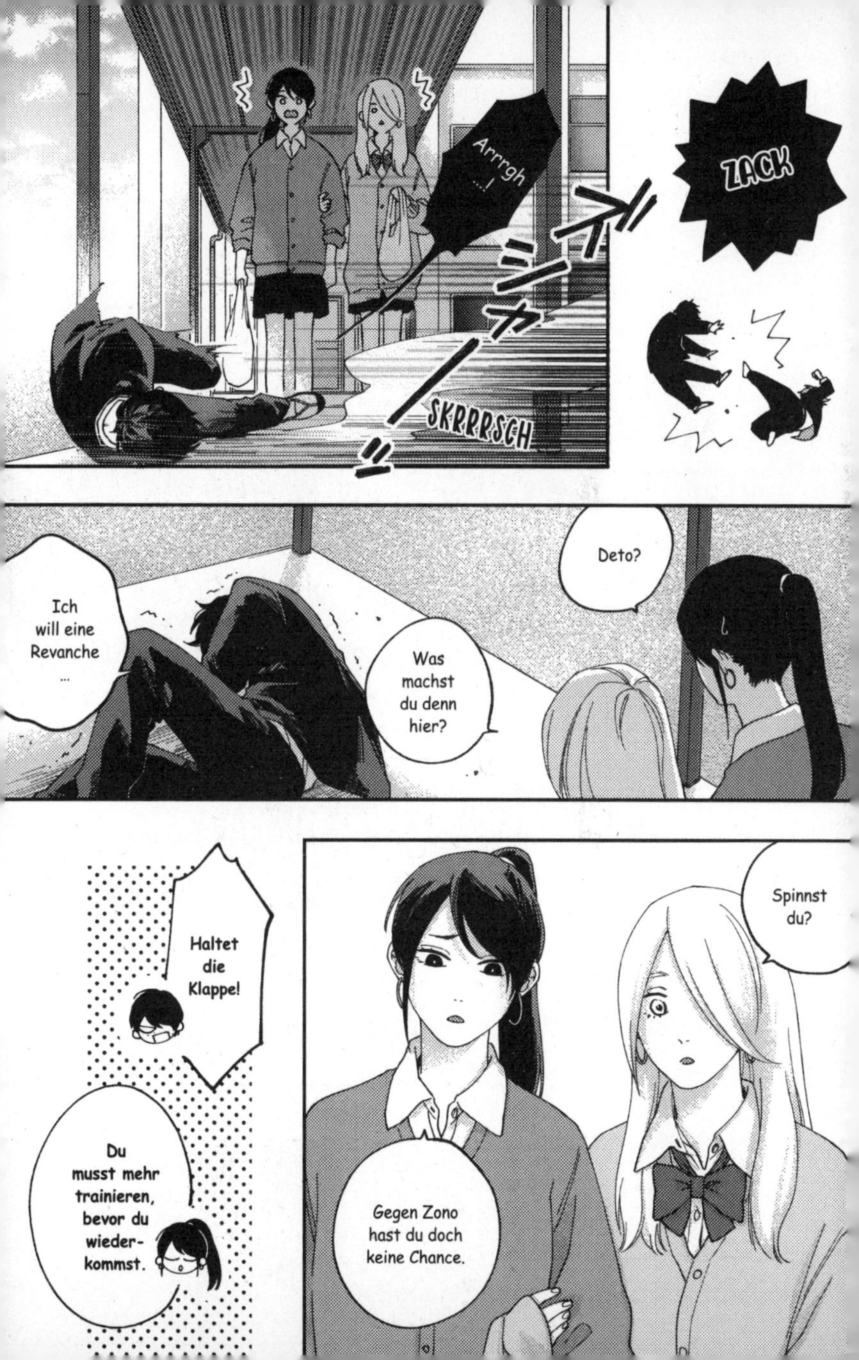
ZACK
Arrrgh ...!
SKRRRSCH
Deto?
Was machst du denn hier?
Ich will eine Revanche ...
Spinnst du?
Gegen Zono hast du doch keine Chance.
Haltet die Klappe!
Du musst mehr trainieren, bevor du wieder-kommst.

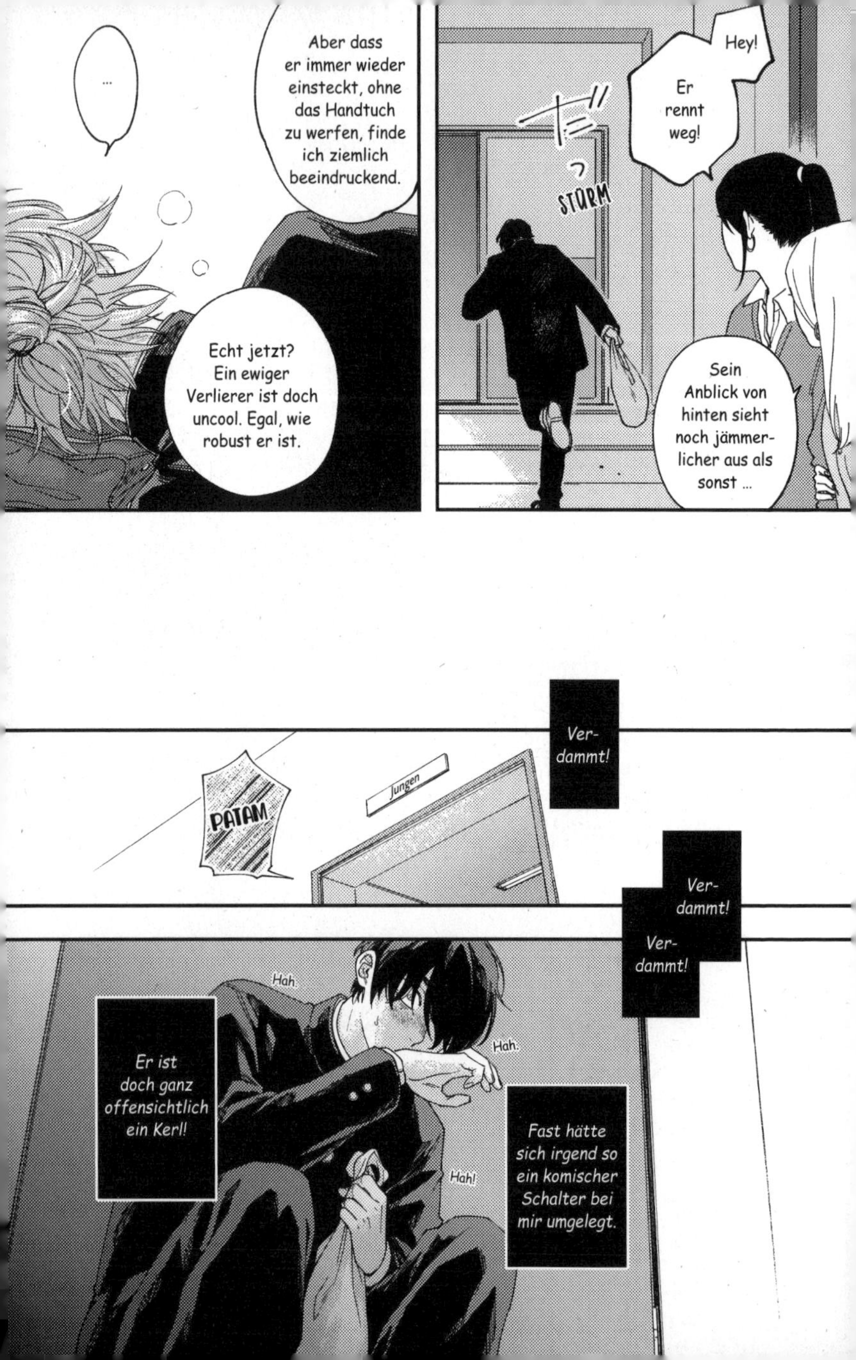

Hey!
Er rennt weg!
STÜRM
Sein Anblick von hinten sieht noch jämmerlicher aus als sonst ...
Aber dass er immer wieder einsteckt, ohne das Handtuch zu werfen, finde ich ziemlich beeindruckend.
...
Echt jetzt? Ein ewiger Verlierer ist doch uncool. Egal, wie robust er ist.
Ver-dammt!
Jungen
PATAM
Ver-dammt!
Ver-dammt!
Hah.
Hah.
Fast hätte sich irgend so ein komischer Schalter bei mir umgelegt.
Hah!
Er ist doch ganz offensichtlich ein Kerl!

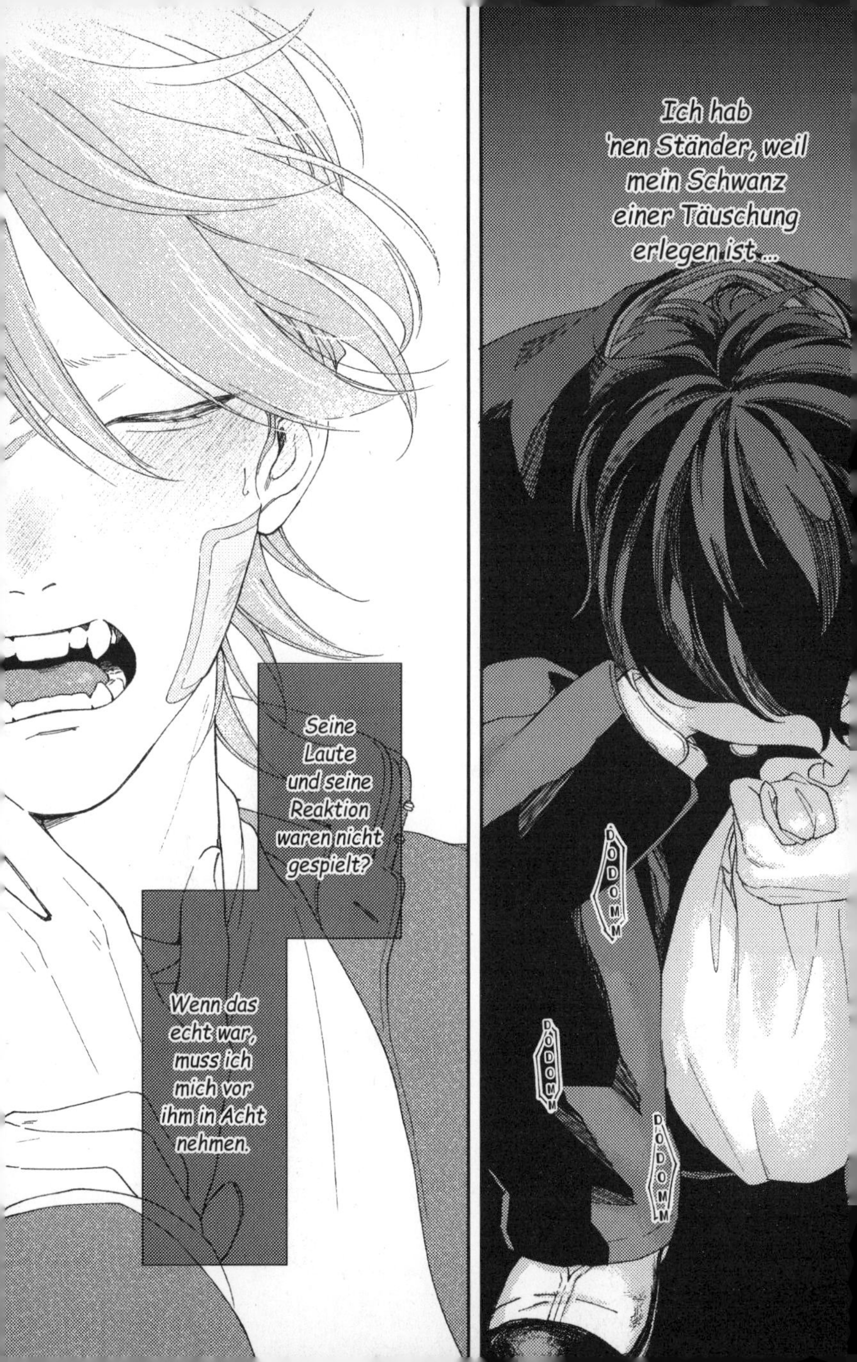
Ich hab 'nen Ständer, weil mein Schwanz einer Täuschung erlegen ist …
DODOMM
DODOMM
DODOMM
Seine Laute und seine Reaktion waren nicht gespielt?
Wenn das echt war, muss ich mich vor ihm in Acht nehmen.

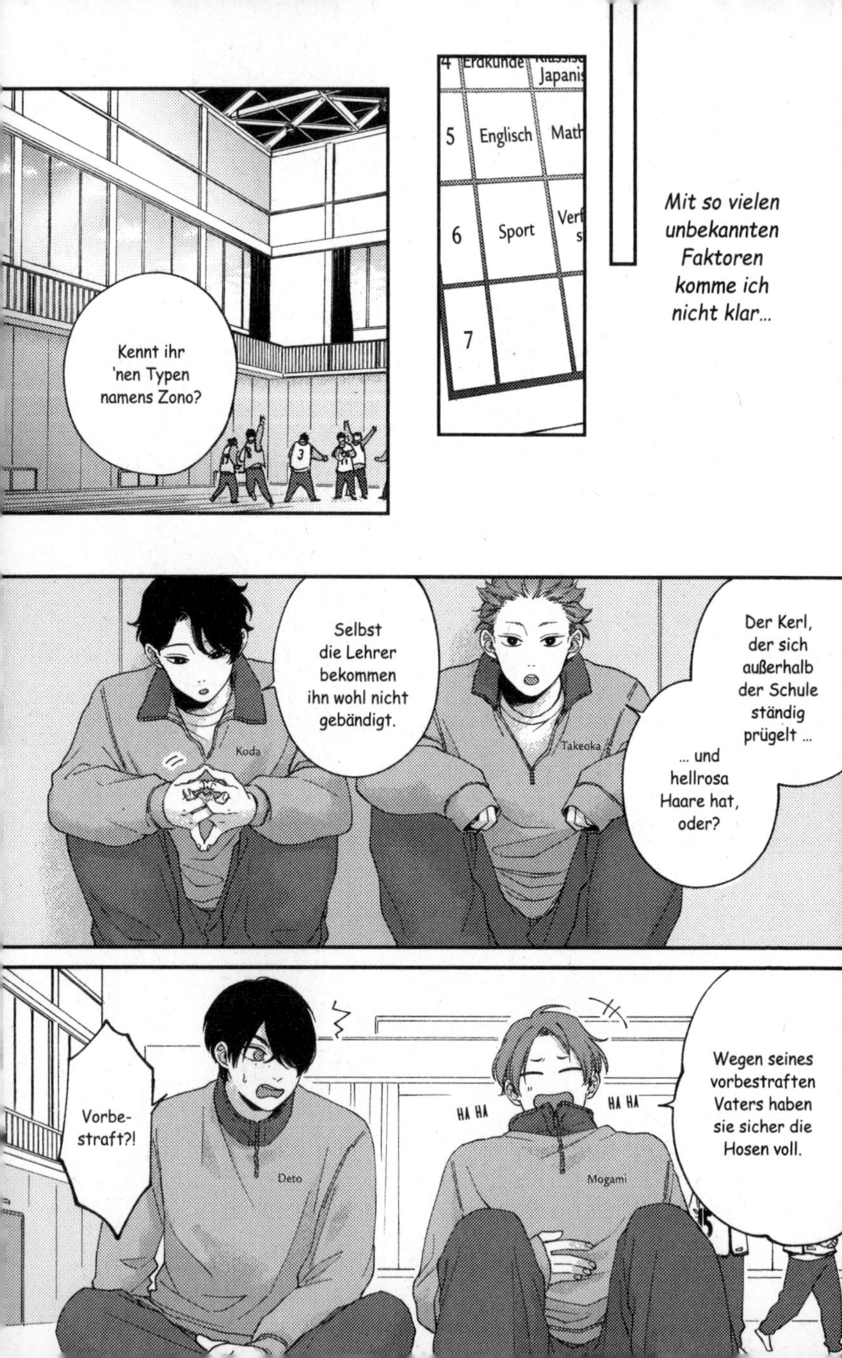
4 Erdkunde
5 Englisch
6 Sport
7
Mit so vielen unbekannten Faktoren komme ich nicht klar...
Kennt ihr 'nen Typen namens Zono?
Der Kerl, der sich außerhalb der Schule ständig prügelt ...
... und hellrosa Haare hat, oder?
Selbst die Lehrer bekommen ihn wohl nicht gebändigt.
Takeoka
Koda
Wegen seines vorbestraften Vaters haben sie sicher die Hosen voll.
HA HA
HA HA
Mogami
Vorbe-straft?!
Deto

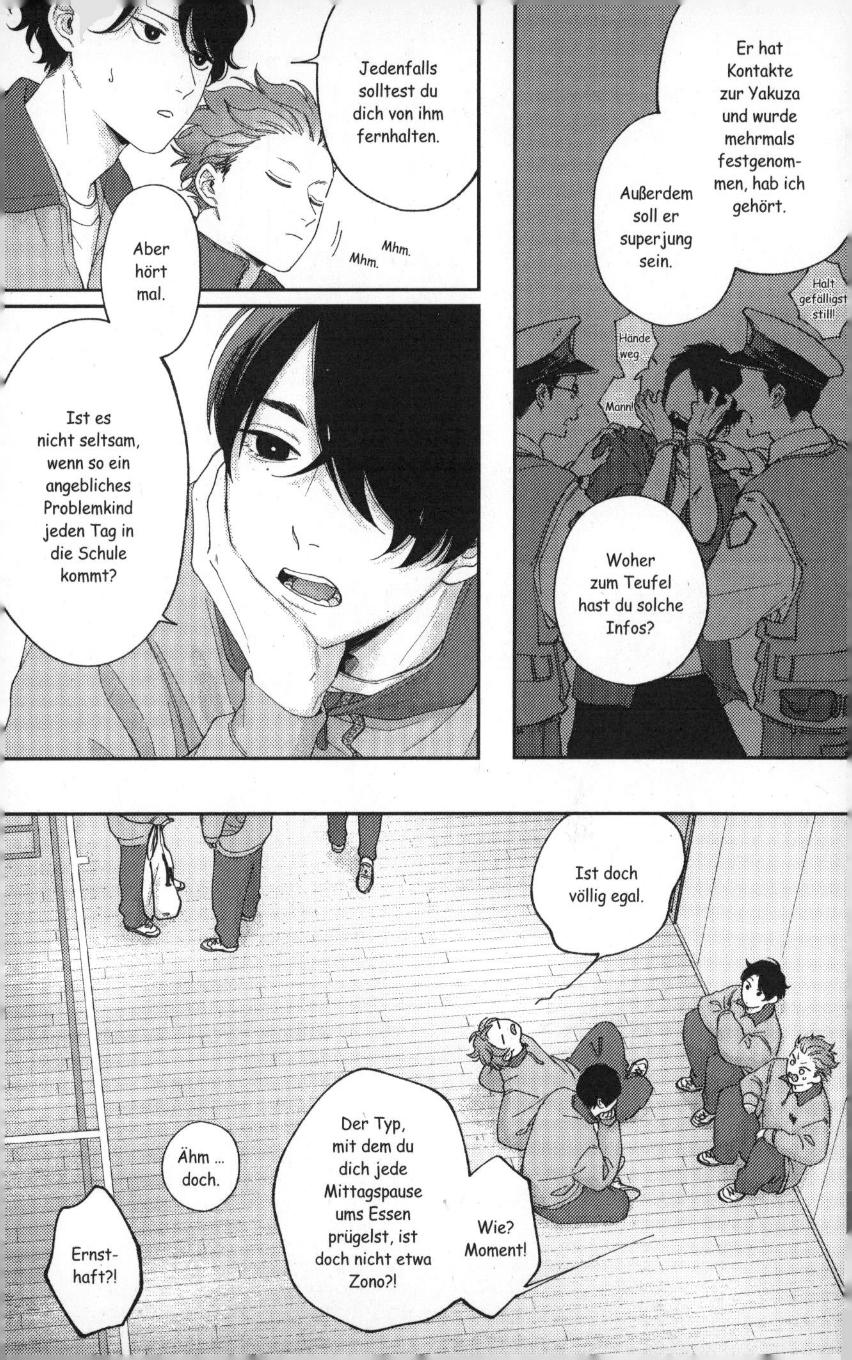
Er hat Kontakte zur Yakuza und wurde mehrmals festgenommen, hab ich gehört.
Außerdem soll er superjung sein.
Halt gefälligst still!
Hände weg, Mann!
Woher zum Teufel hast du solche Infos?
Jedenfalls solltest du dich von ihm fernhalten.
Mhm.
Mhm.
Aber hört mal.
Ist es nicht seltsam, wenn so ein angebliches Problemkind jeden Tag in die Schule kommt?
Ist doch völlig egal.
Der Typ, mit dem du dich jede Mittagspause ums Essen prügelst, ist doch nicht etwa Zono?!
Wie? Moment!
Ähm ... doch.
Ernst-haft?!

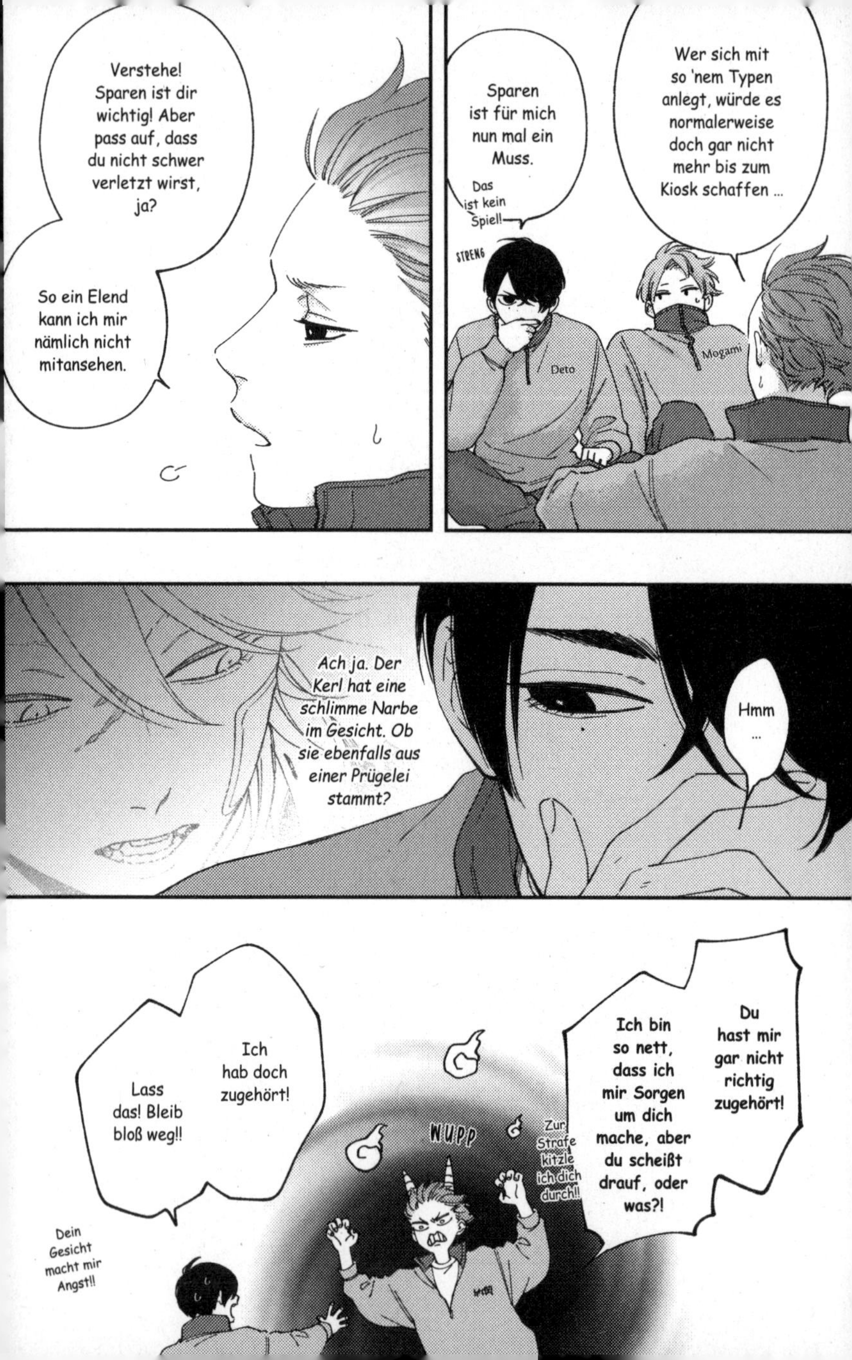
Wer sich mit so 'nem Typen anlegt, würde es normalerweise doch gar nicht mehr bis zum Kiosk schaffen ...
Sparen ist für mich nun mal ein Muss.
Das ist kein Spiel!
STRENG
Deto
Mogami
Verstehe! Sparen ist dir wichtig! Aber pass auf, dass du nicht schwer verletzt wirst, ja?
So ein Elend kann ich mir nämlich nicht mitansehen.
Hmm ...
Ach ja. Der Kerl hat eine schlimme Narbe im Gesicht. Ob sie ebenfalls aus einer Prügelei stammt?
Du hast mir gar nicht richtig zugehört!
Ich bin so nett, dass ich mir Sorgen um dich mache, aber du scheißt drauf, oder was?!
Zur Strafe kitzle ich dich durch!!
WUPP
Ich hab doch zugehört!
Lass das! Bleib bloß weg!!
Dein Gesicht macht mir Angst!!

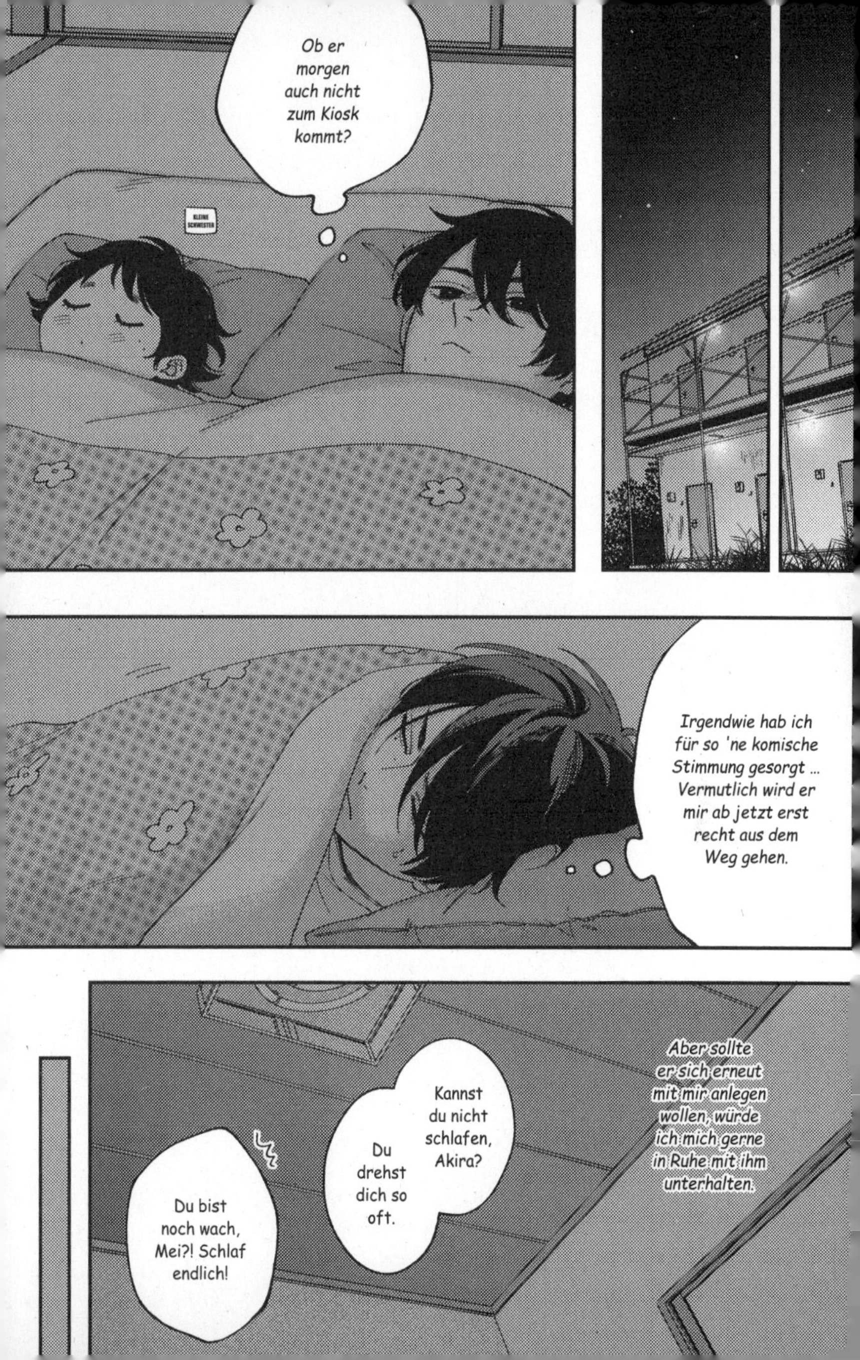
Ob er morgen auch nicht zum Kiosk kommt?
KLEINE SCHWESTER
Irgendwie hab ich für so 'ne komische Stimmung gesorgt ... Vermutlich wird er mir ab jetzt erst recht aus dem Weg gehen.
Aber sollte er sich erneut mit mir anlegen wollen, würde ich mich gerne in Ruhe mit ihm unterhalten.
Kannst du nicht schlafen, Akira?
Du drehst dich so oft.
Du bist noch wach, Mei?! Schlaf endlich!

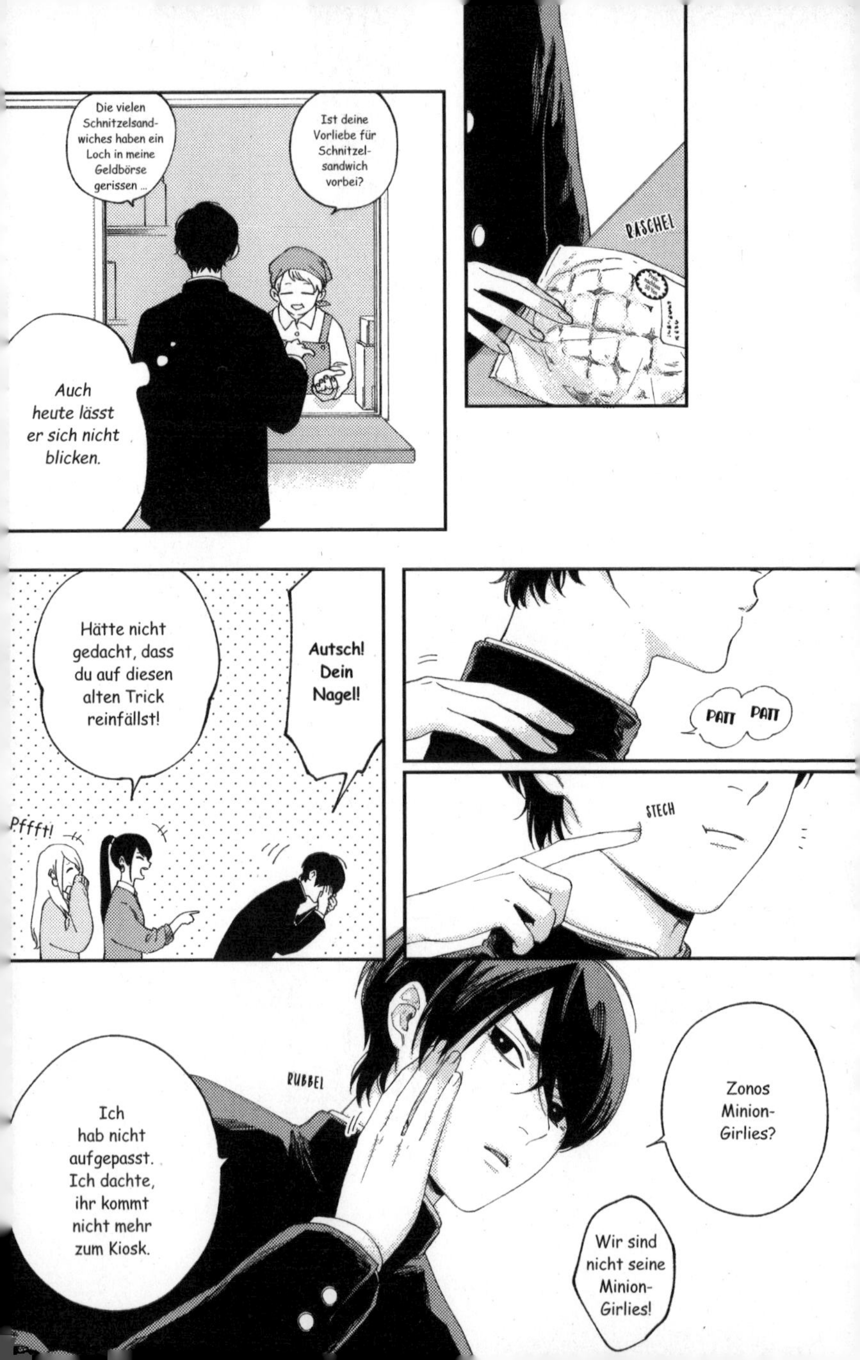
RASCHEL
Ist deine Vorliebe für Schnitzelsandwich vorbei?
Die vielen Schnitzelsandwiches haben ein Loch in meine Geldbörse gerissen ...
Auch heute lässt er sich nicht blicken.
PATT PATT
STECH
Autsch! Dein Nagel!
Hätte nicht gedacht, dass du auf diesen alten Trick reinfällst!
Pffft!
Zonos Minion-Girlies?
Wir sind nicht seine Minion-Girlies!
RUBBEL
Ich hab nicht aufgepasst. Ich dachte, ihr kommt nicht mehr zum Kiosk.

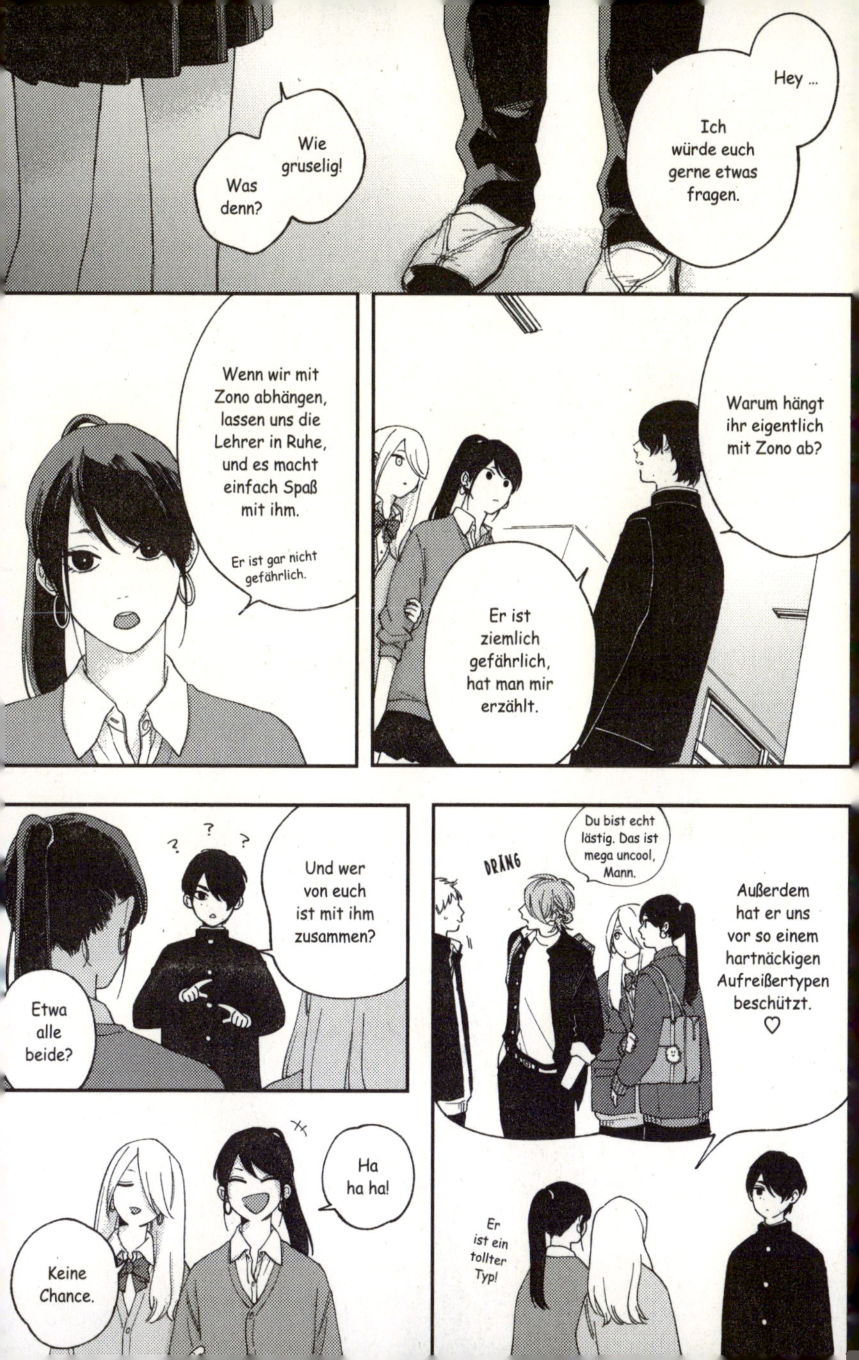

Wie gruselig!
Was denn?
Hey ...
Ich würde euch gerne etwas fragen.
Wenn wir mit Zono abhängen, lassen uns die Lehrer in Ruhe, und es macht einfach Spaß mit ihm.
Er ist gar nicht gefährlich.
Warum hängt ihr eigentlich mit Zono ab?
Er ist ziemlich gefährlich, hat man mir erzählt.
? ? ?
Und wer von euch ist mit ihm zusammen?
Etwa alle beide?
Ha ha ha!
Keine Chance.
Du bist echt lästig. Das ist mega uncool, Mann.
DRÄNG
Außerdem hat er uns vor so einem hartnäckigen Aufreißertypen beschützt. ♡
Er ist ein tollter Typ!

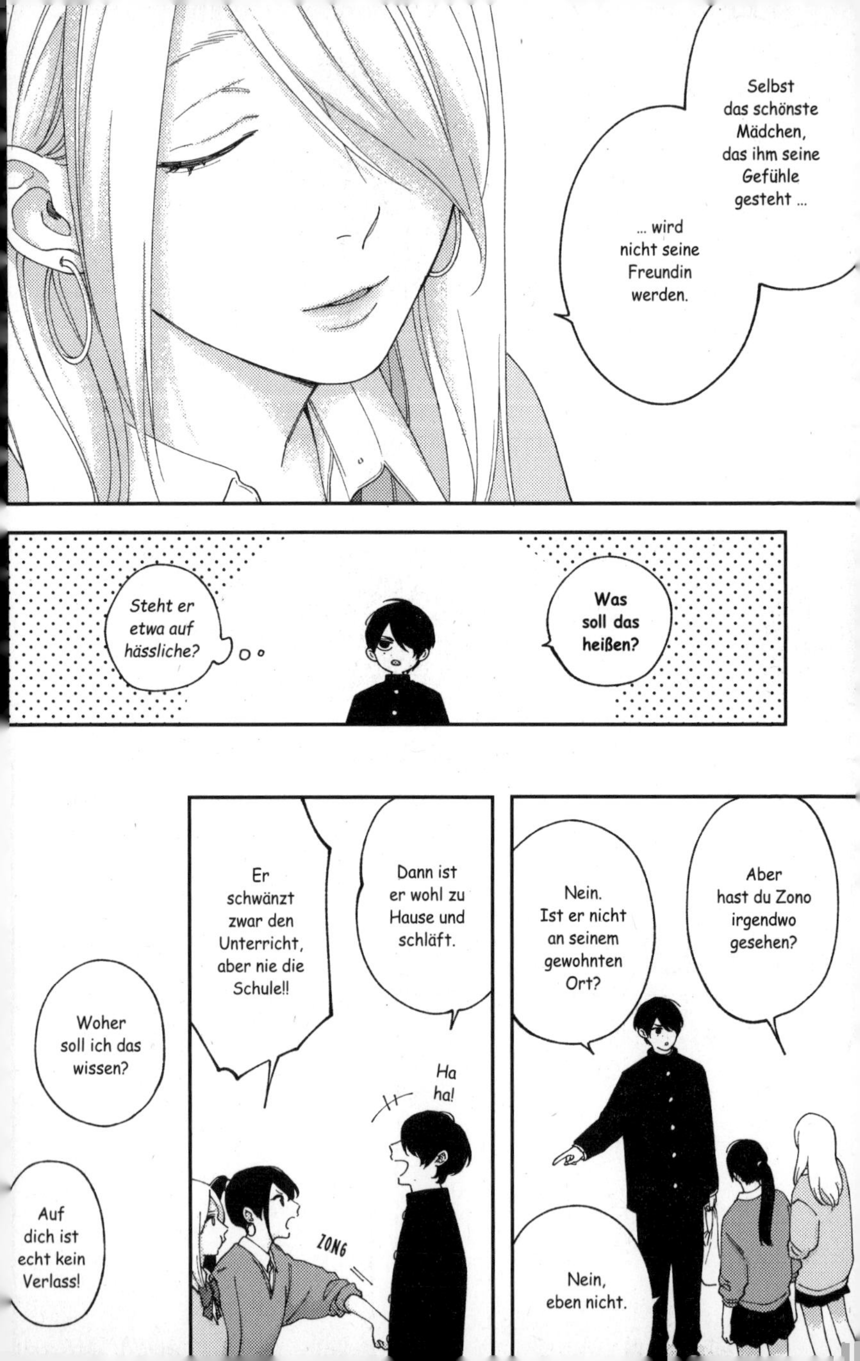
Selbst das schönste Mädchen, das ihm seine Gefühle gesteht ...
... wird nicht seine Freundin werden.
Was soll das heißen?
Steht er etwa auf hässliche?
Aber hast du Zono irgendwo gesehen?
Nein. Ist er nicht an seinem gewohnten Ort?
Nein, eben nicht.
Dann ist er wohl zu Hause und schläft.
Er schwänzt zwar den Unterricht, aber nie die Schule!!
Ha ha!
ZONG
Woher soll ich das wissen?
Auf dich ist echt kein Verlass!

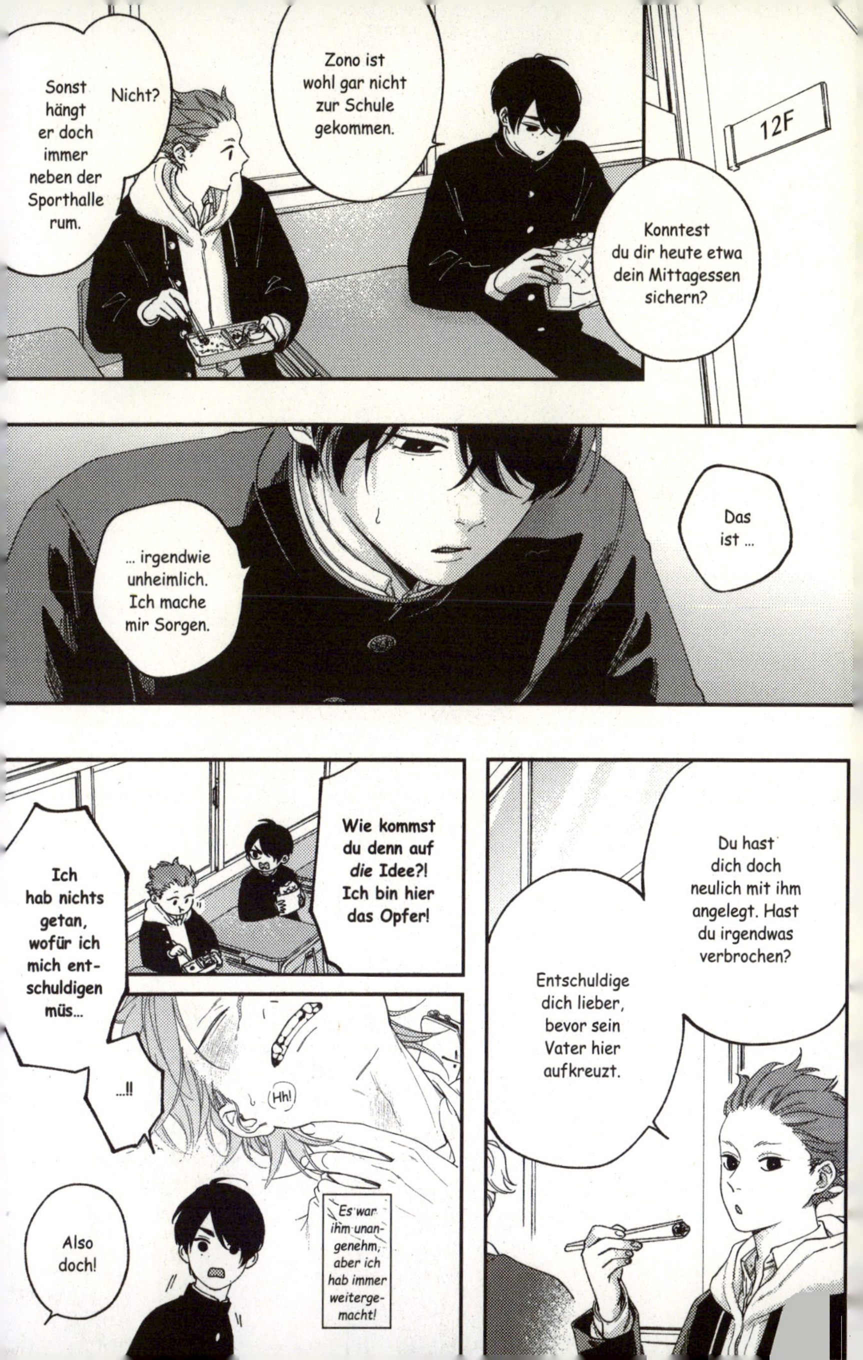
12F
Zono ist wohl gar nicht zur Schule gekommen.
Nicht?
Sonst hängt er doch immer neben der Sporthalle rum.
Konntest du dir heute etwa dein Mittagessen sichern?
Das ist ...
... irgendwie unheimlich. Ich mache mir Sorgen.
Du hast dich doch neulich mit ihm angelegt. Hast du irgendwas verbrochen?
Entschuldige dich lieber, bevor sein Vater hier aufkreuzt.
Wie kommst du denn auf die Idee?! Ich bin hier das Opfer!
Ich hab nichts getan, wofür ich mich entschuldigen müs...
...!!
Hh!
Es war ihm unangenehm, aber ich hab immer weitergemacht!
Also doch!

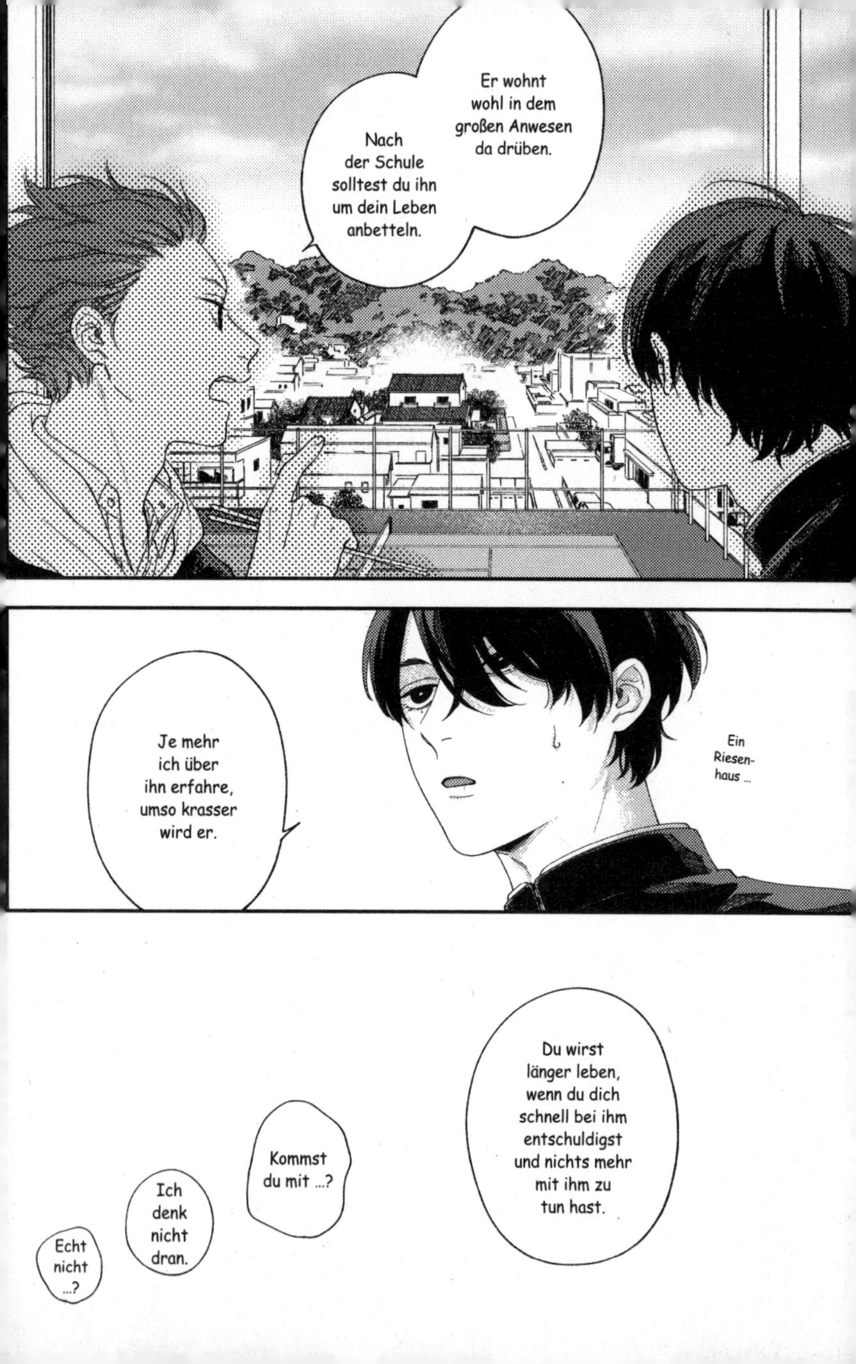
Er wohnt wohl in dem großen Anwesen da drüben.
Nach der Schule solltest du ihn um dein Leben anbetteln.
Ein Riesenhaus ...
Je mehr ich über ihn erfahre, umso krasser wird er.
Du wirst länger leben, wenn du dich schnell bei ihm entschuldigst und nichts mehr mit ihm zu tun hast.
Kommst du mit ...?
Ich denk nicht dran.
Echt nicht ...?

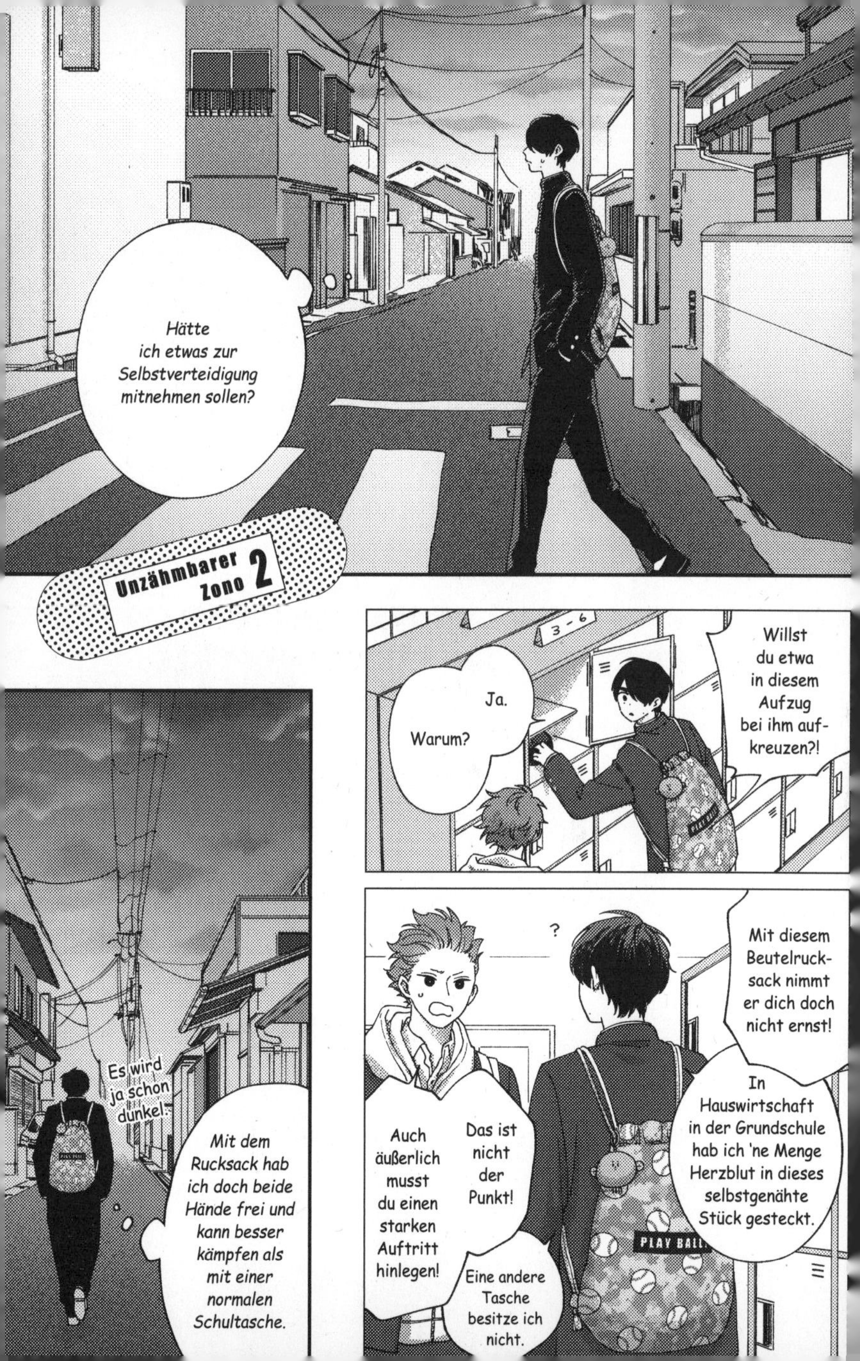
Hätte ich etwas zur Selbstverteidigung mitnehmen sollen?
Unzähmbarer Zono 2
3-6
Willst du etwa in diesem Aufzug bei ihm aufkreuzen?!
Ja. Warum?
?
Mit diesem Beutelrucksack nimmt er dich doch nicht ernst!
In Hauswirtschaft in der Grundschule hab ich 'ne Menge Herzblut in dieses selbstgenähte Stück gesteckt.
Das ist nicht der Punkt!
Auch äußerlich musst du einen starken Auftritt hinlegen!
Eine andere Tasche besitze ich nicht.
PLAY BALL!
Es wird ja schon dunkel.
Mit dem Rucksack hab ich doch beide Hände frei und kann besser kämpfen als mit einer normalen Schultasche.

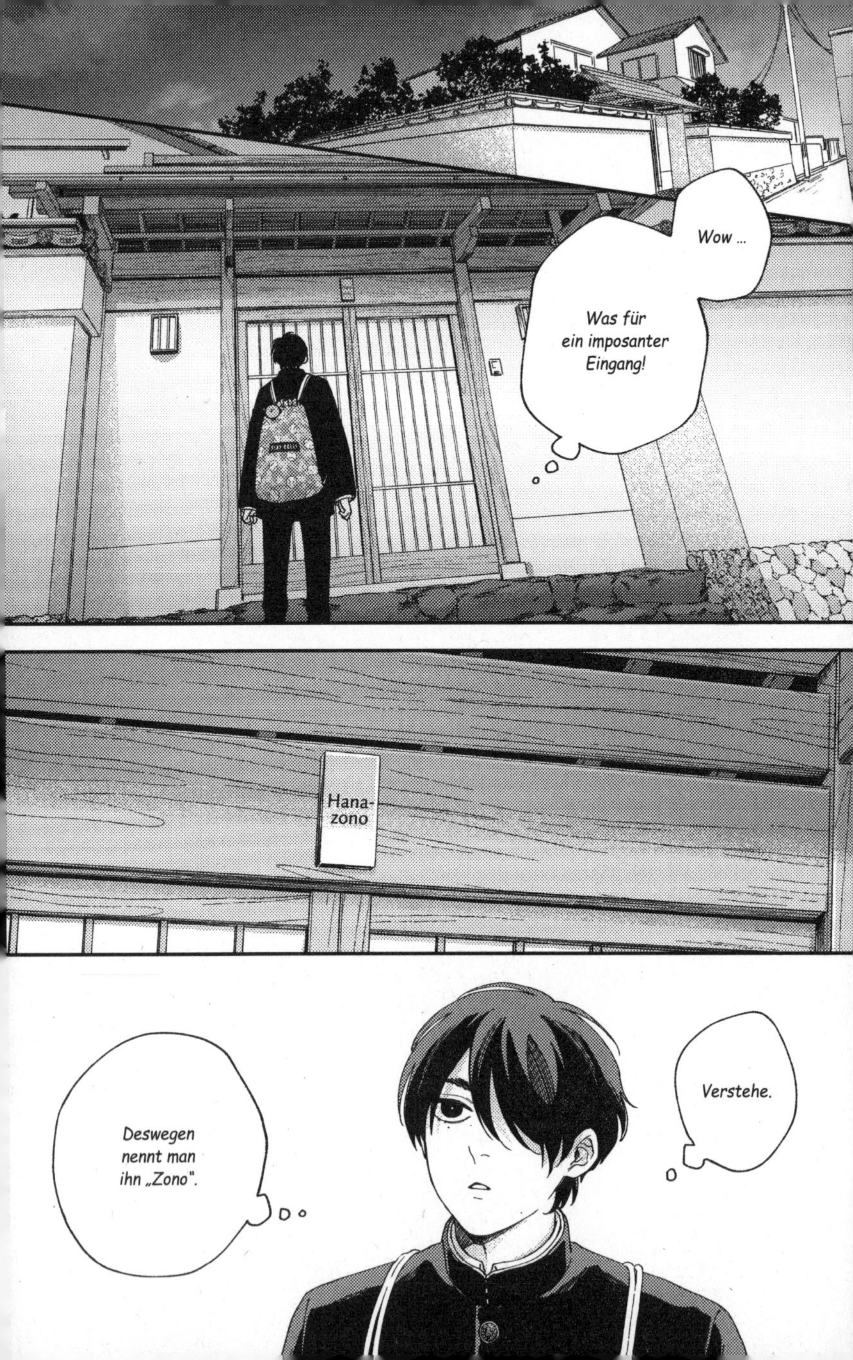
Wow ...
Was für ein imposanter Eingang!
Hana-zono
Verstehe.
Deswegen nennt man ihn „Zono".

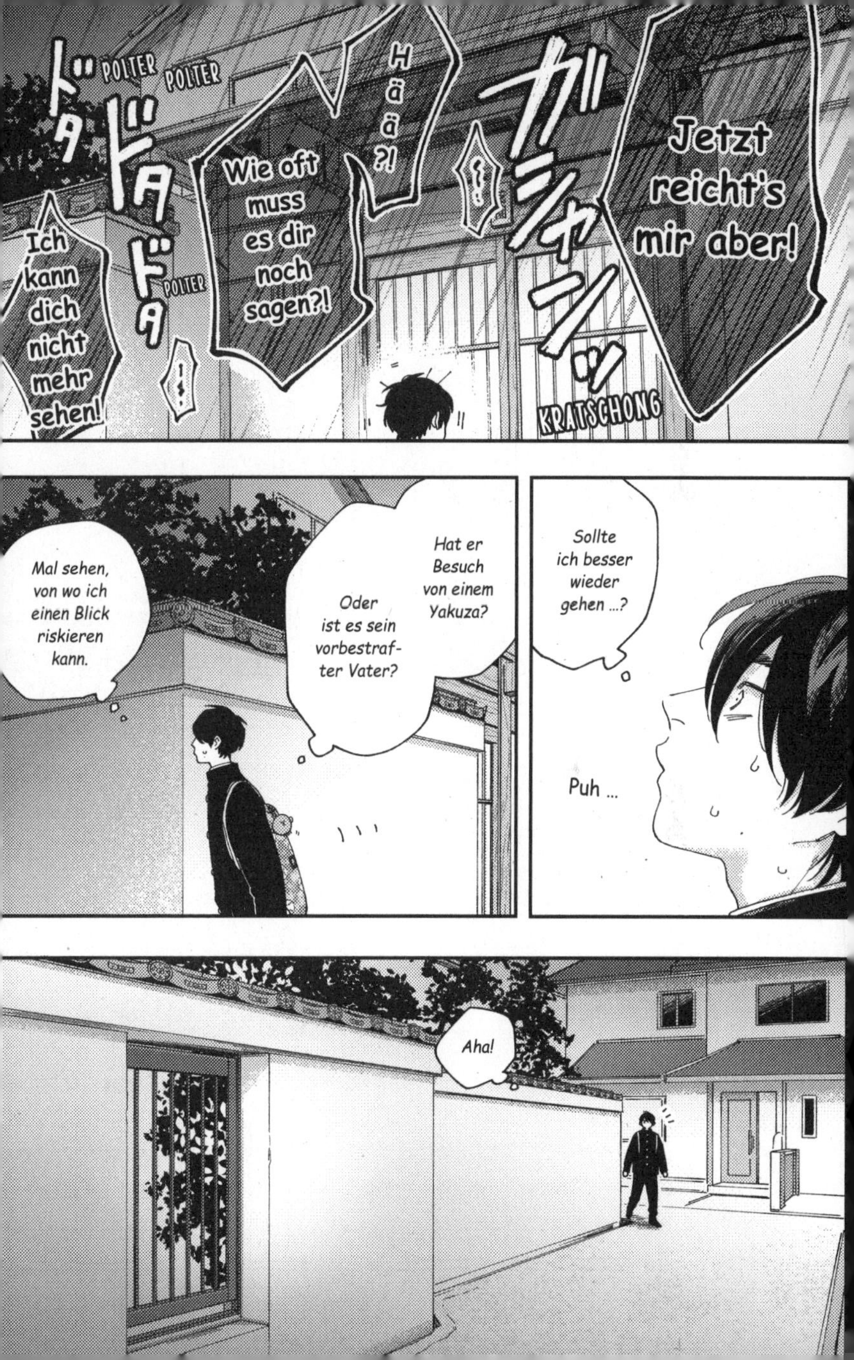
Jetzt reicht's mir aber!
KRATSCHONG
Hä ä ?!
Wie oft muss es dir noch sagen?!
POLTER POLTER
POLTER
Ich kann dich nicht mehr sehen!
Sollte ich besser wieder gehen ...?
Puh ...
Hat er Besuch von einem Yakuza?
Oder ist es sein vorbestraf-ter Vater?
Mal sehen, von wo ich einen Blick riskieren kann.
Aha!

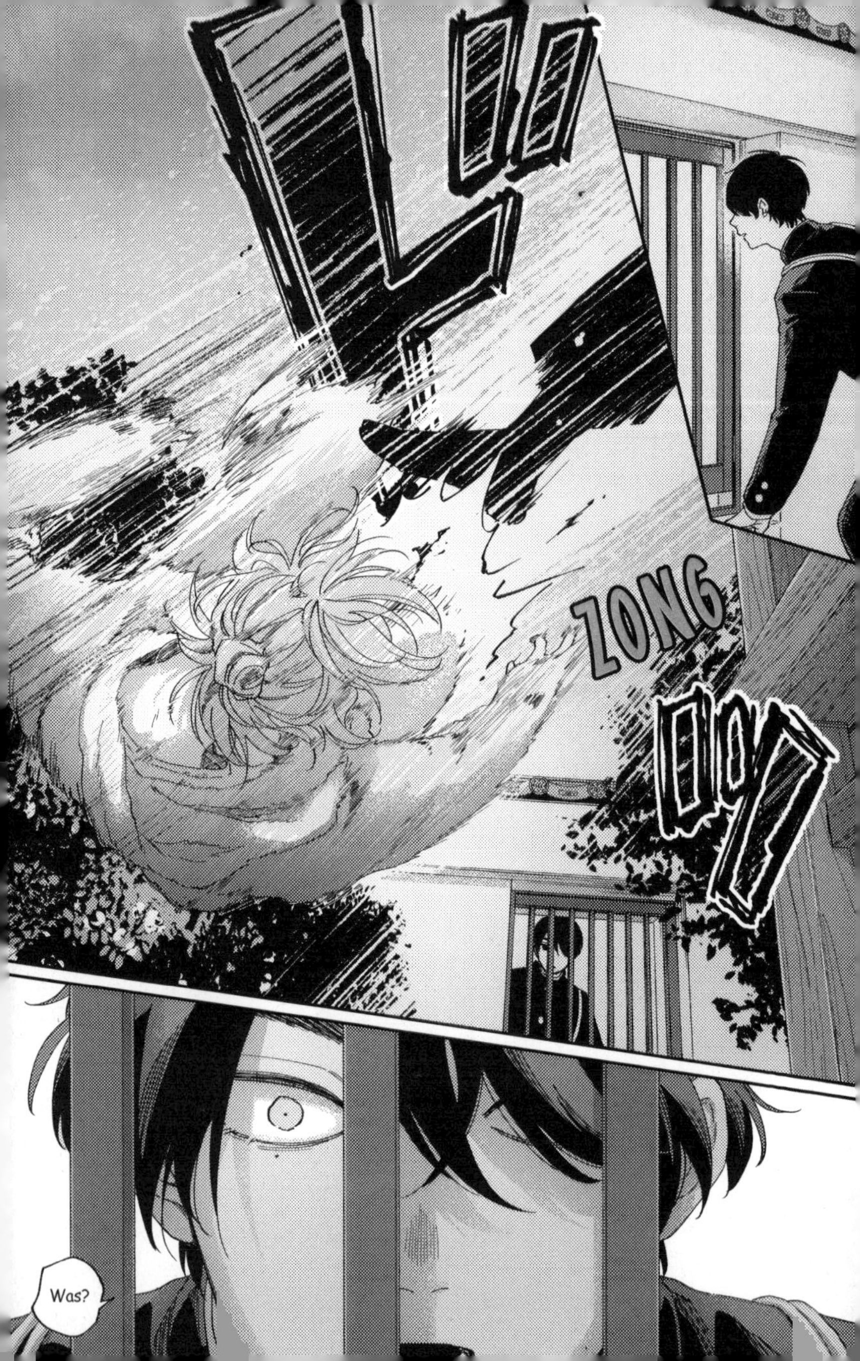
ZONG
Was?

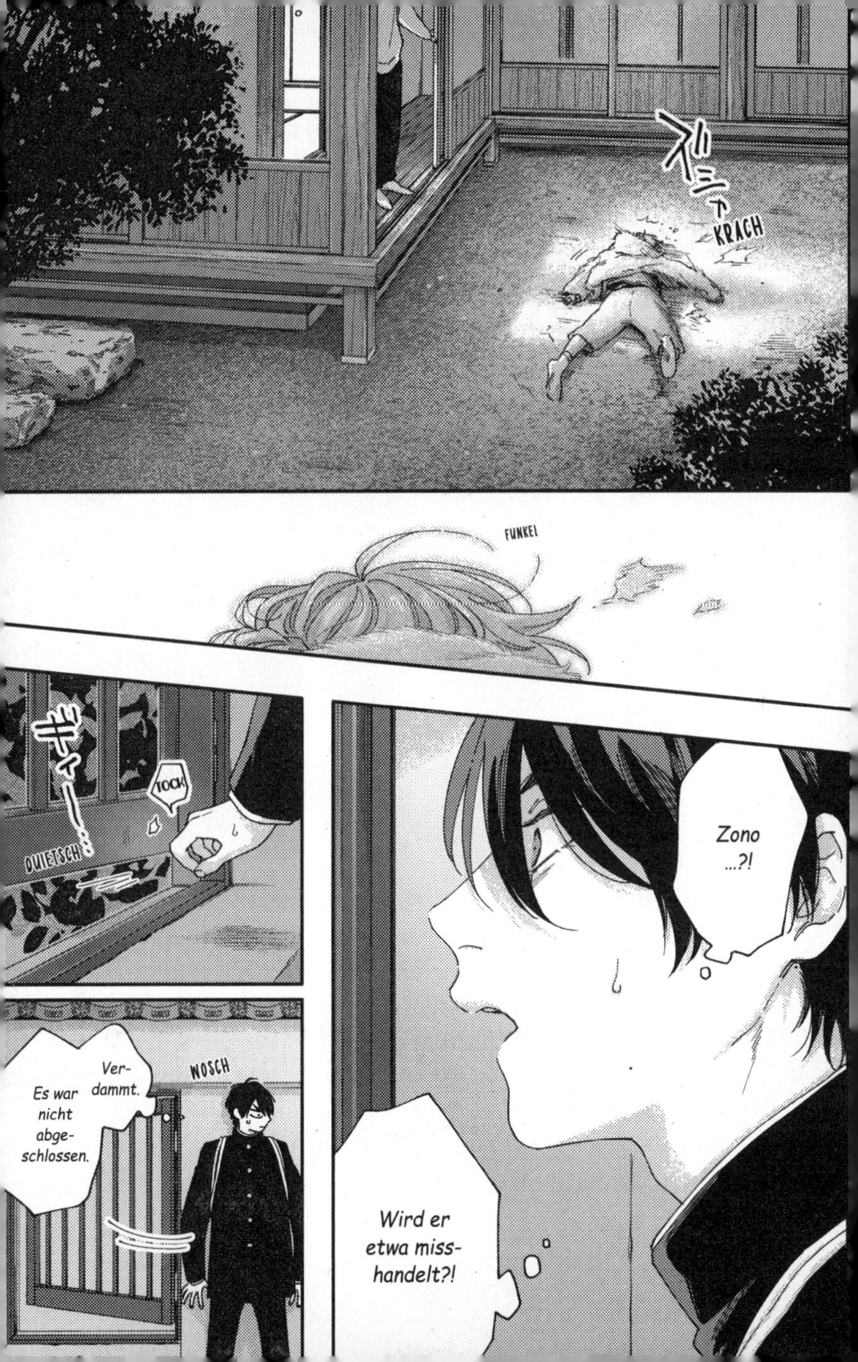

KRACH
FUNKEL
Zono ...?!
TOCK
QUIETSCH
Wird er etwa miss-handelt?!
WOSCH
Verdammt.
Es war nicht abge-schlossen.

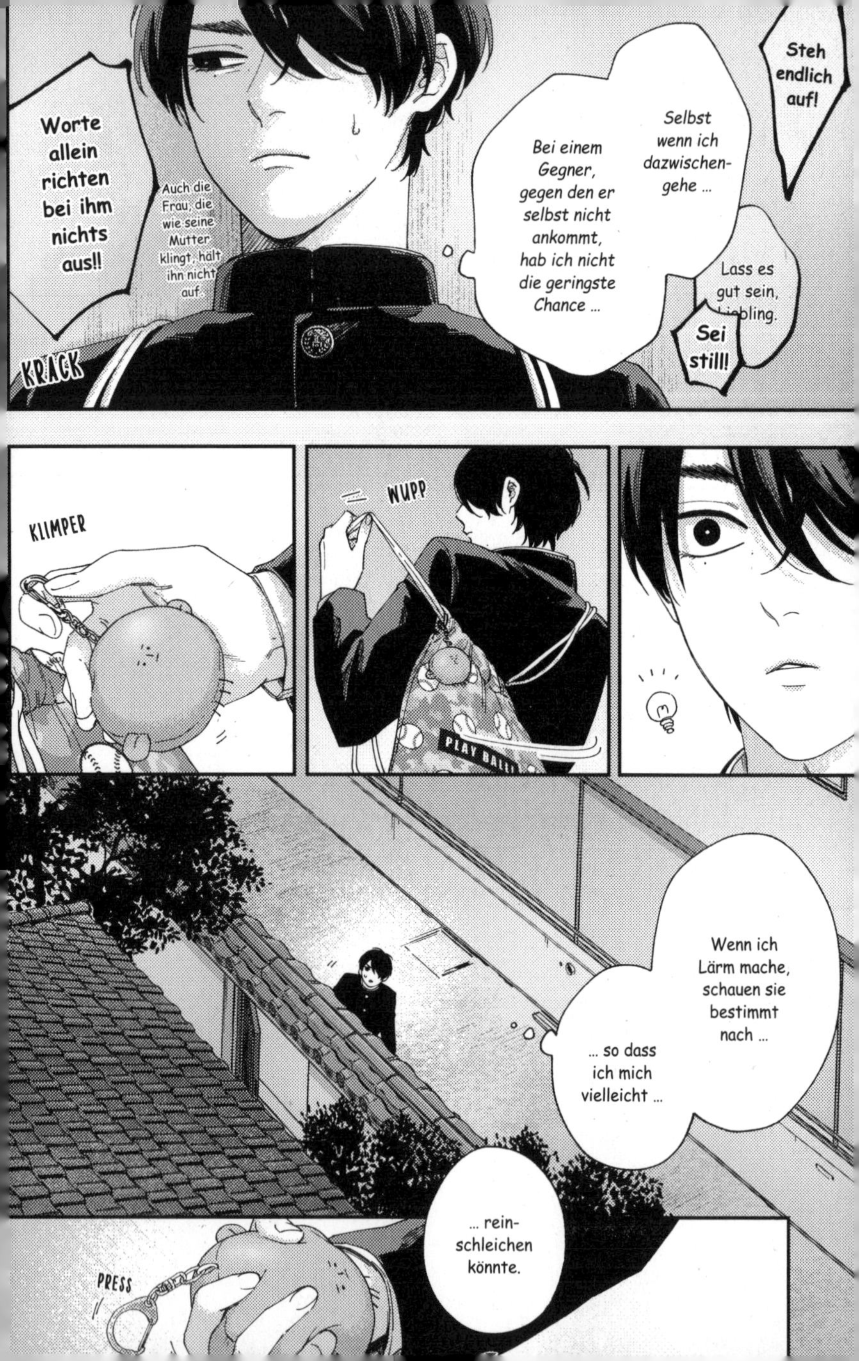

Steh endlich auf!
Selbst wenn ich dazwischengehe ...
Bei einem Gegner, gegen den er selbst nicht ankommt, hab ich nicht die geringste Chance ...
Lass es gut sein, Liebling.
Sei still!
Auch die Frau, die wie seine Mutter klingt, hält ihn nicht auf.
Worte allein richten bei ihm nichts aus!!
KRACK
WUPP
PLAY BALL!
KLIMPER
Wenn ich Lärm mache, schauen sie bestimmt nach ...
... so dass ich mich vielleicht ...
... reinschleichen könnte.
PRESS

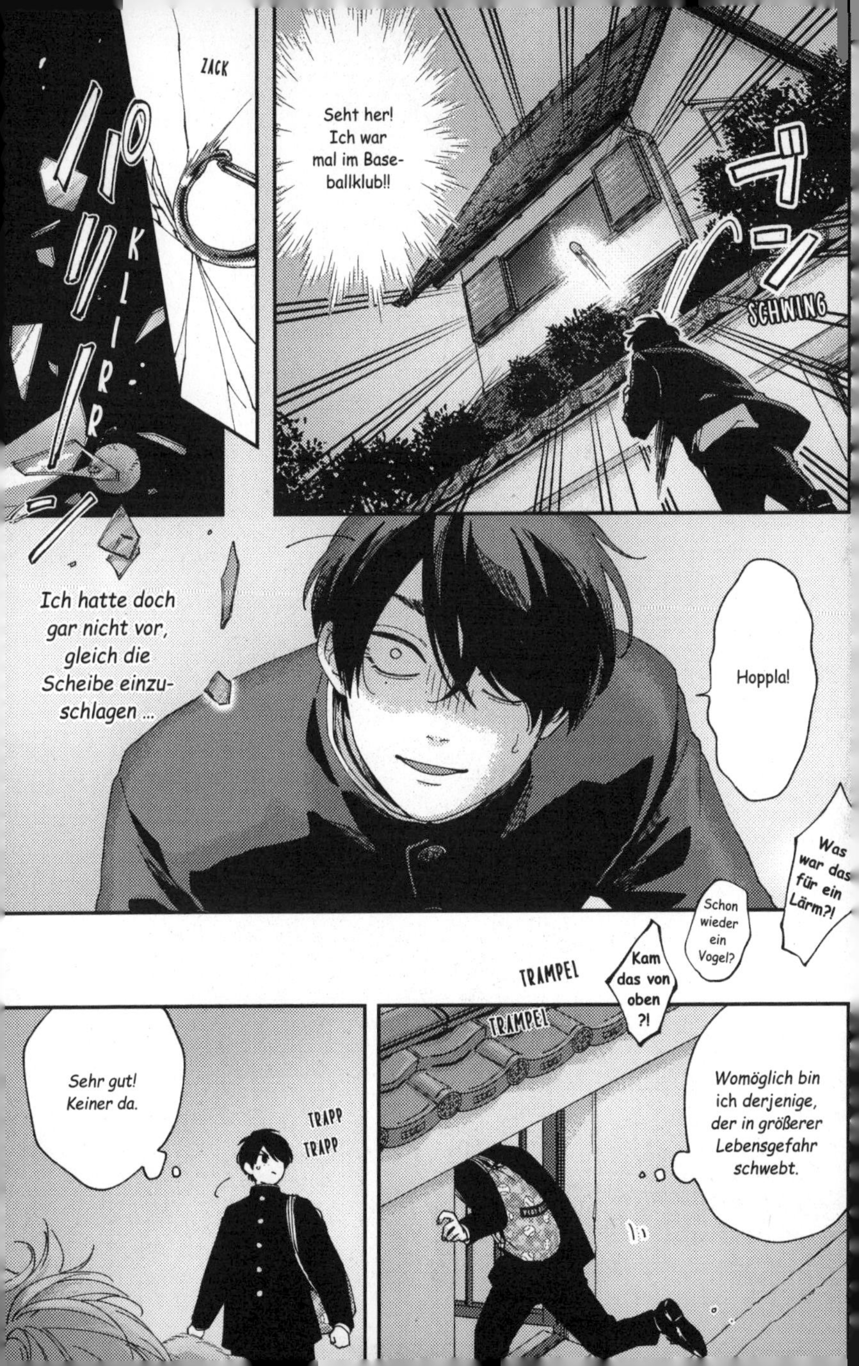
SCHWING
Seht her! Ich war mal im Baseballklub!!
ZACK
KLIRR
Hoppla!
Ich hatte doch gar nicht vor, gleich die Scheibe einzuschlagen ...
Was war das für ein Lärm?!
Schon wieder ein Vogel?
Kam das von oben ?!
TRAMPEL
TRAMPEL
Womöglich bin ich derjenige, der in größerer Lebensgefahr schwebt.
TRAPP TRAPP
Sehr gut! Keiner da.

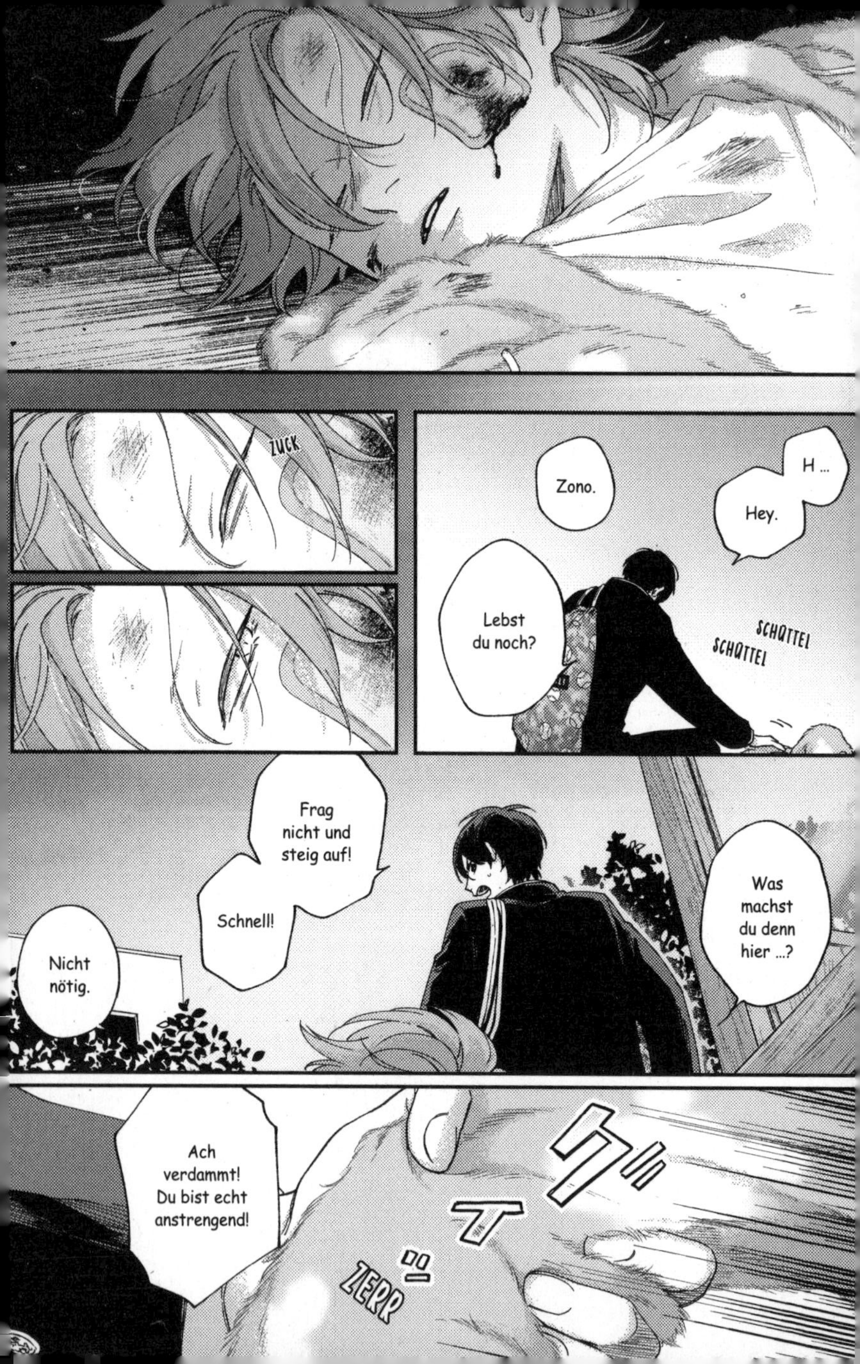
H …
Hey.
Zono.
Lebst du noch?
SCHÜTTEL
SCHÜTTEL
ZUCK
Was machst du denn hier …?
Frag nicht und steig auf!
Schnell!
Nicht nötig.
Ach verdammt! Du bist echt anstrengend!
ZERR

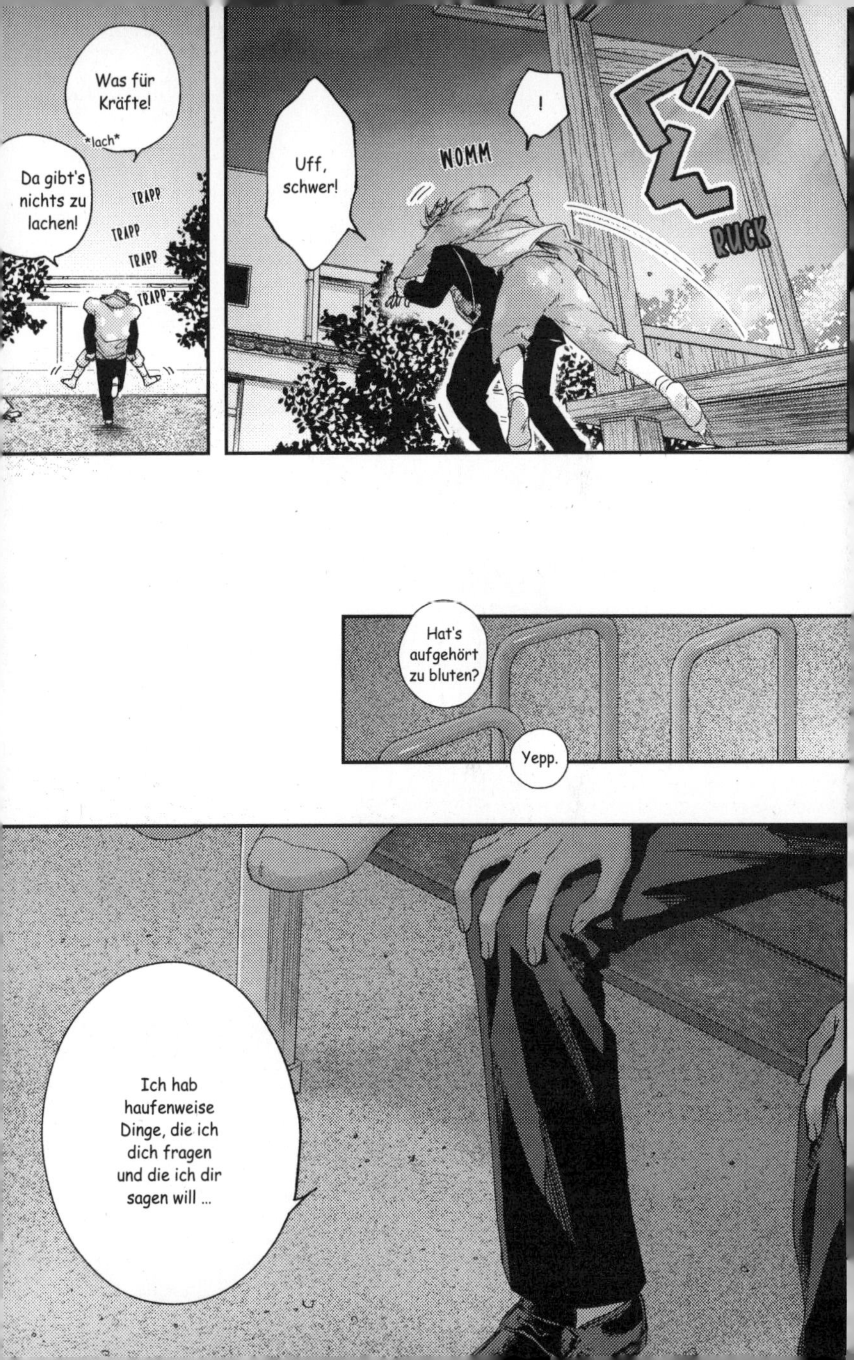

!
WOMM
RUCK
Uff, schwer!
Was für Kräfte!
lach
Da gibt's nichts zu lachen!
TRAPP
TRAPP
TRAPP
TRAPP
Hat's aufgehört zu bluten?
Yepp.
Ich hab haufenweise Dinge, die ich dich fragen und die ich dir sagen will ...

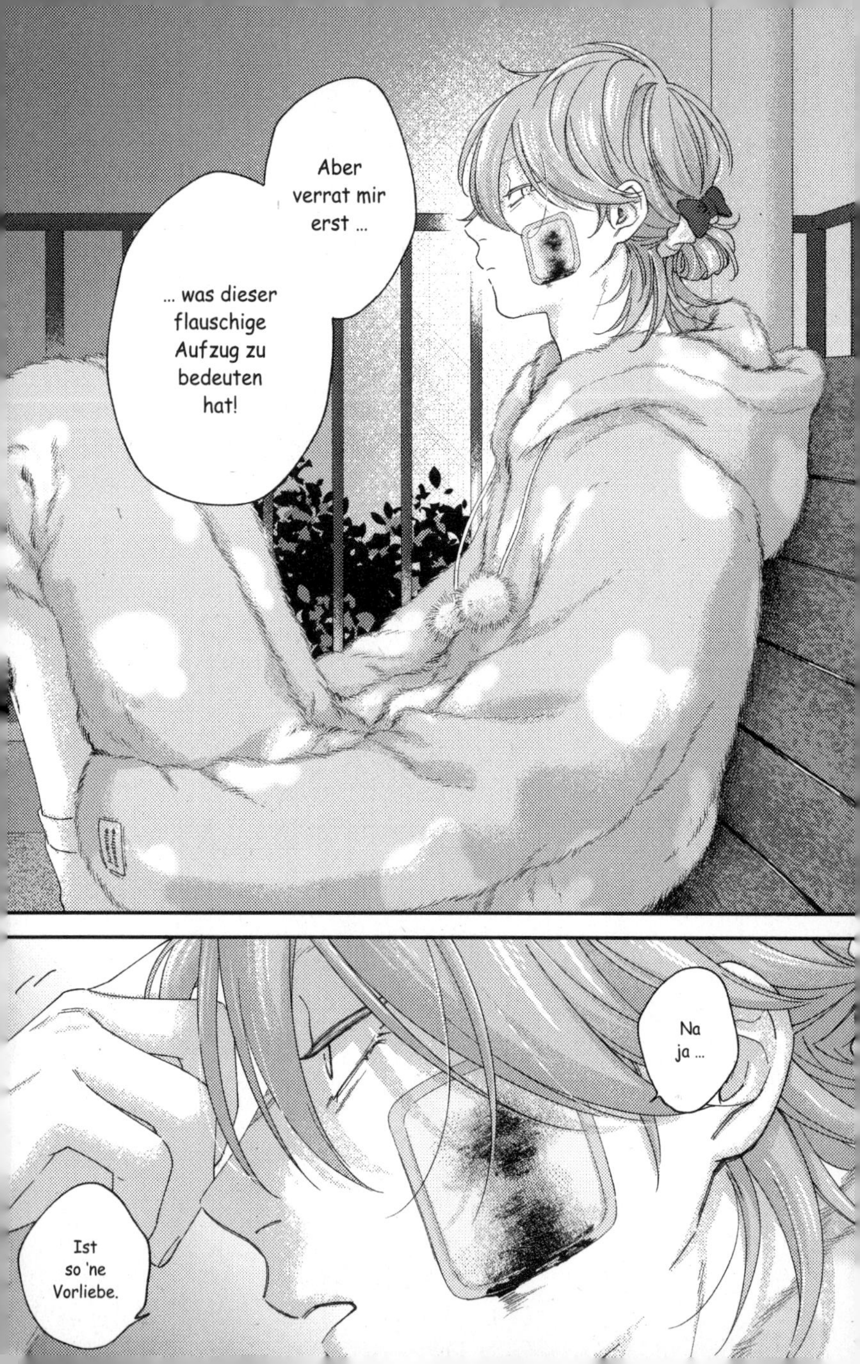
Aber verrat mir erst …
… was dieser flauschige Aufzug zu bedeuten hat!
Na ja …
Ist so 'ne Vorliebe.

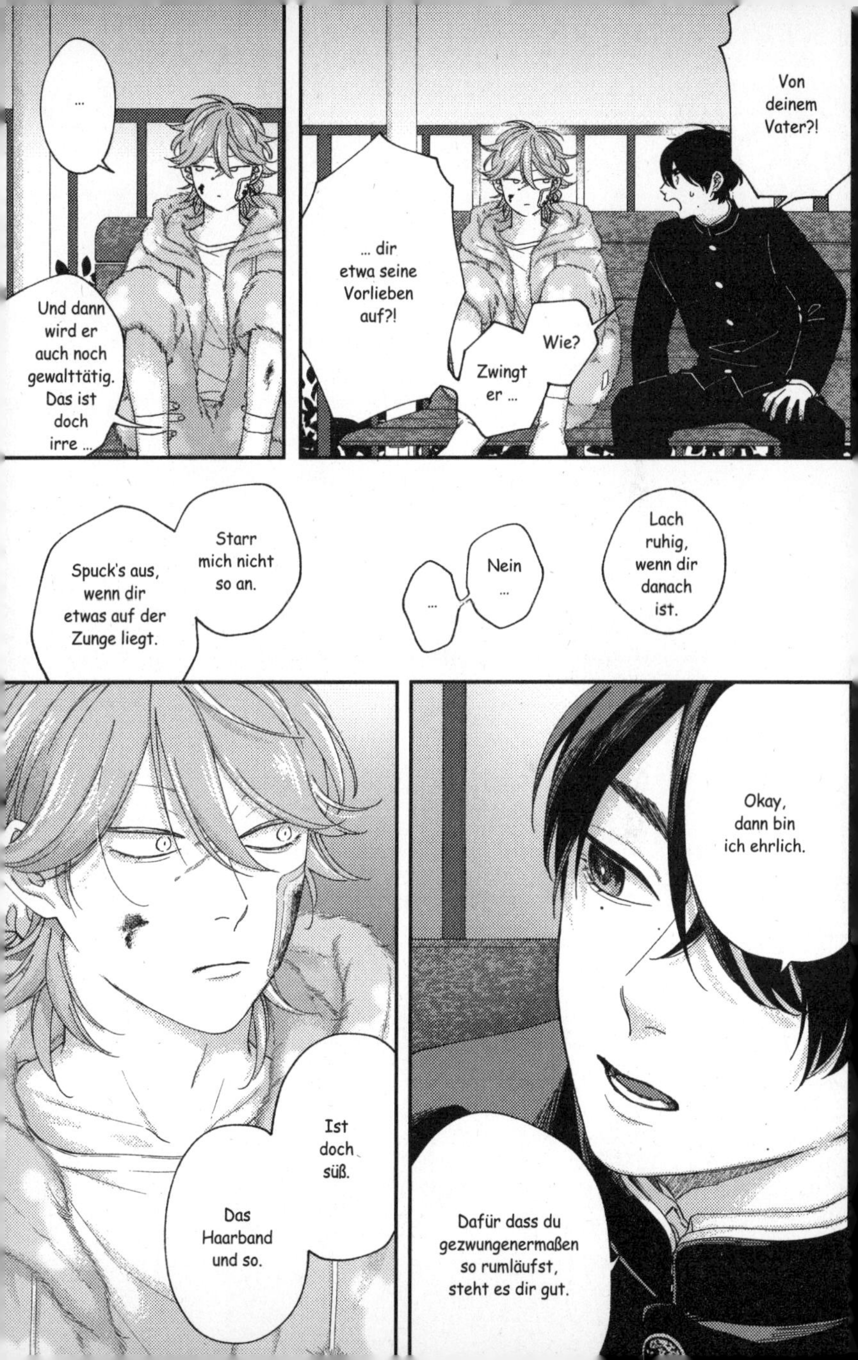

Von deinem Vater?!
Wie?
Zwingt er ...
... dir etwa seine Vorlieben auf?!
...
Und dann wird er auch noch gewalttätig. Das ist doch irre ...
Lach ruhig, wenn dir danach ist.
Nein ...
...
Starr mich nicht so an.
Spuck's aus, wenn dir etwas auf der Zunge liegt.
Okay, dann bin ich ehrlich.
Dafür dass du gezwungenermaßen so rumläufst, steht es dir gut.
Ist doch süß.
Das Haarband und so.

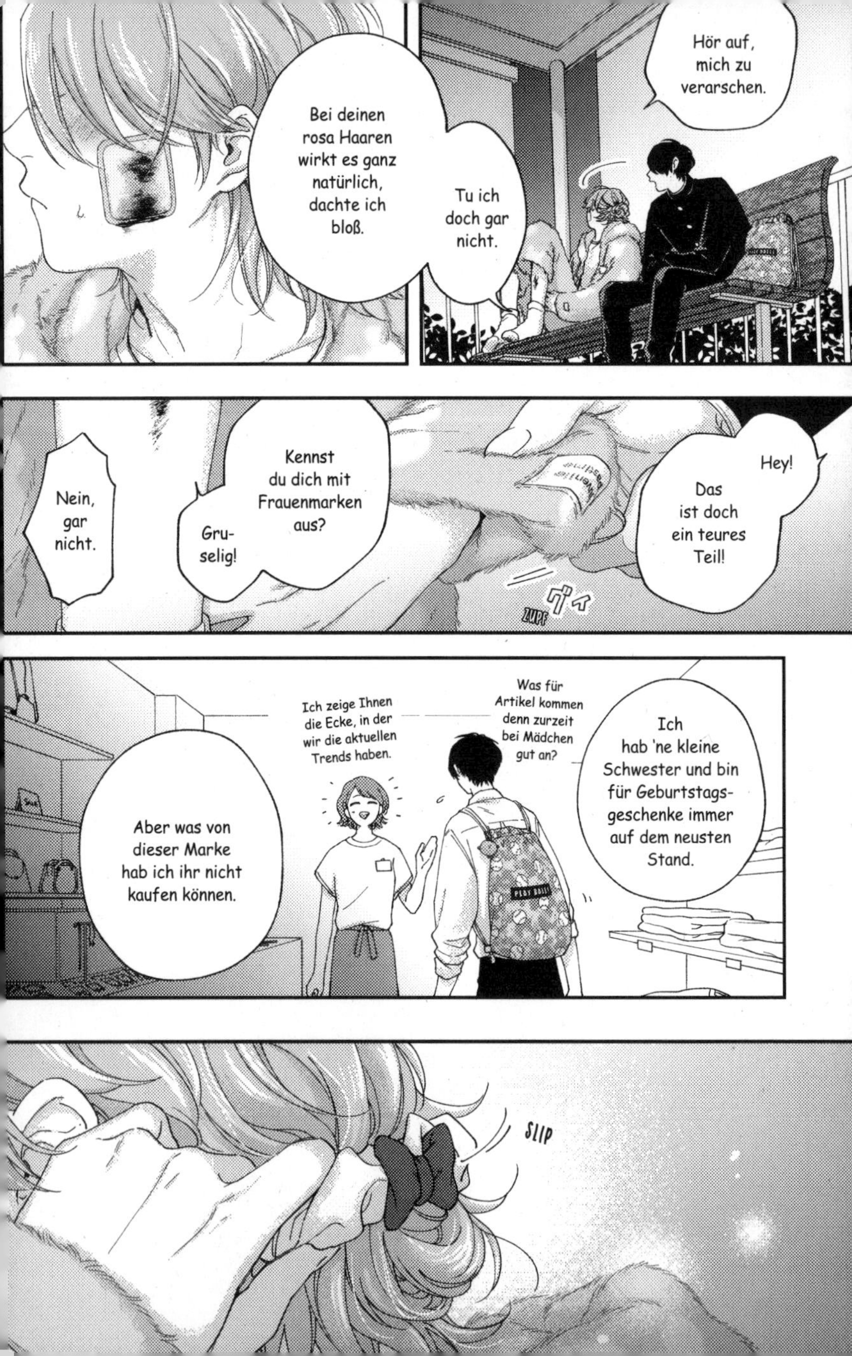
Hör auf, mich zu verarschen.
Tu ich doch gar nicht.
Bei deinen rosa Haaren wirkt es ganz natürlich, dachte ich bloß.
Hey!
Das ist doch ein teures Teil!
ZUPF
Kennst du dich mit Frauenmarken aus?
Gruselig!
Nein, gar nicht.
Ich hab 'ne kleine Schwester und bin für Geburtstagsgeschenke immer auf dem neusten Stand.
Was für Artikel kommen denn zurzeit bei Mädchen gut an?
Ich zeige Ihnen die Ecke, in der wir die aktuellen Trends haben.
Aber was von dieser Marke hab ich ihr nicht kaufen können.
SLIP

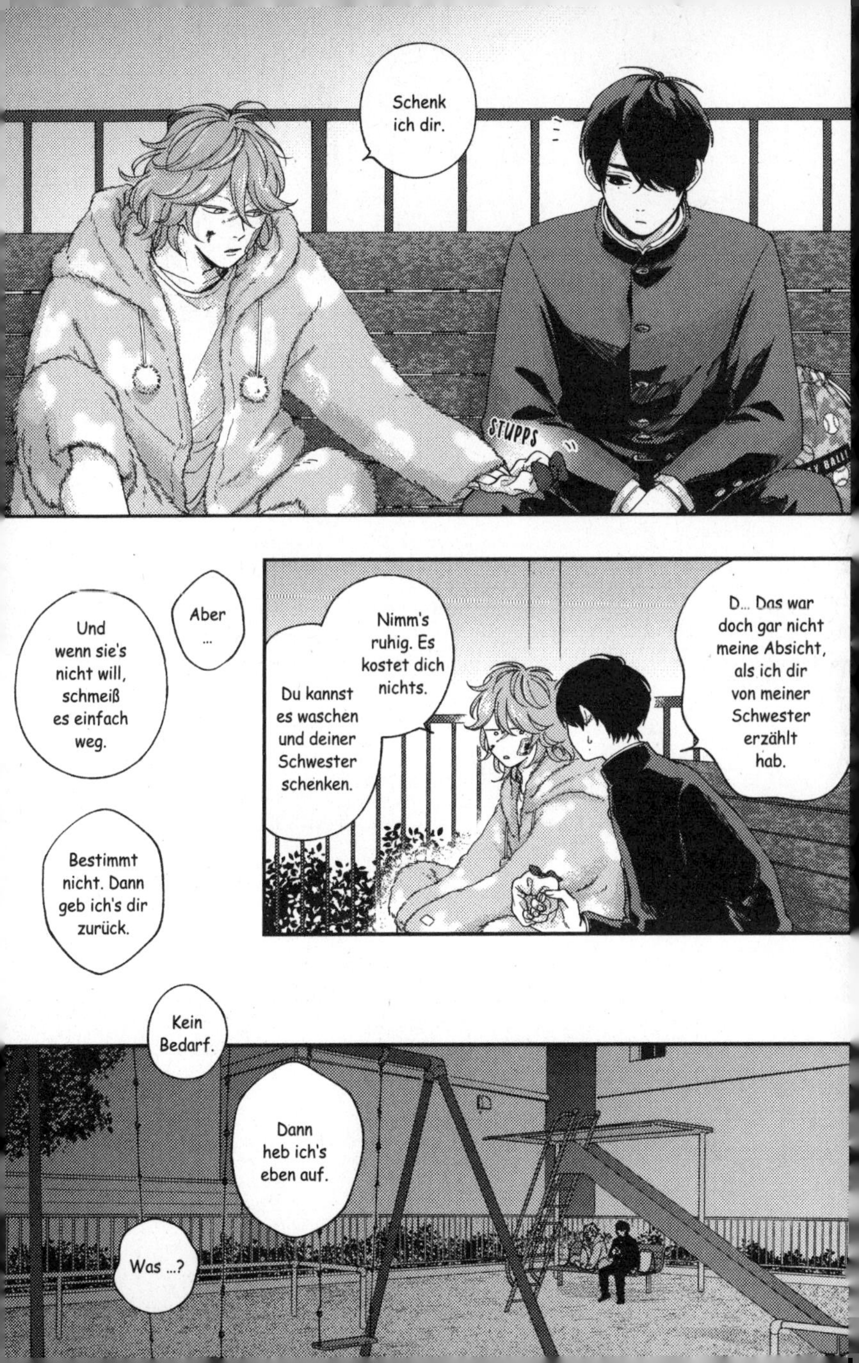
Schenk ich dir.
STUPPS
D... Das war doch gar nicht meine Absicht, als ich dir von meiner Schwester erzählt hab.
Nimm's ruhig. Es kostet dich nichts.
Du kannst es waschen und deiner Schwester schenken.
Aber ...
Und wenn sie's nicht will, schmeiß es einfach weg.
Bestimmt nicht. Dann geb ich's dir zurück.
Kein Bedarf.
Dann heb ich's eben auf.
Was ...?

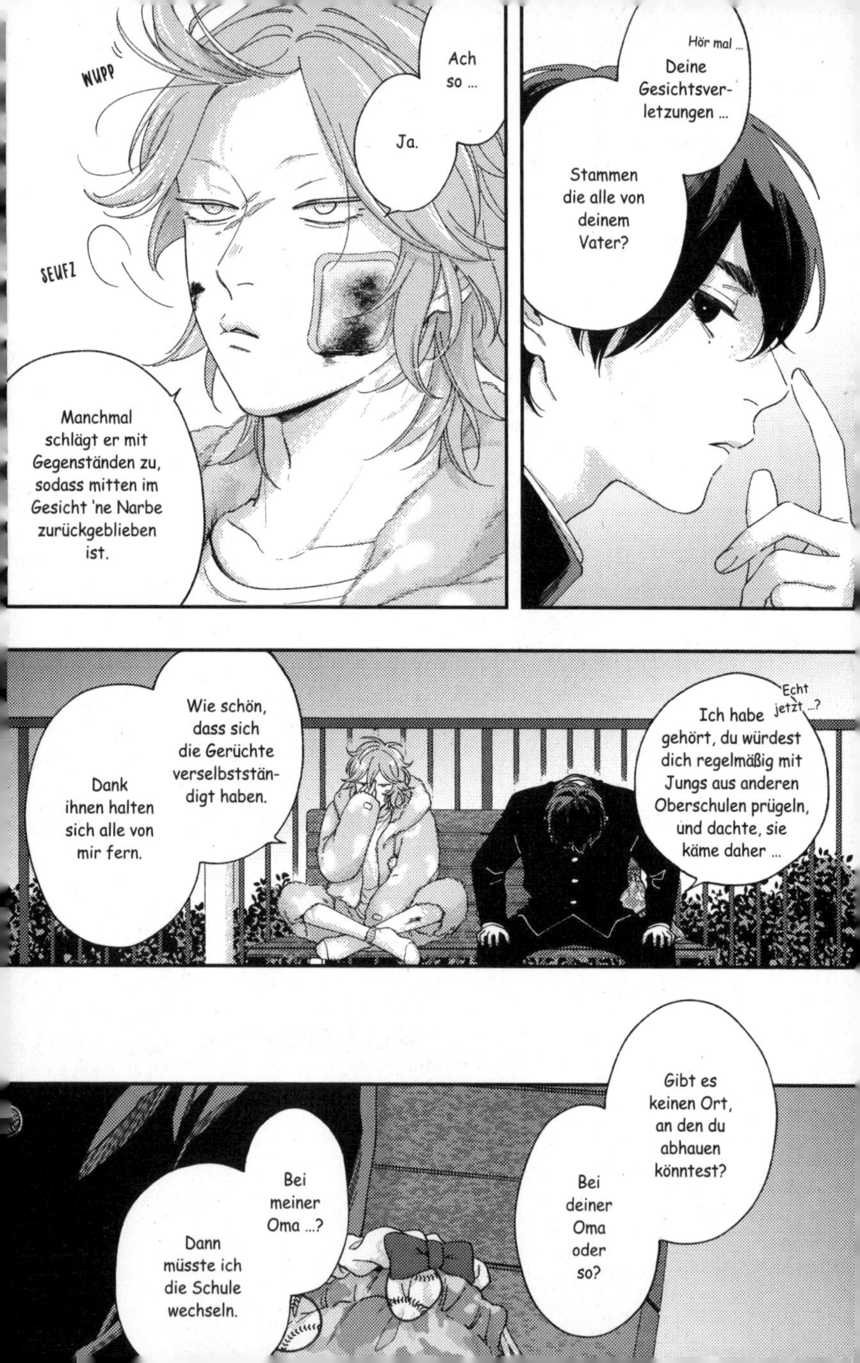
Hör mal ... Deine Gesichtsverletzungen ...
Stammen die alle von deinem Vater?
Ach so ...
Ja.
WUPP
SEUFZ
Manchmal schlägt er mit Gegenständen zu, sodass mitten im Gesicht 'ne Narbe zurückgeblieben ist.
Ich habe gehört, du würdest dich regelmäßig mit Jungs aus anderen Oberschulen prügeln, und dachte, sie käme daher ...
Echt jetzt ...?
Wie schön, dass sich die Gerüchte verselbstständigt haben.
Dank ihnen halten sich alle von mir fern.
Gibt es keinen Ort, an den du abhauen könntest?
Bei deiner Oma oder so?
Bei meiner Oma ...?
Dann müsste ich die Schule wechseln.

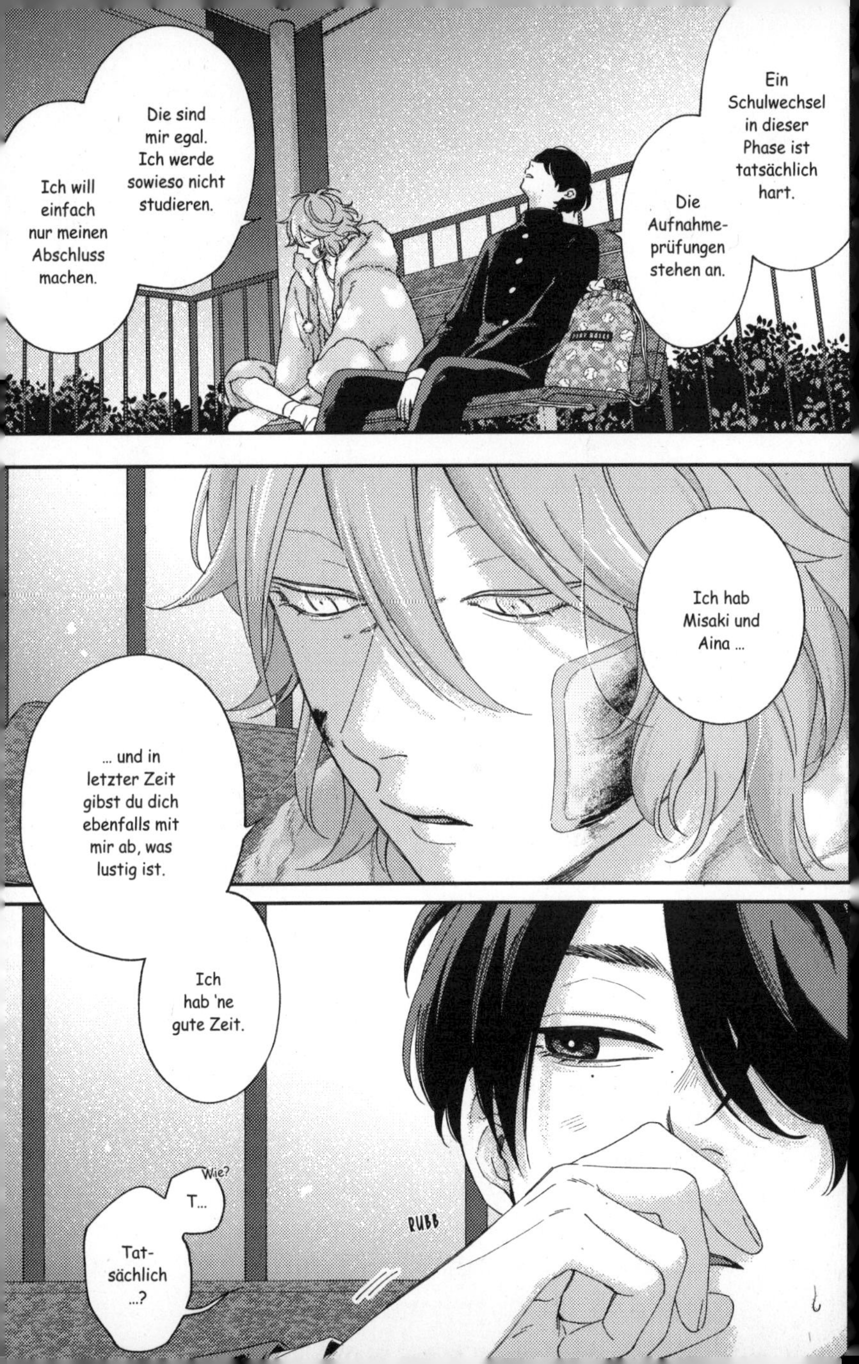
Ein Schulwechsel in dieser Phase ist tatsächlich hart.
Die Aufnahmeprüfungen stehen an.
Die sind mir egal. Ich werde sowieso nicht studieren.
Ich will einfach nur meinen Abschluss machen.
Ich hab Misaki und Aina ...
... und in letzter Zeit gibst du dich ebenfalls mit mir ab, was lustig ist.
Ich hab 'ne gute Zeit.
RUBB
Wie?
T...
Tat-sächlich ...?

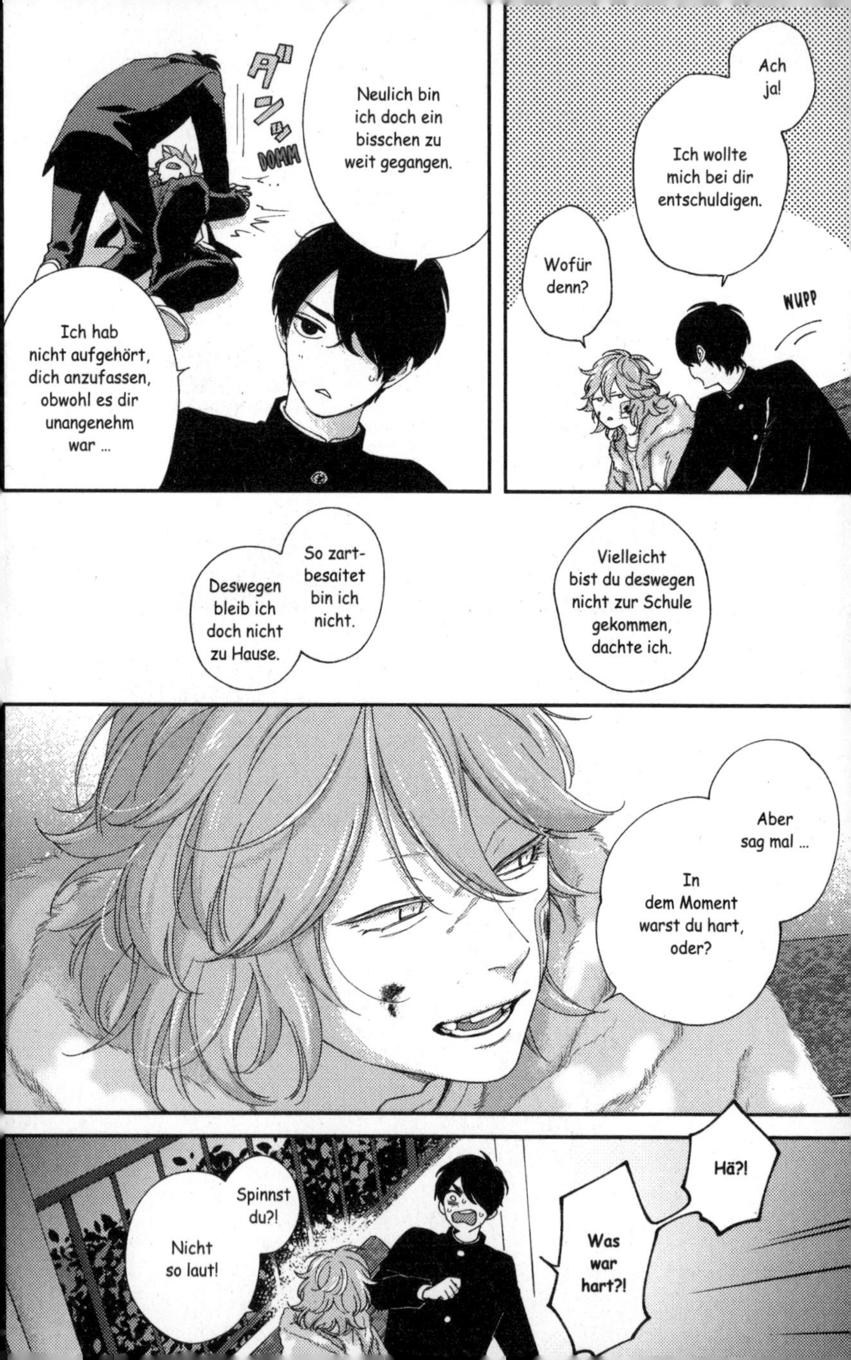

Ach ja!
Ich wollte mich bei dir entschuldigen.
Wofür denn?
WUPP
DOMM
Neulich bin ich doch ein bisschen zu weit gegangen.
Ich hab nicht aufgehört, dich anzufassen, obwohl es dir unangenehm war ...
Vielleicht bist du deswegen nicht zur Schule gekommen, dachte ich.
So zart-besaitet bin ich nicht.
Deswegen bleib ich doch nicht zu Hause.
Aber sag mal ...
In dem Moment warst du hart, oder?
Hä?!
Was war hart?!
Spinnst du?!
Nicht so laut!

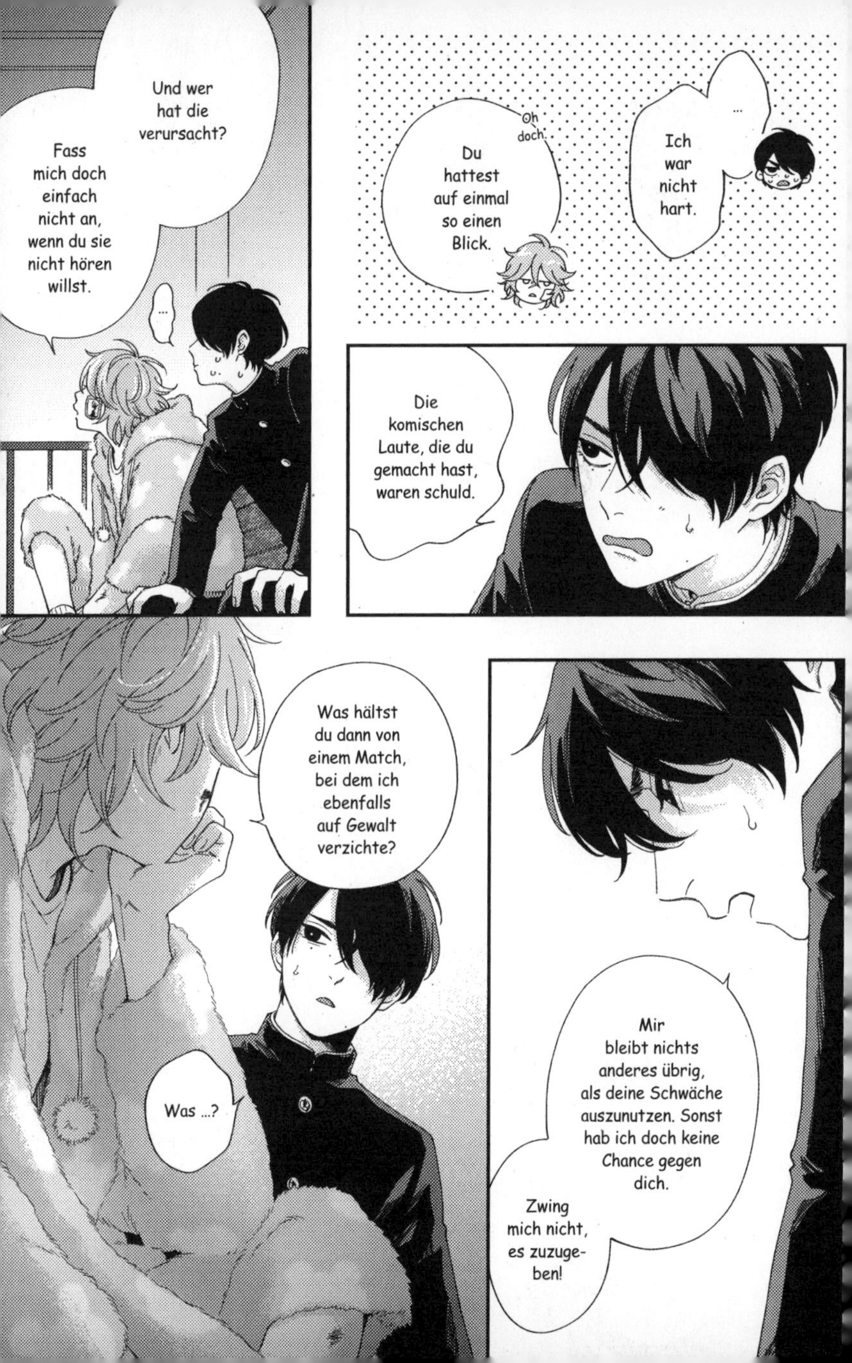

...
Ich war nicht hart.
Oh doch.
Du hattest auf einmal so einen Blick.
Und wer hat die verursacht?
Fass mich doch einfach nicht an, wenn du sie nicht hören willst.
...
Die komischen Laute, die du gemacht hast, waren schuld.
Mir bleibt nichts anderes übrig, als deine Schwäche auszunutzen. Sonst hab ich doch keine Chance gegen dich.
Zwing mich nicht, es zuzugeben!
Was hältst du dann von einem Match, bei dem ich ebenfalls auf Gewalt verzichte?
Was ...?

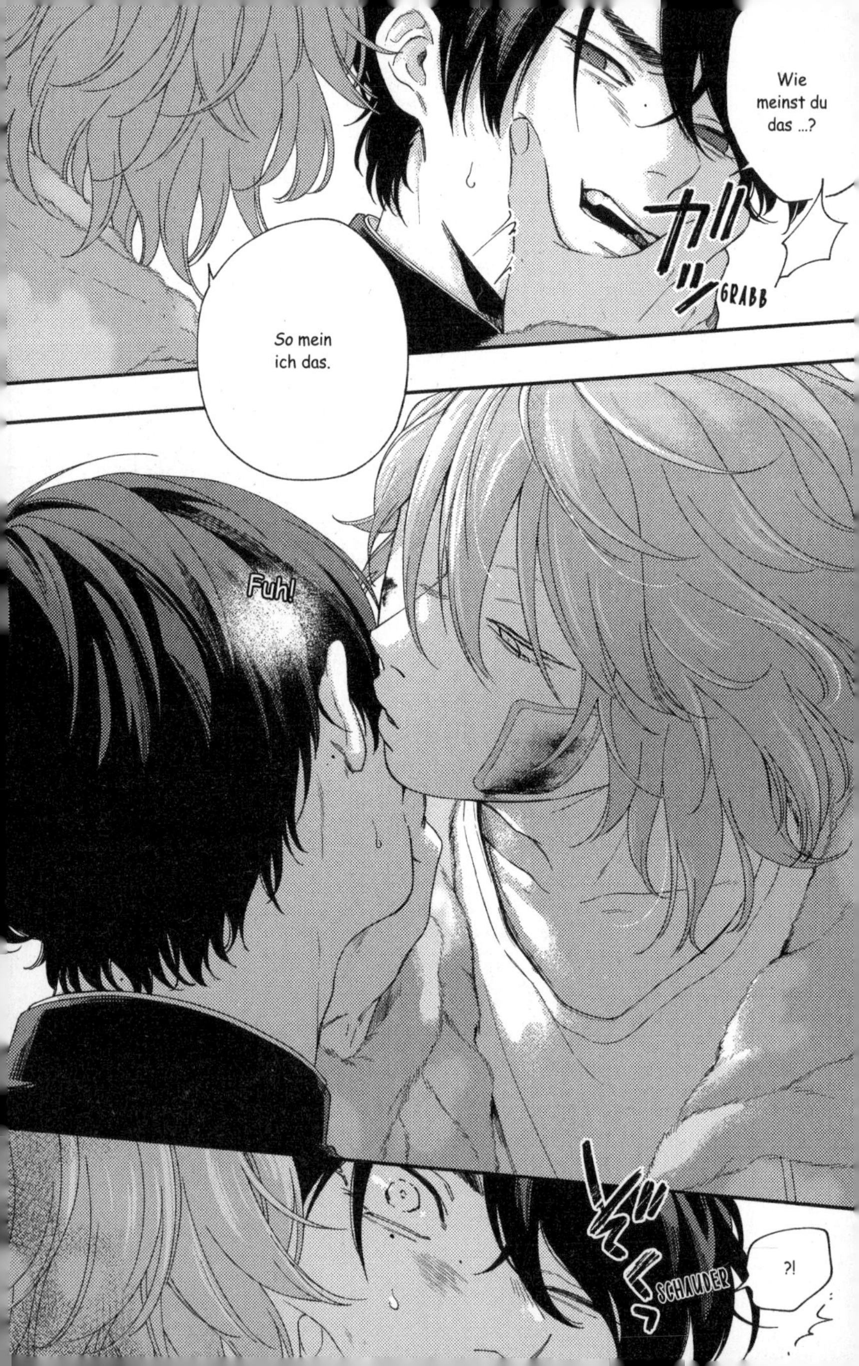
Wie meinst du das ...?
GRABB
So mein ich das.
Fuh!
SCHAUDER
?!

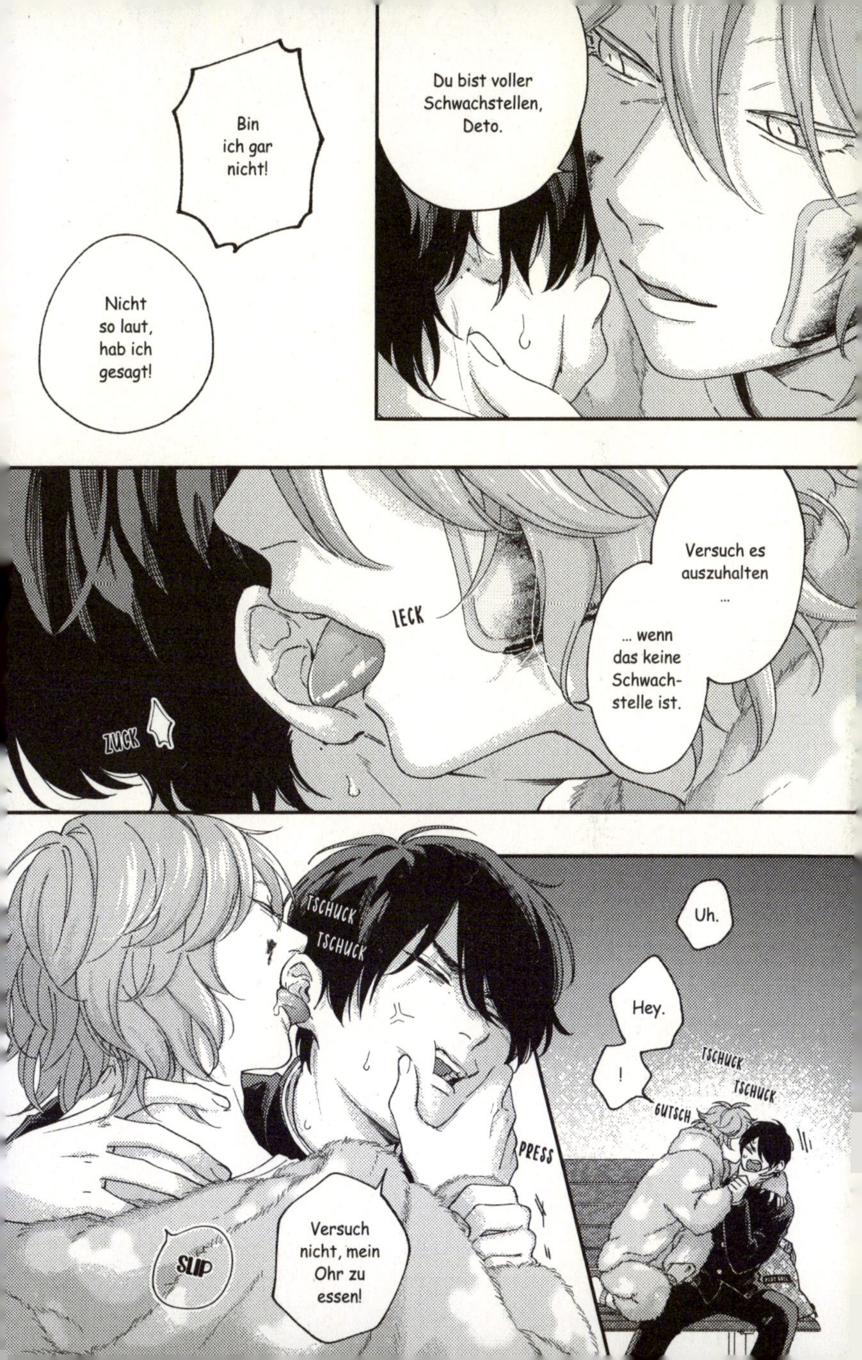
Du bist voller Schwachstellen, Deto.
Bin ich gar nicht!
Nicht so laut, hab ich gesagt!
Versuch es auszuhalten ...
... wenn das keine Schwachstelle ist.
LECK
ZUCK
Uh.
Hey.
!
TSCHUCK TSCHUCK
GUTSCH
TSCHUCK TSCHUCK
PRESS
Versuch nicht, mein Ohr zu essen!
SLIP

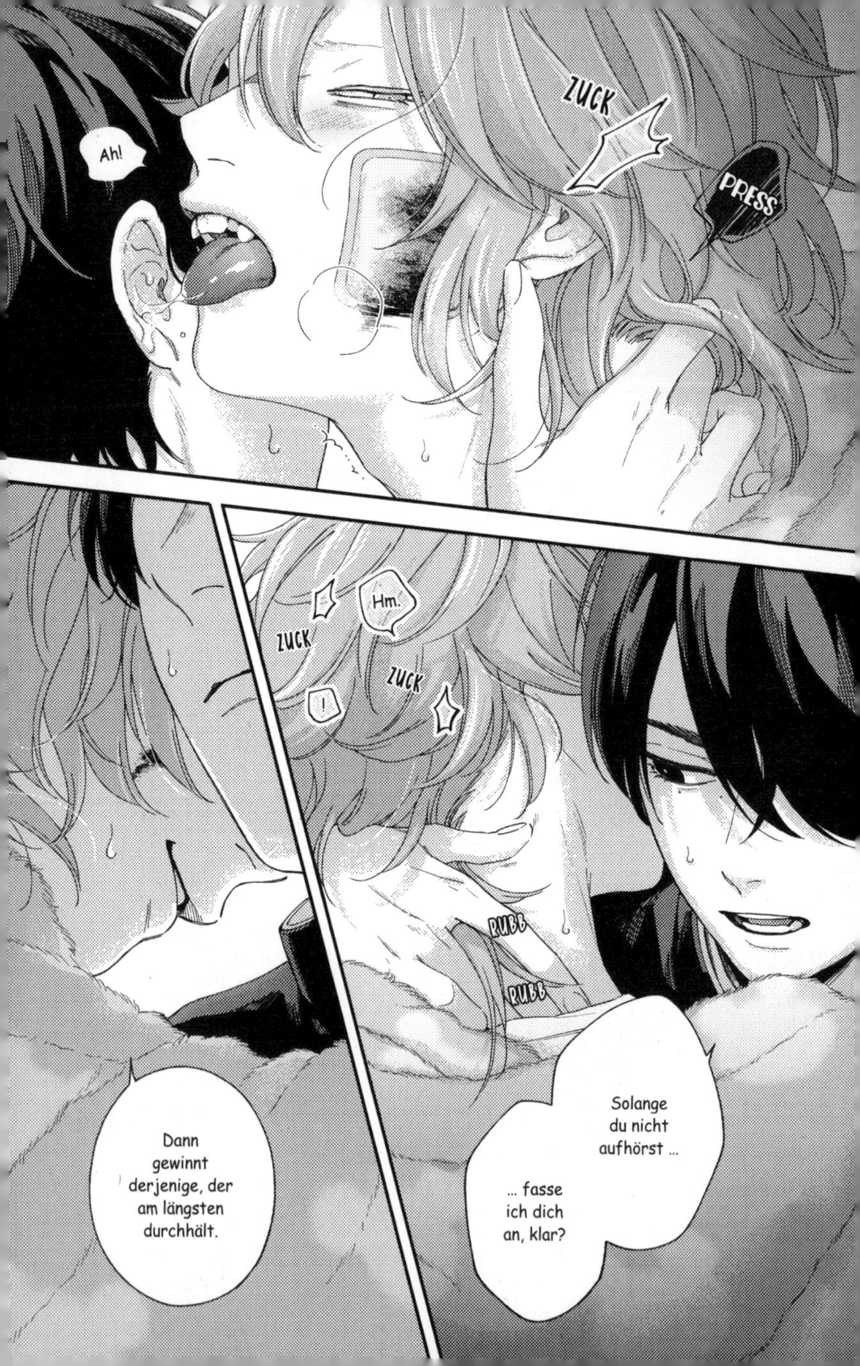
ZUCK
PRESS
Ah!
Hm.
ZUCK
ZUCK
!
RUBB
RUBB
Solange du nicht aufhörst ...
... fasse ich dich an, klar?
Dann gewinnt derjenige, der am längsten durchhält.

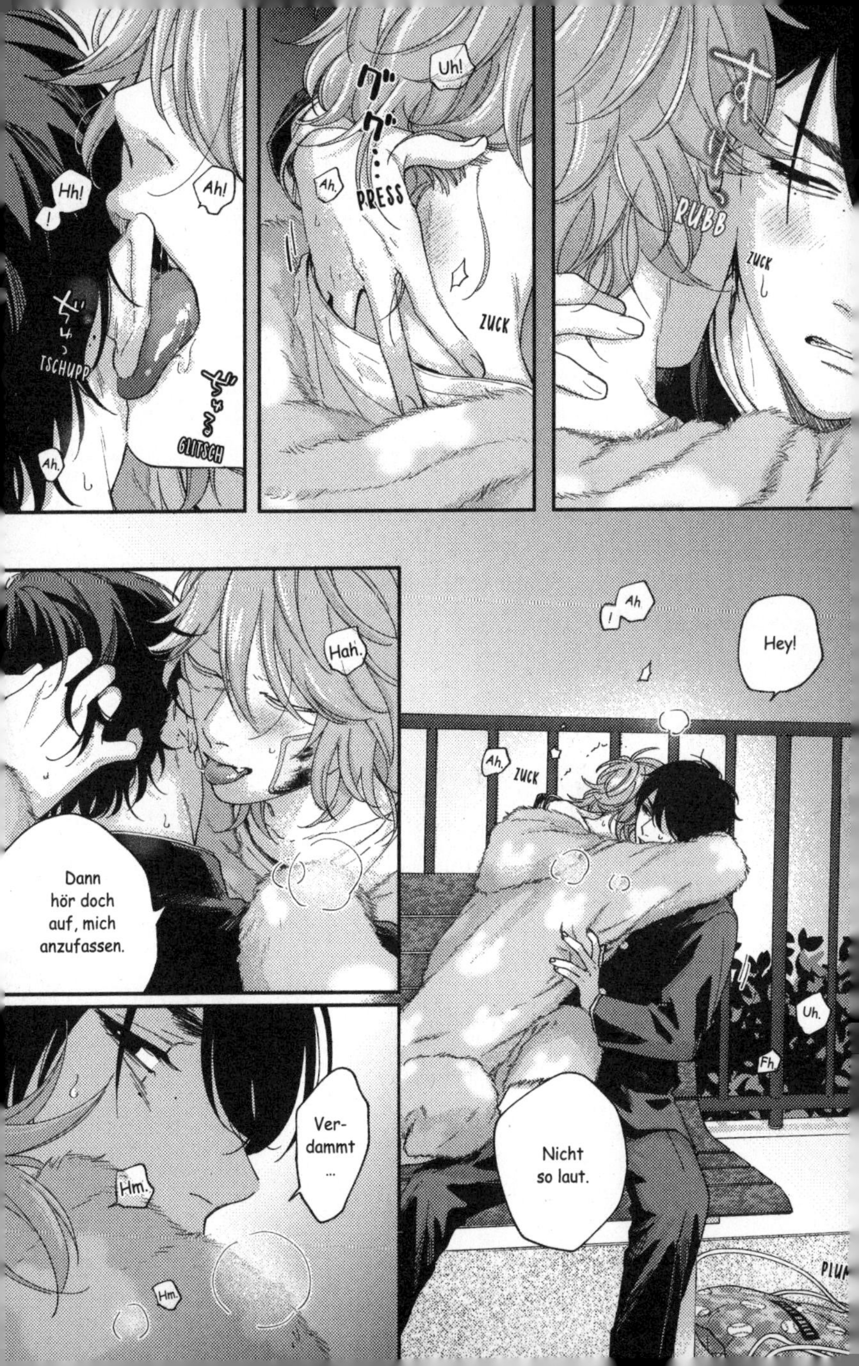

RUBB
ZUCK
Uh!
Ah.
PRESS
ZUCK
Hh!
Ah!
TSCHUPP
GLITSCH
Ah.
Ah!
Hey!
Ah.
ZUCK
Uh.
Fh.
Nicht so laut.
Hah.
Dann hör doch auf, mich anzufassen.
Ver-dammt ...
Hm.
Hm.

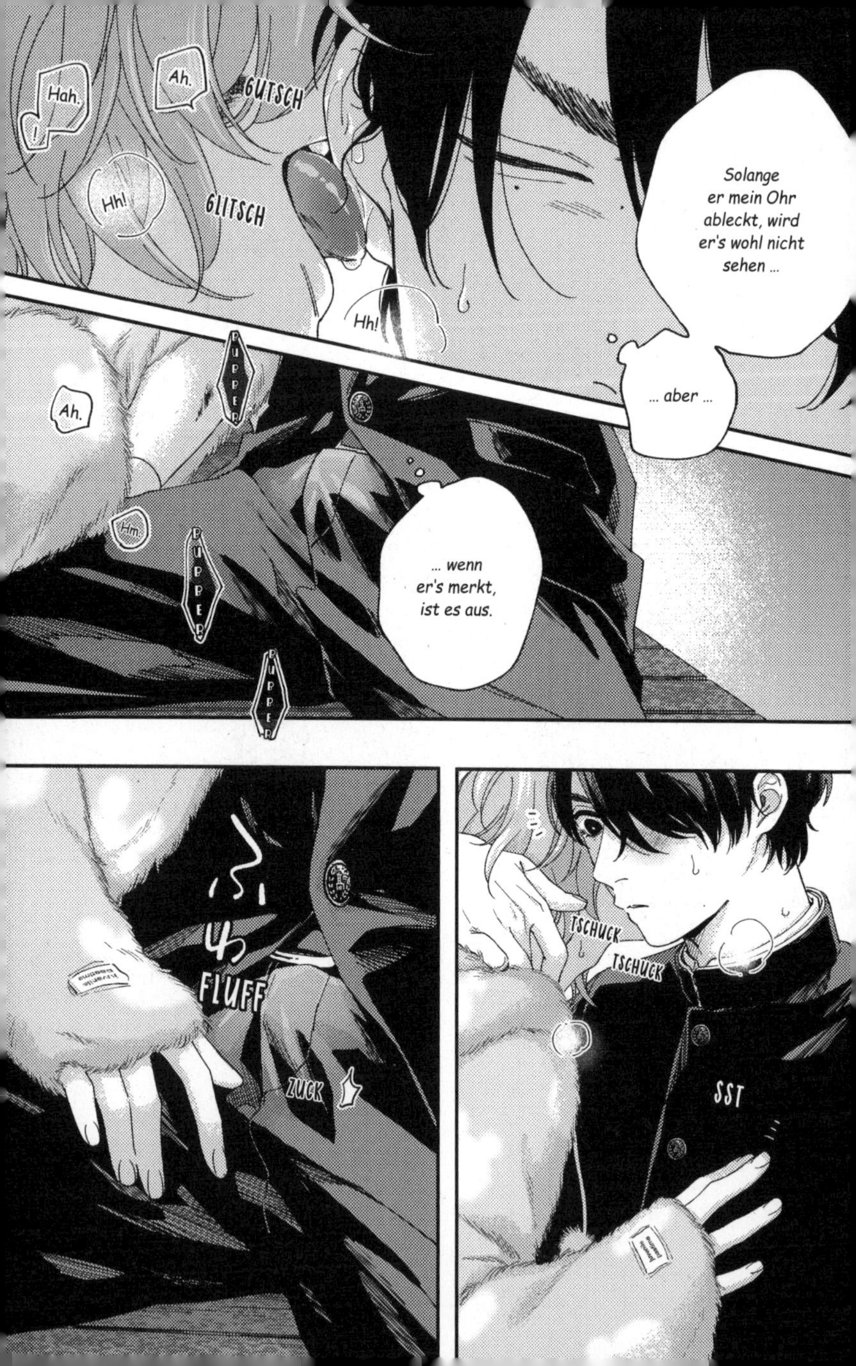

Solange er mein Ohr ableckt, wird er's wohl nicht sehen ...
GUTSCH
Ah.
Hah.
!
GLITSCH
Hh!
Hh!
... aber ...
PUBBER
Ah.
... wenn er's merkt, ist es aus.
Hm.
PUBBER
PUBBER
TSCHUCK
TSCHUCK
SST
FLUFF
ZUCK

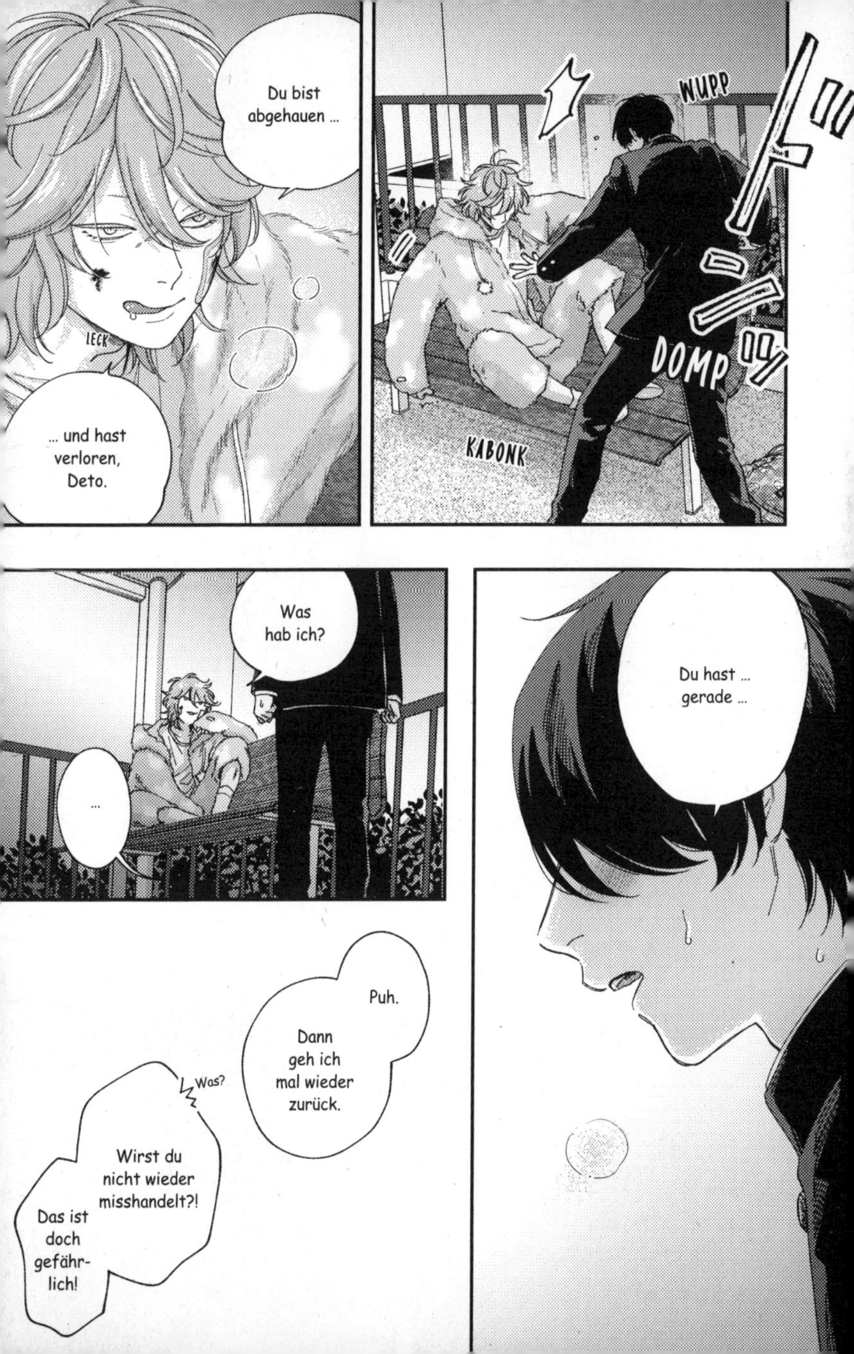
Du bist abgehauen ...
... und hast verloren, Deto.
LECK
WUPP
DOMP
KABONK
Was hab ich?
...
Du hast ... gerade ...
Puh.
Dann geh ich mal wieder zurück.
Was?
Wirst du nicht wieder misshandelt?!
Das ist doch gefähr-lich!

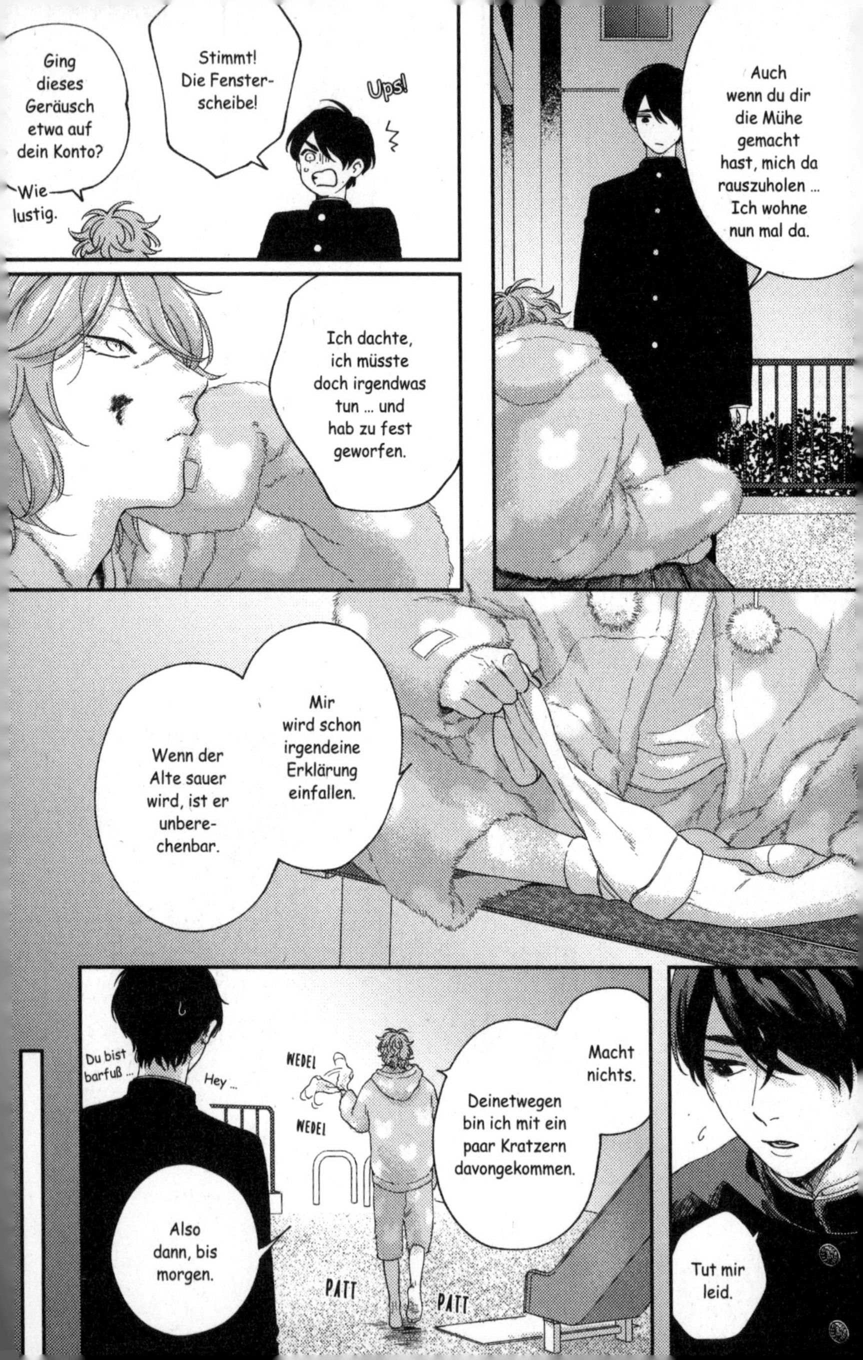
Stimmt! Die Fensterscheibe!
Ups!
Ging dieses Geräusch etwa auf dein Konto?
Wie lustig.
Ich dachte, ich müsste doch irgendwas tun ... und hab zu fest geworfen.
Auch wenn du dir die Mühe gemacht hast, mich da rauszuholen ... Ich wohne nun mal da.
Mir wird schon irgendeine Erklärung einfallen.
Wenn der Alte sauer wird, ist er unberechenbar.
Tut mir leid.
Macht nichts.
Deinetwegen bin ich mit ein paar Kratzern davongekommen.
WEDEL
WEDEL
Also dann, bis morgen.
PATT
PATT
Hey ...
Du bist barfuß ...

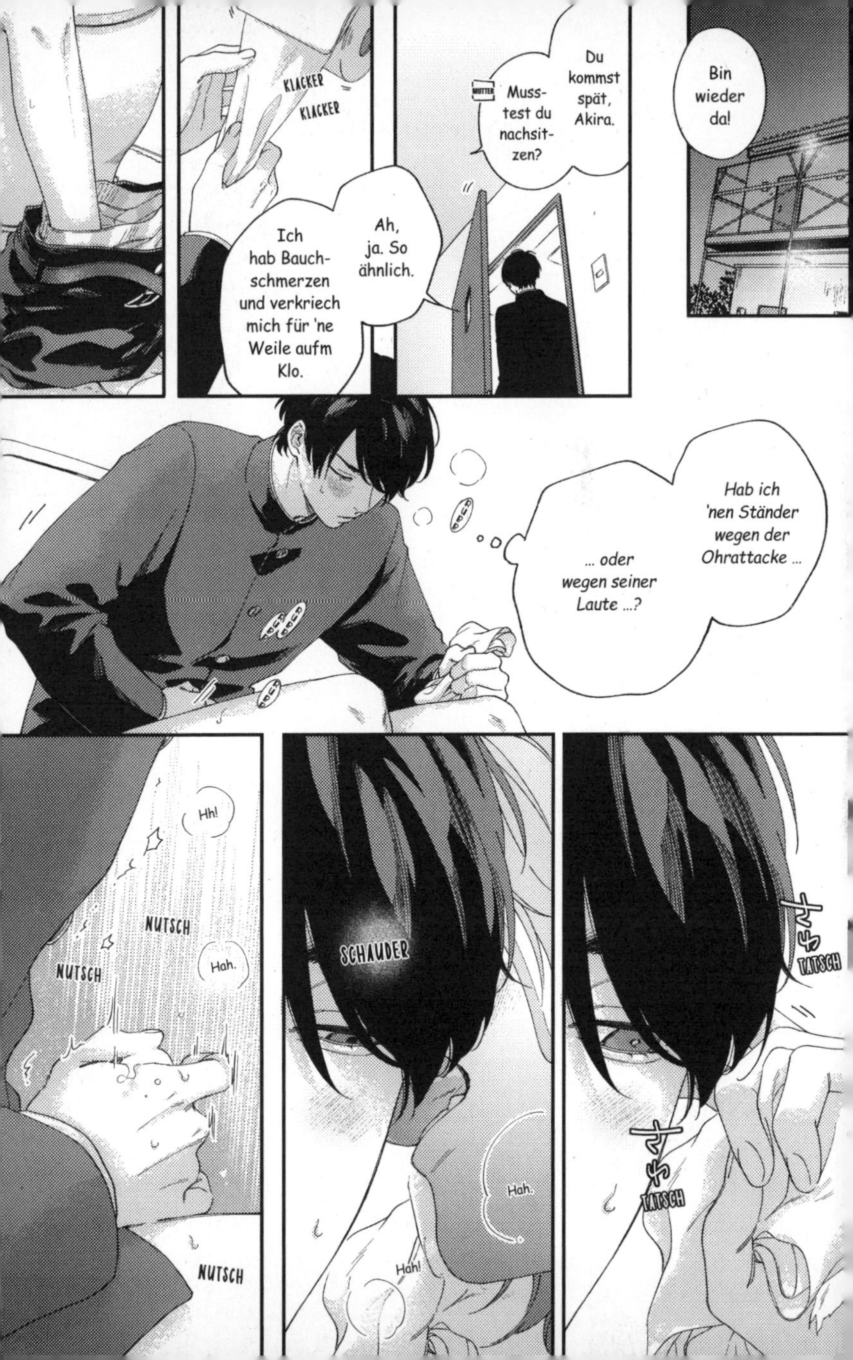
Bin wieder da!
Du kommst spät, Akira.
MUTTER
Musstest du nachsitzen?
Ah, ja. So ähnlich.
Ich hab Bauchschmerzen und verkriech mich für 'ne Weile aufm Klo.
KLACKER
KLACKER
Hab ich 'nen Ständer wegen der Ohrattacke ...
... oder wegen seiner Laute ...?
TATSCH
TATSCH
SCHAUDER
Hah.
Hah!
Hh!
NUTSCH
Hah.
NUTSCH
NUTSCH

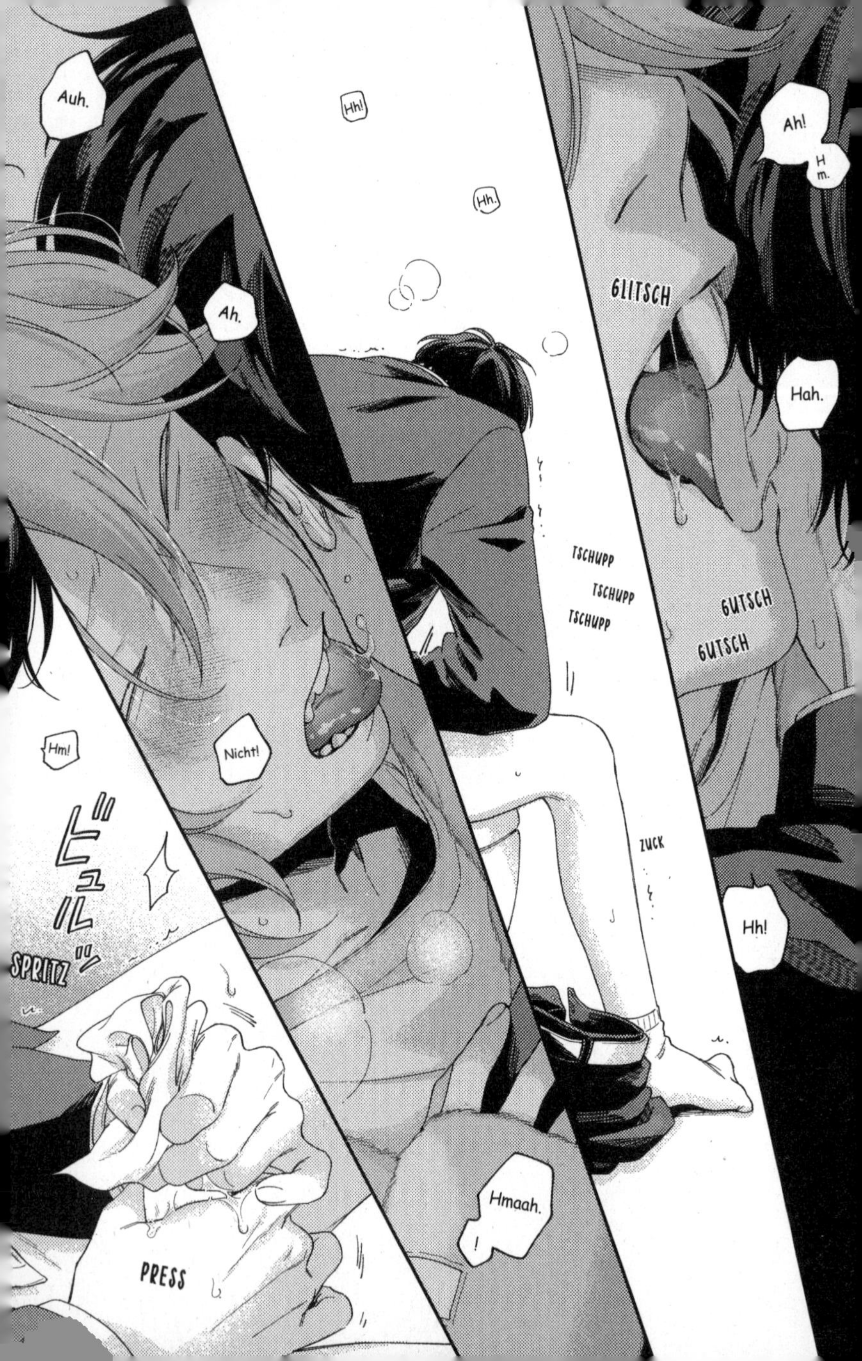

Ah!
Hm.
GLITSCH
Hah.
GUTSCH
GUTSCH
Hh!
Hh!
Hh.
TSCHUPP
TSCHUPP
TSCHUPP
ZUCK
Hmaah.
!
Auh.
Ah.
Nicht!
Hm!
ビュルッ
SPRITZ
PRESS

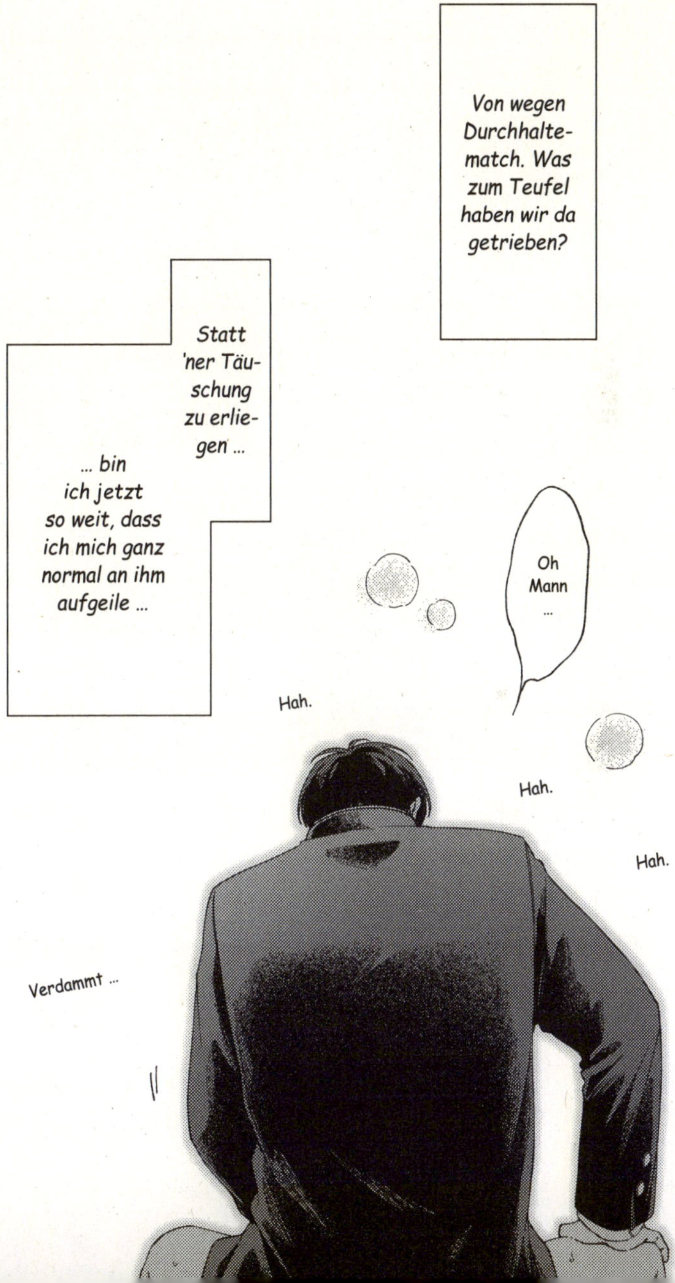
Von wegen Durchhalte-match. Was zum Teufel haben wir da getrieben?
Statt 'ner Täu-schung zu erlie-gen ...
... bin ich jetzt so weit, dass ich mich ganz normal an ihm aufgeile ...
Oh Mann ...
Hah.
Hah.
Hah.
Verdammt ...

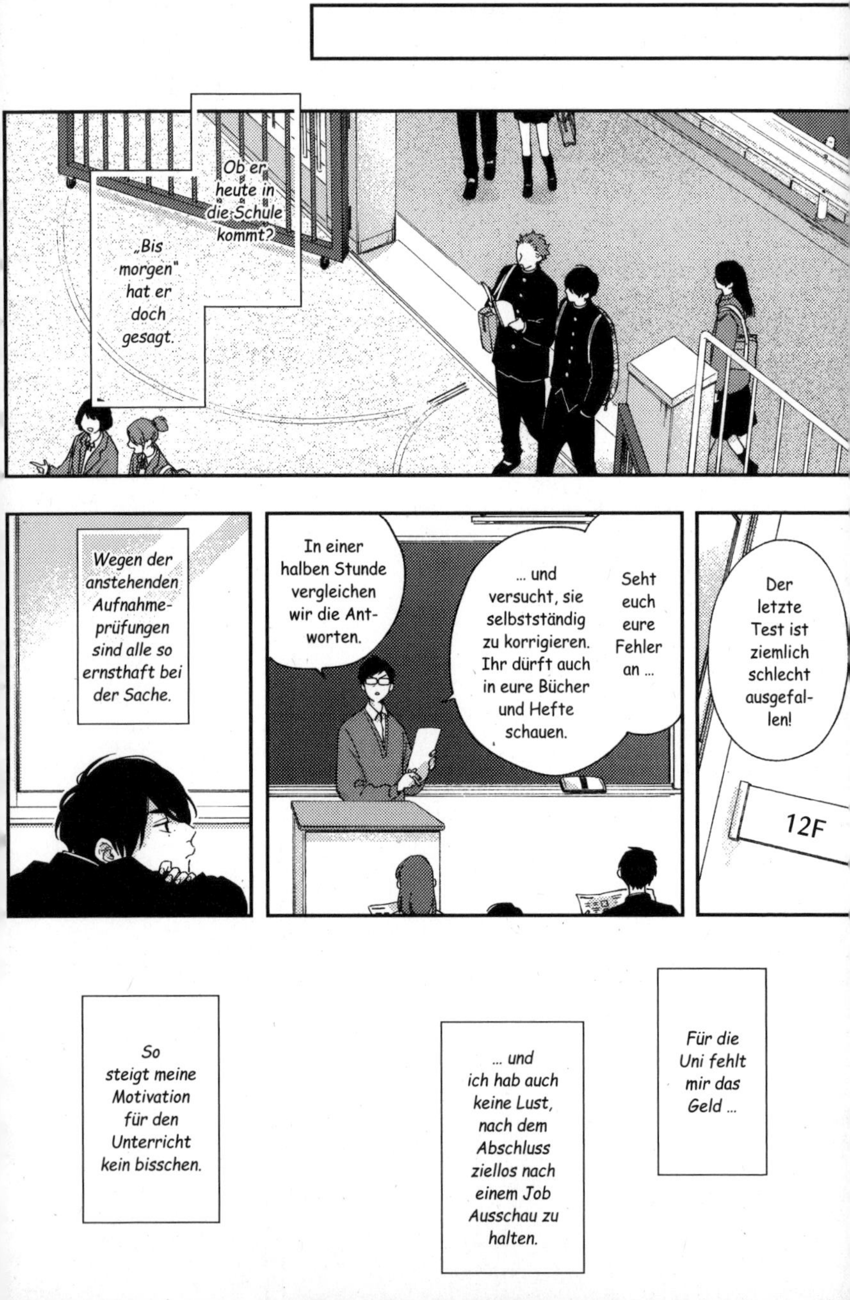

Ob er heute in die Schule kommt?
„Bis morgen" hat er doch gesagt.
Der letzte Test ist ziemlich schlecht ausgefallen!
12F
Seht euch eure Fehler an ...
... und versucht, sie selbstständig zu korrigieren. Ihr dürft auch in eure Bücher und Hefte schauen.
In einer halben Stunde vergleichen wir die Antworten.
Wegen der anstehenden Aufnahmeprüfungen sind alle so ernsthaft bei der Sache.
Für die Uni fehlt mir das Geld ...
... und ich hab auch keine Lust, nach dem Abschluss ziellos nach einem Job Ausschau zu halten.
So steigt meine Motivation für den Unterricht kein bisschen.

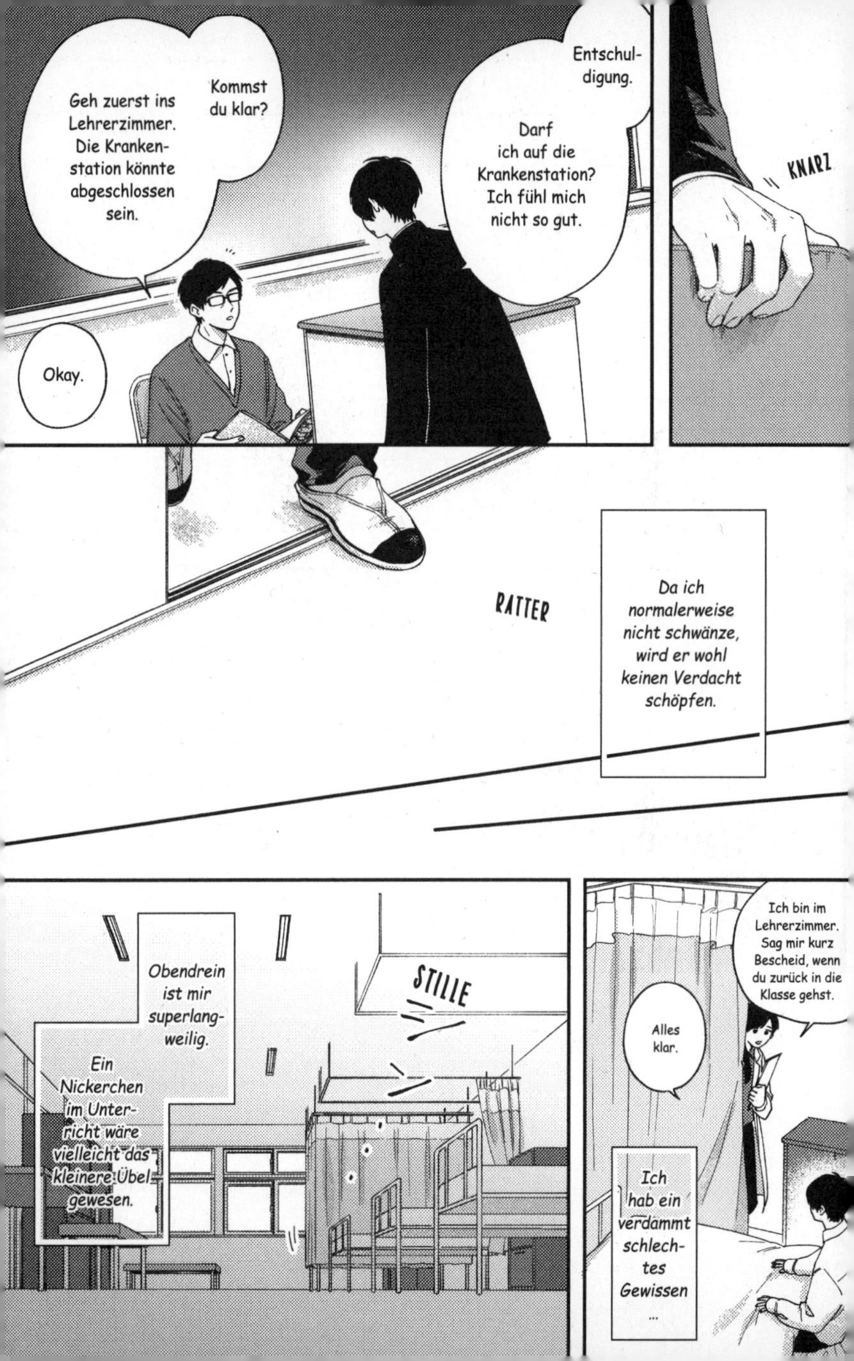
KNARZ
Entschuldigung.
Darf ich auf die Krankenstation? Ich fühl mich nicht so gut.
Kommst du klar?
Geh zuerst ins Lehrerzimmer. Die Krankenstation könnte abgeschlossen sein.
Okay.
Da ich normalerweise nicht schwänze, wird er wohl keinen Verdacht schöpfen.
RATTER
Ich bin im Lehrerzimmer. Sag mir kurz Bescheid, wenn du zurück in die Klasse gehst.
Alles klar.
Ich hab ein verdammt schlechtes Gewissen ...
STILLE
Obendrein ist mir superlangweilig.
Ein Nickerchen im Unterricht wäre vielleicht das kleinere Übel gewesen.

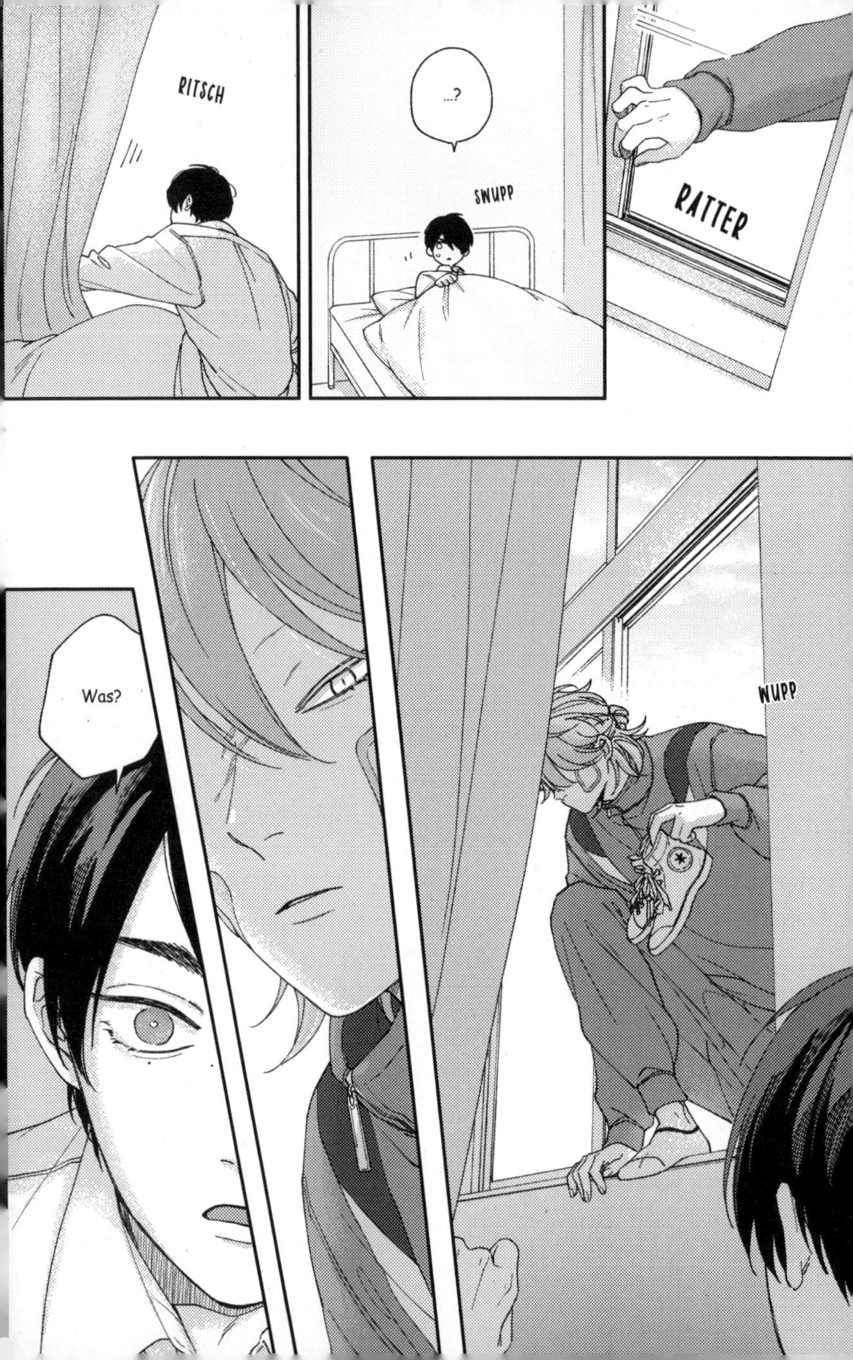
RATTER
...?
SWUPP
RITSCH
WUPP
Was?

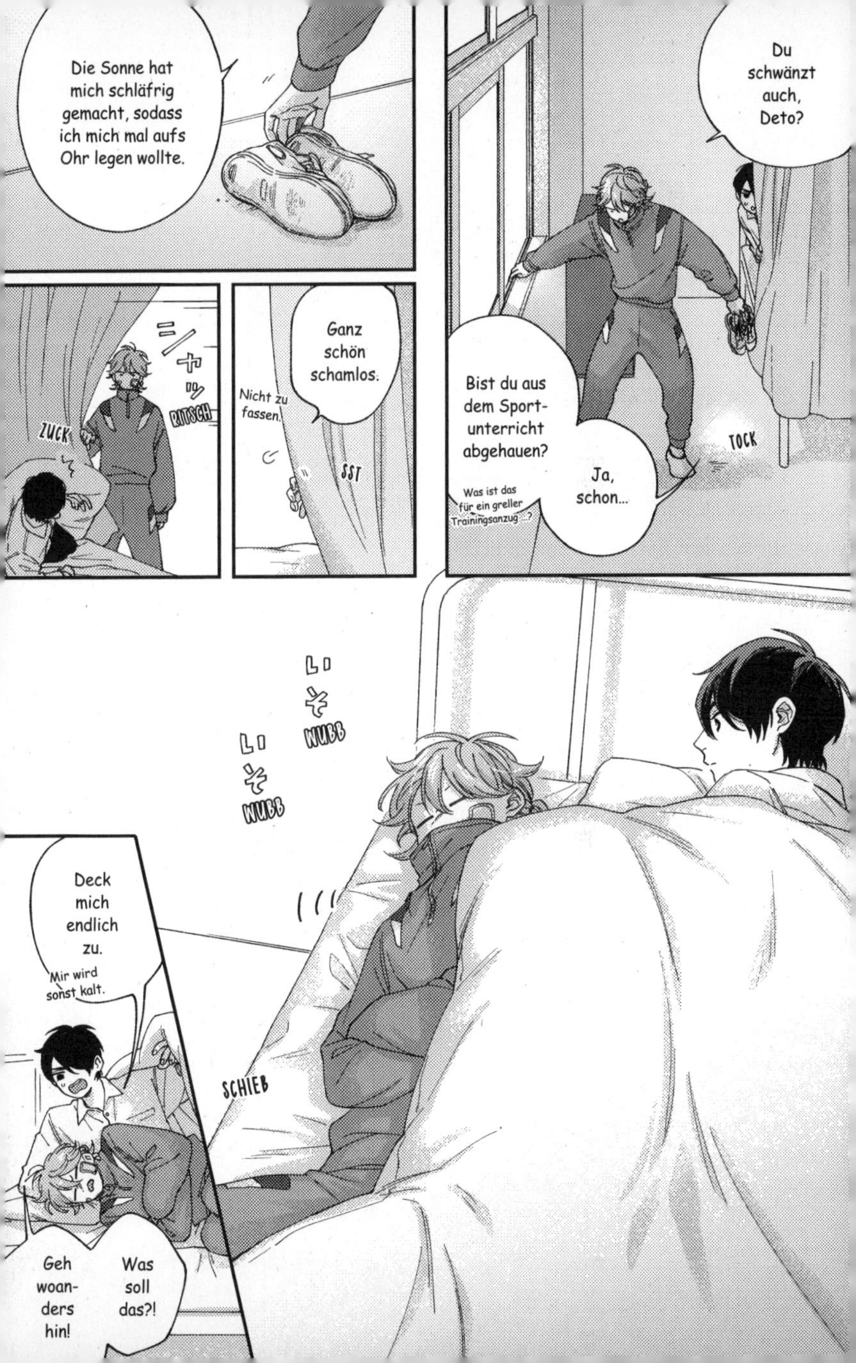

Du schwänzt auch, Deto?
Die Sonne hat mich schläfrig gemacht, sodass ich mich mal aufs Ohr legen wollte.
Bist du aus dem Sportunterricht abgehauen?
Ja, schon...
Was ist das für ein greller Trainingsanzug...?
TOCK
Ganz schön schamlos.
Nicht zu fassen.
SST
RITSCH
ZUCK
WUBB
WUBB
SCHIEB
Deck mich endlich zu.
Mir wird sonst kalt.
Was soll das?!
Geh woanders hin!

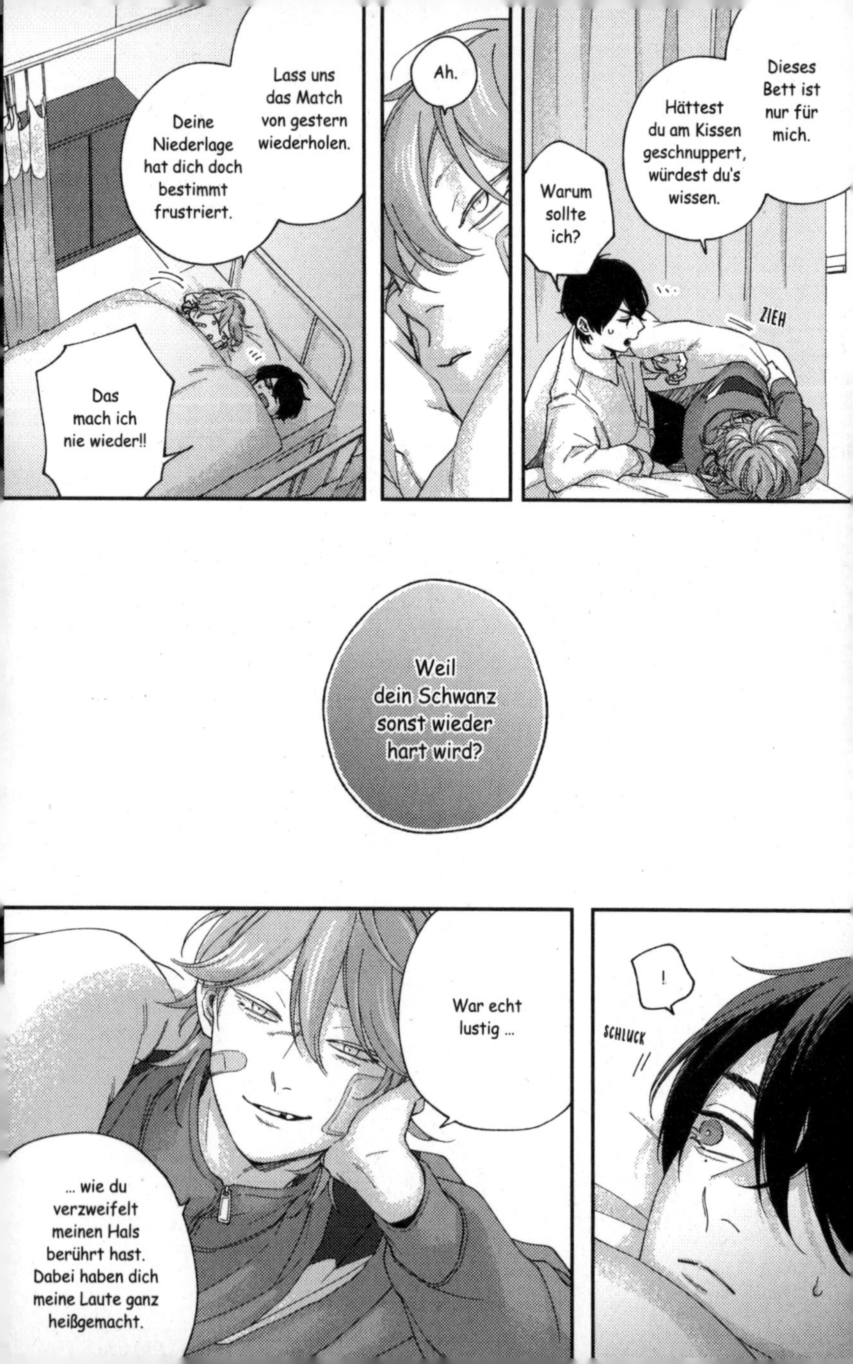
Dieses Bett ist nur für mich.
Hättest du am Kissen geschnuppert, würdest du's wissen.
Warum sollte ich?
...
ZIEH
Ah.
Lass uns das Match von gestern wiederholen.
Deine Niederlage hat dich doch bestimmt frustriert.
Das mach ich nie wieder!!
Weil dein Schwanz sonst wieder hart wird?
!
SCHLUCK
War echt lustig ...
... wie du verzweifelt meinen Hals berührt hast. Dabei haben dich meine Laute ganz heißgemacht.

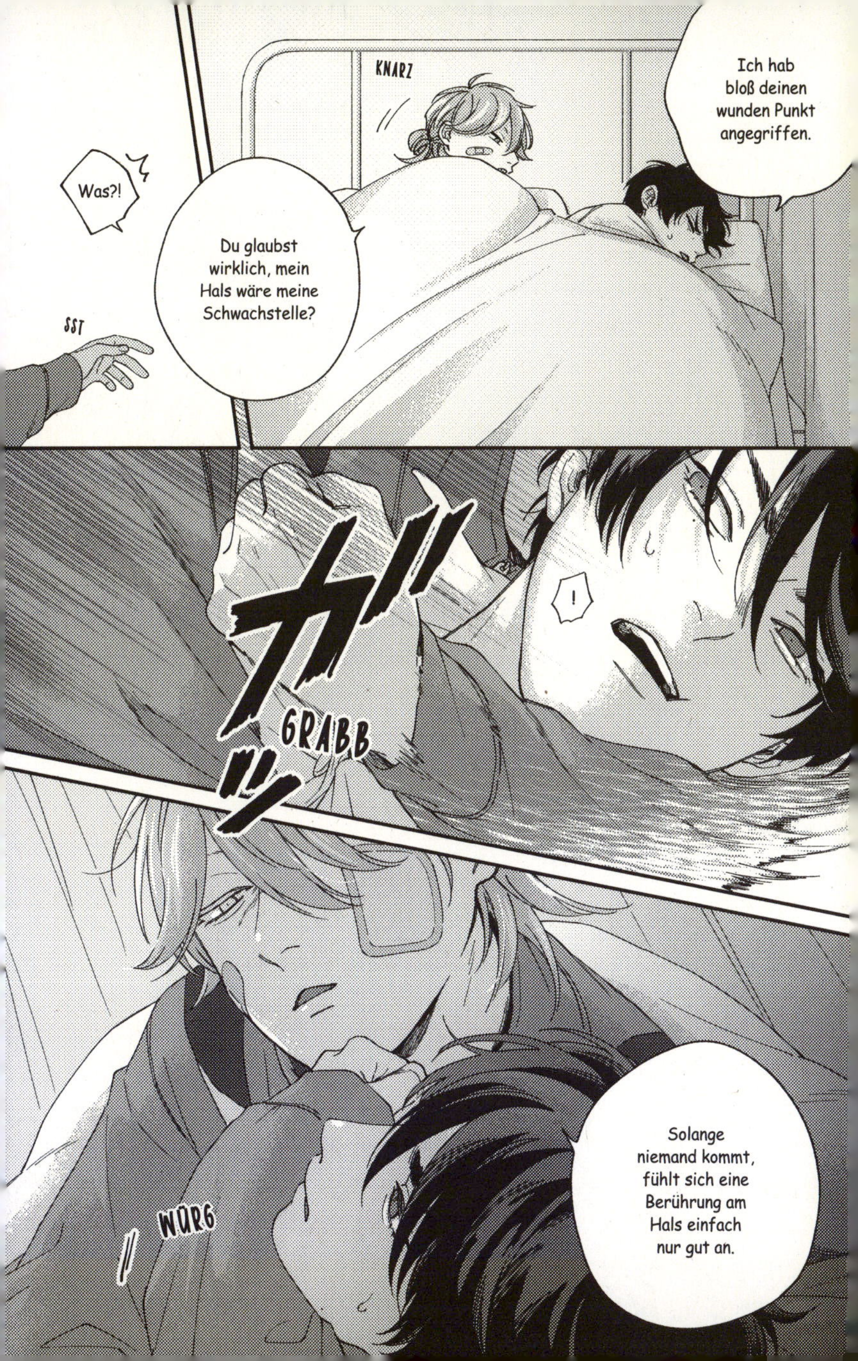
Ich hab bloß deinen wunden Punkt angegriffen.
KNARZ
Was?!
Du glaubst wirklich, mein Hals wäre meine Schwachstelle?
SST
GRABB
Solange niemand kommt, fühlt sich eine Berührung am Hals einfach nur gut an.
WÜRG

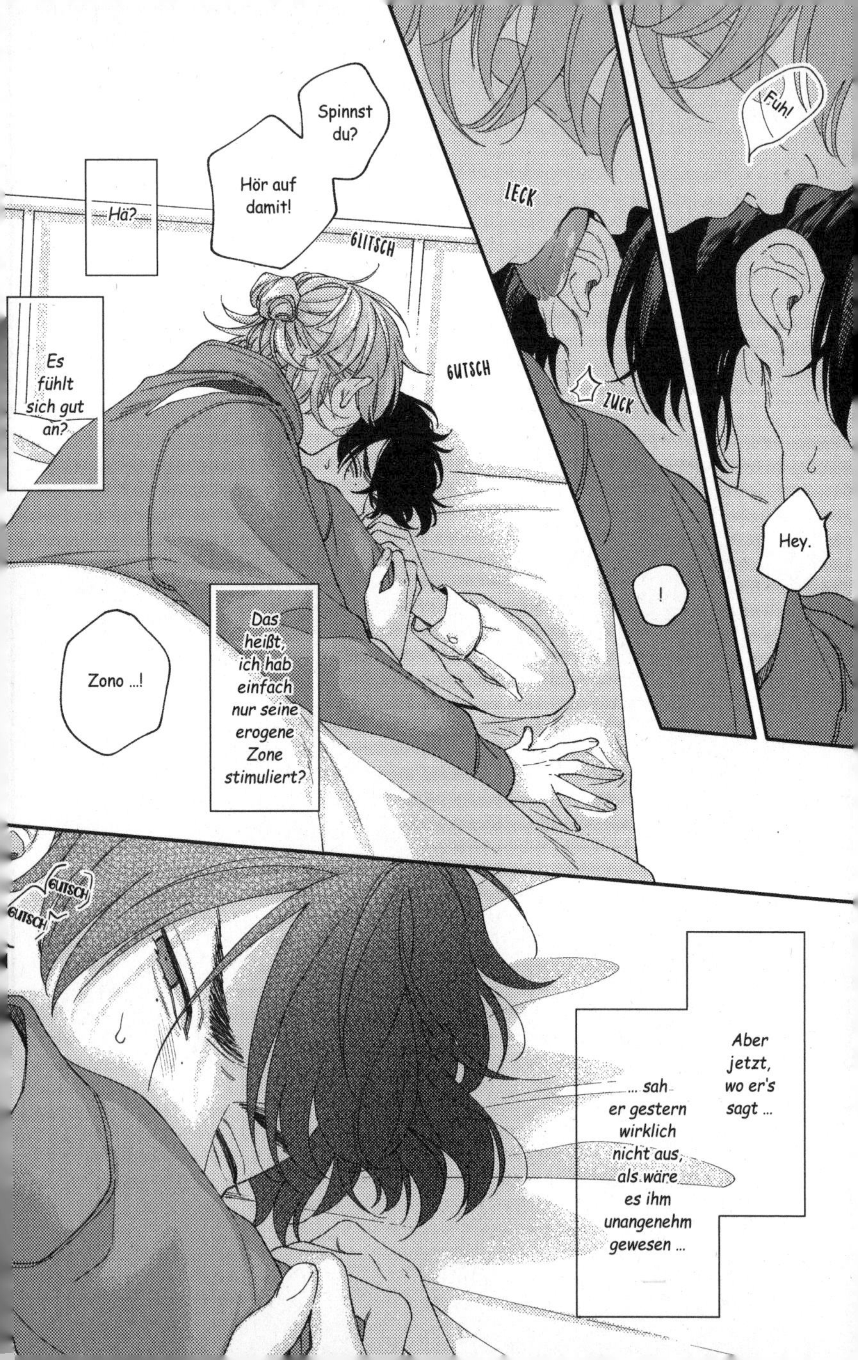
Fuh!
Hey.
Leck
Zuck
!
Spinnst du?
Hör auf damit!
Hä?
Glitsch
Gutsch
Es fühlt sich gut an?
Das heißt, ich hab einfach nur seine erogene Zone stimuliert?
Zono ...!
Aber jetzt, wo er's sagt ...
... sah er gestern wirklich nicht aus, als wäre es ihm unangenehm gewesen ...
Gutsch
Gutsch

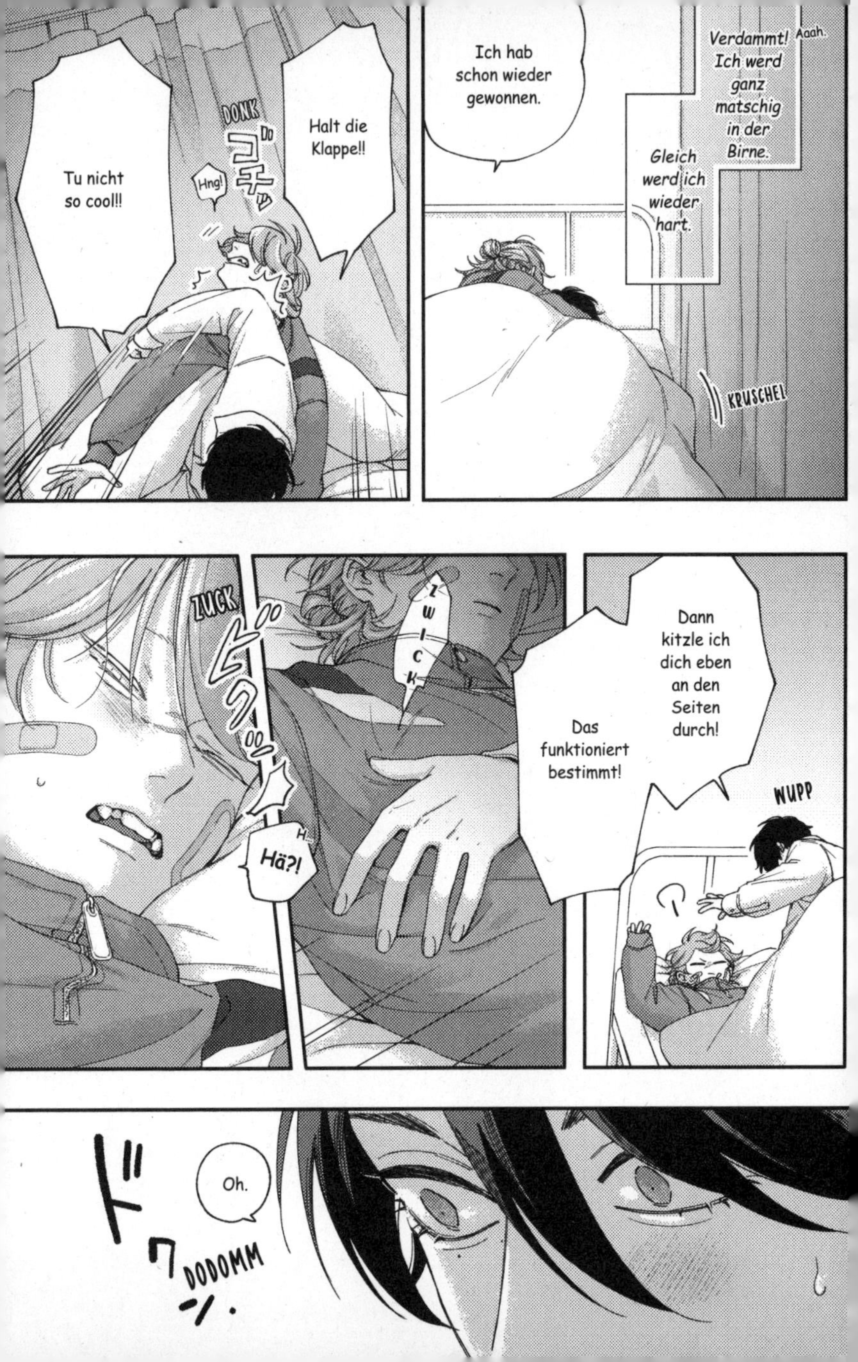

Verdammt! Ich werd ganz matschig in der Birne.
Aaah.
Gleich werd ich wieder hart.
KRUSCHEL
Ich hab schon wieder gewonnen.
Halt die Klappe!!
DONK
Hng!
Tu nicht so cool!!
Dann kitzle ich dich eben an den Seiten durch!
Das funktioniert bestimmt!
WUPP
ZWICK
ZUCK
Hä?!
Oh.
DODOMM

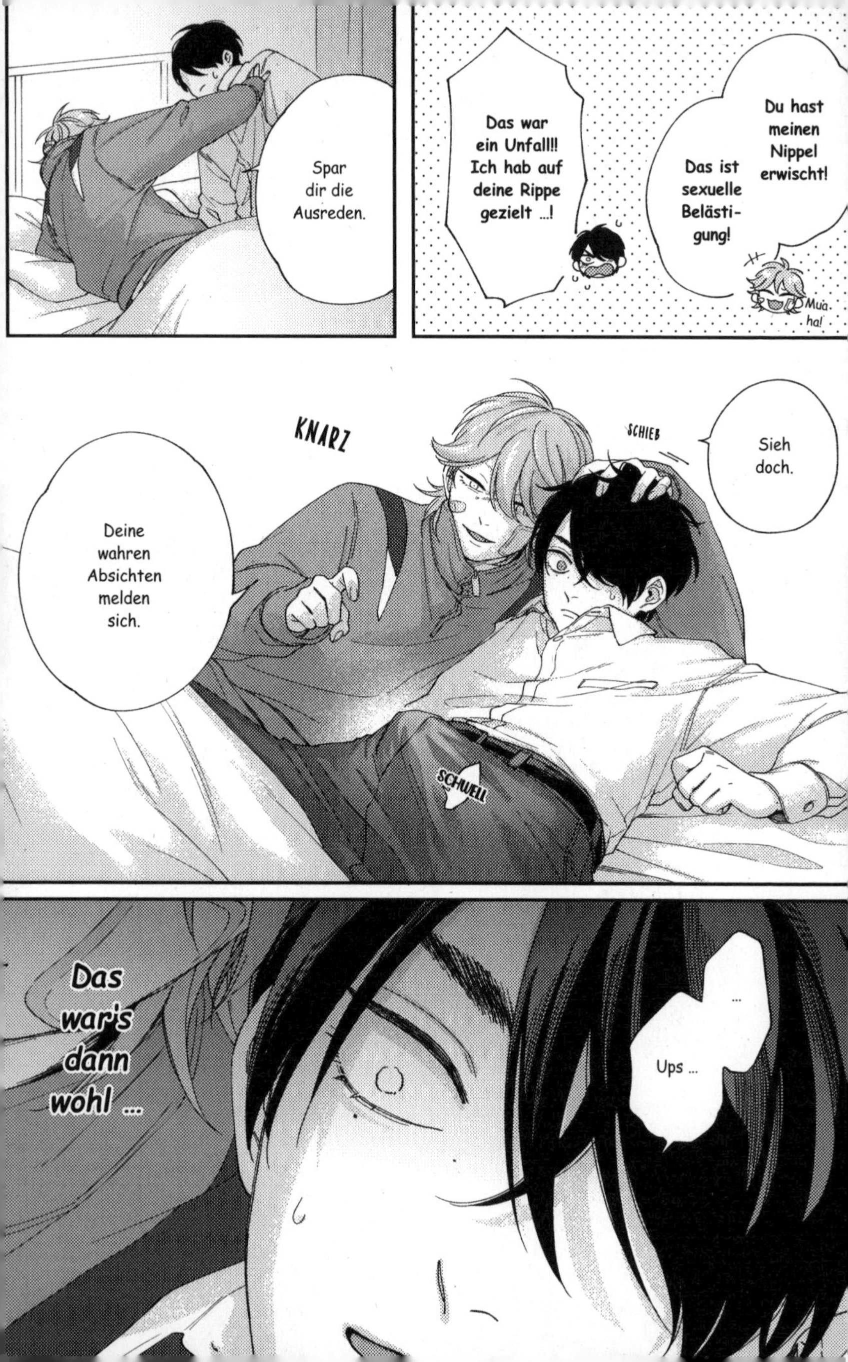
Du hast meinen Nippel erwischt!
Das ist sexuelle Belästi-gung!
Mua ha!
Das war ein Unfall!! Ich hab auf deine Rippe gezielt ...!
Spar dir die Ausreden.
Sieh doch.
SCHIEB
KNARZ
Deine wahren Absichten melden sich.
SCHWELL
...
Ups ...
Das war's dann wohl ...

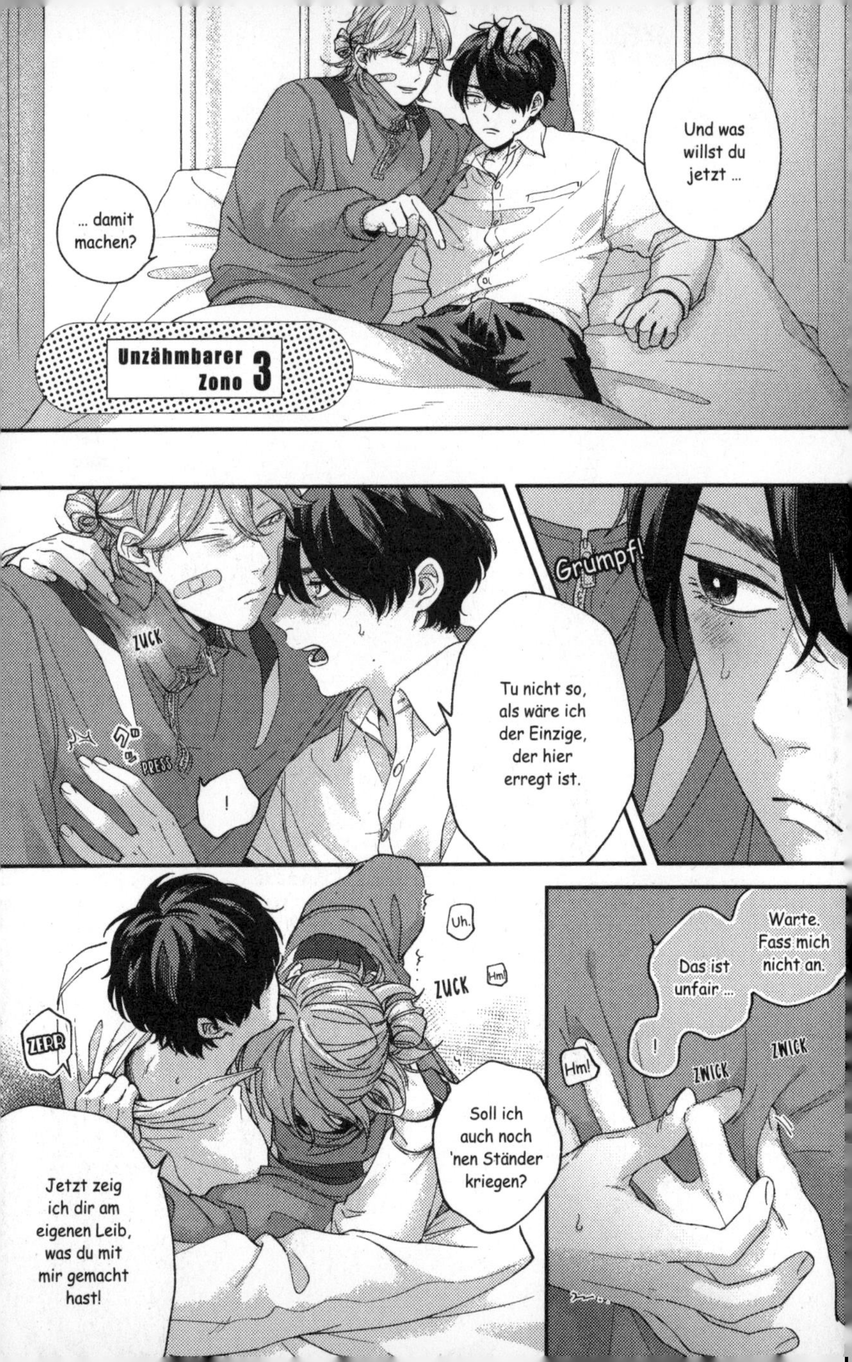

Und was willst du jetzt ...
... damit machen?
Unzähmbarer Zono 3
Grumpf!
Tu nicht so, als wäre ich der Einzige, der hier erregt ist.
!
ZUCK
PRESS
Warte. Fass mich nicht an.
Das ist unfair ...
!
ZWICK
ZWICK
Hm!
Uh.
Hm!
ZUCK
Soll ich auch noch 'nen Ständer kriegen?
ZERR
Jetzt zeig ich dir am eigenen Leib, was du mit mir gemacht hast!

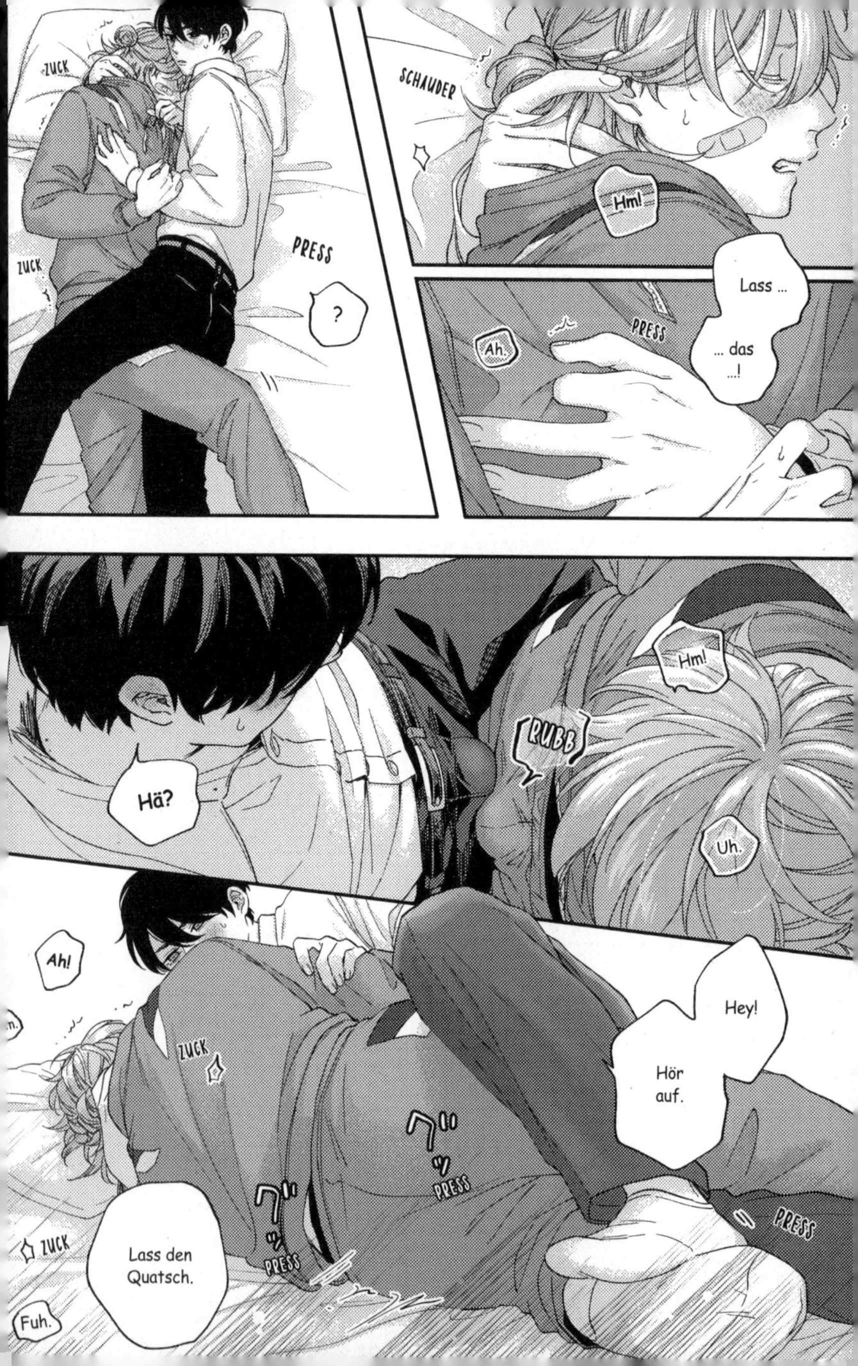
SCHAUDER
Hm!
Lass ...
... das ...!
PRESS
Ah.
ZUCK
ZUCK
PRESS
?
Hm!
RUBB
Uh.
Hä?
Hey!
Hör auf.
PRESS
ZUCK
PRESS
PRESS
Ah!
ZUCK
Lass den Quatsch.
Fuh.

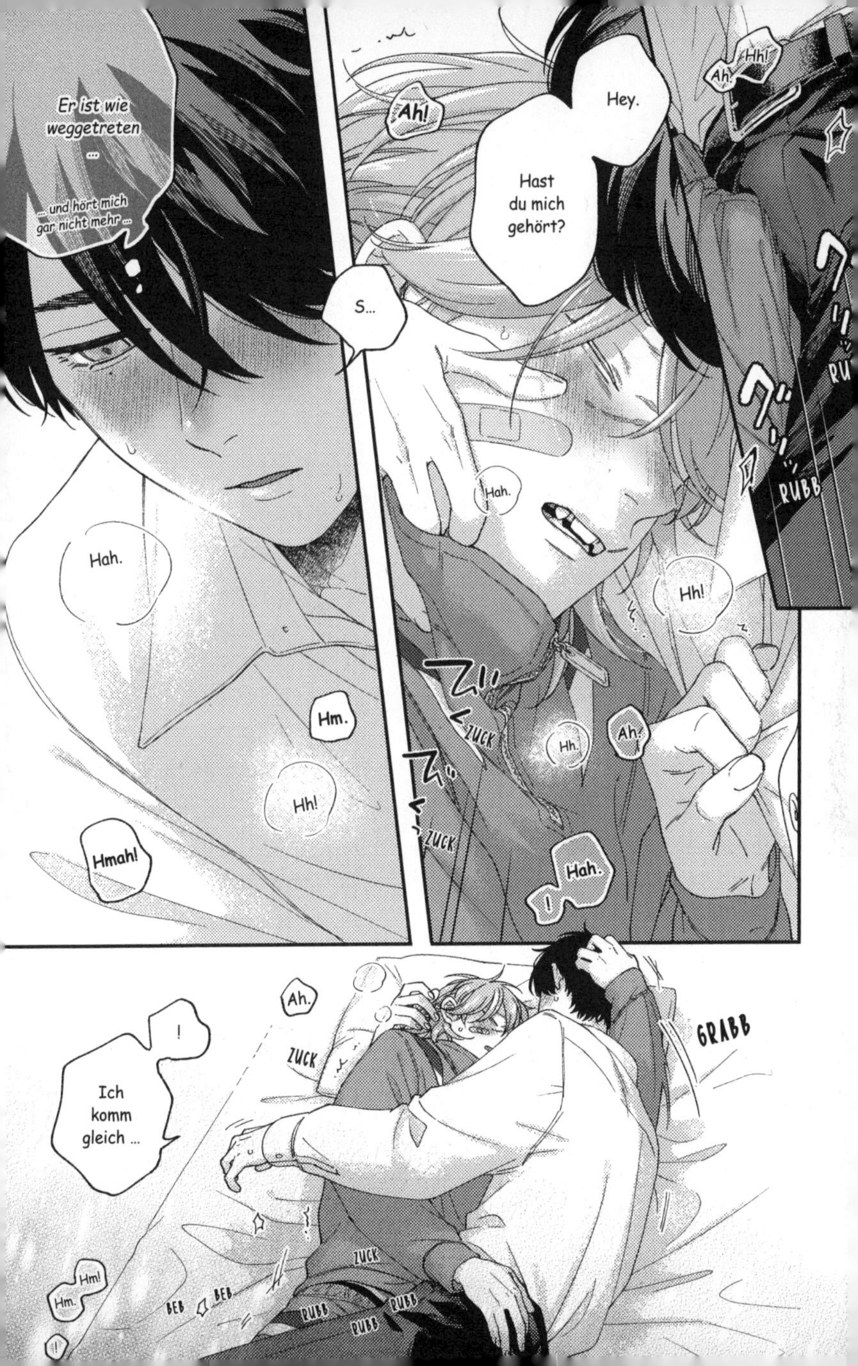

Ah.
Hh!
Hey.
Hast du mich gehört?
Ah!
S...
Hah.
Hh!
RU
RUBB
ZUCK
Hh.
Ah.
ZUCK
Hah.
!
Er ist wie weggetreten ...
... und hört mich gar nicht mehr ...
Hah.
Hm.
Hh!
Hmah!
GRABB
Ah.
ZUCK
!
Ich komm gleich ...
ZUCK
RUBB
RUBB
RUBB
BEB
BEB
Hm!
Hm.
!

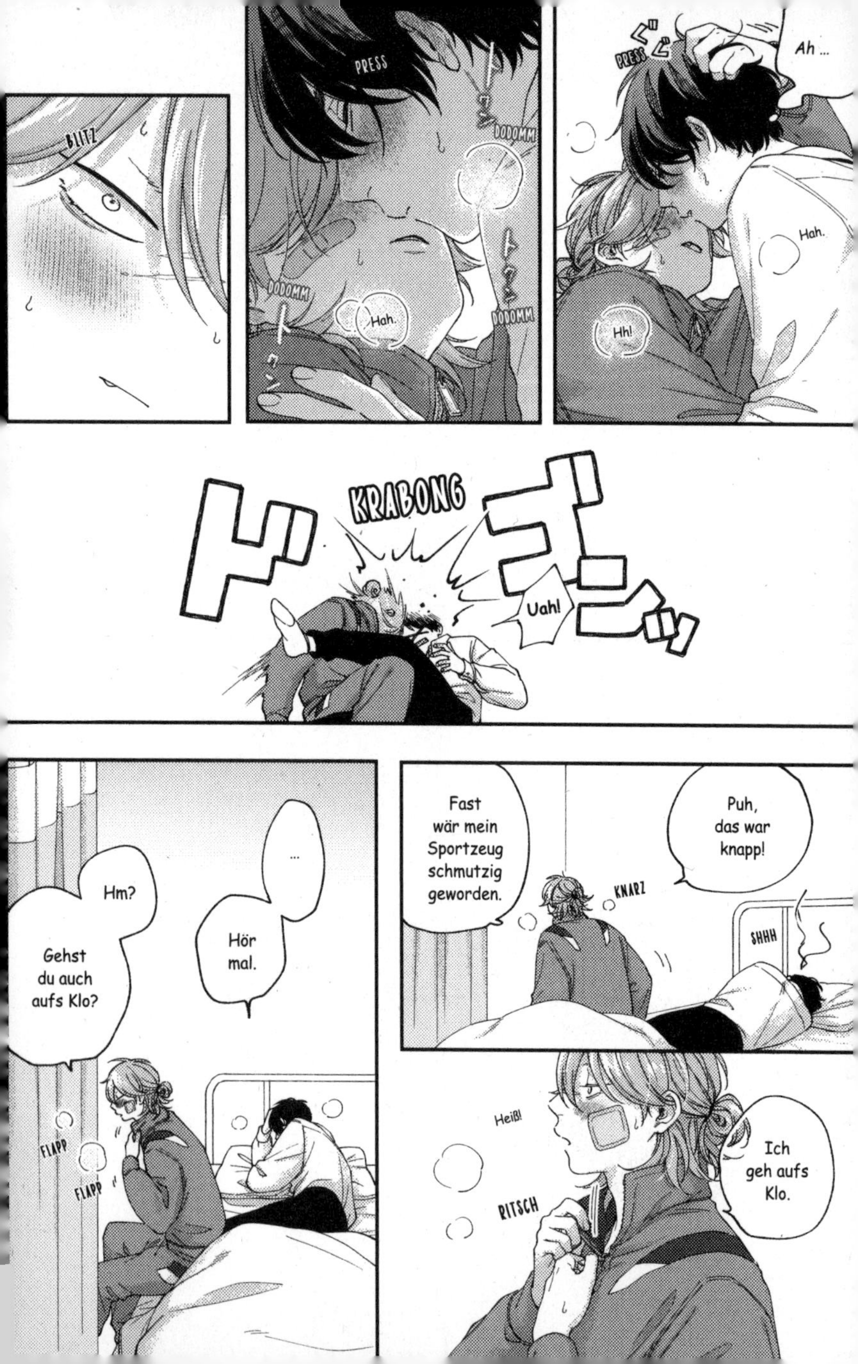

Ah ...
PRESS
Hah.
Hh!
PRESS
DODOMM
DODOMM
Hah.
DODOMM
BLITZ
KRABONG
Uah!
Puh, das war knapp!
Fast wär mein Sportzeug schmutzig geworden.
KNARZ
SHHH
Ich geh aufs Klo.
Heiß!
RITSCH
...
Hör mal.
Hm?
Gehst du auch aufs Klo?
FLAPP
FLAPP

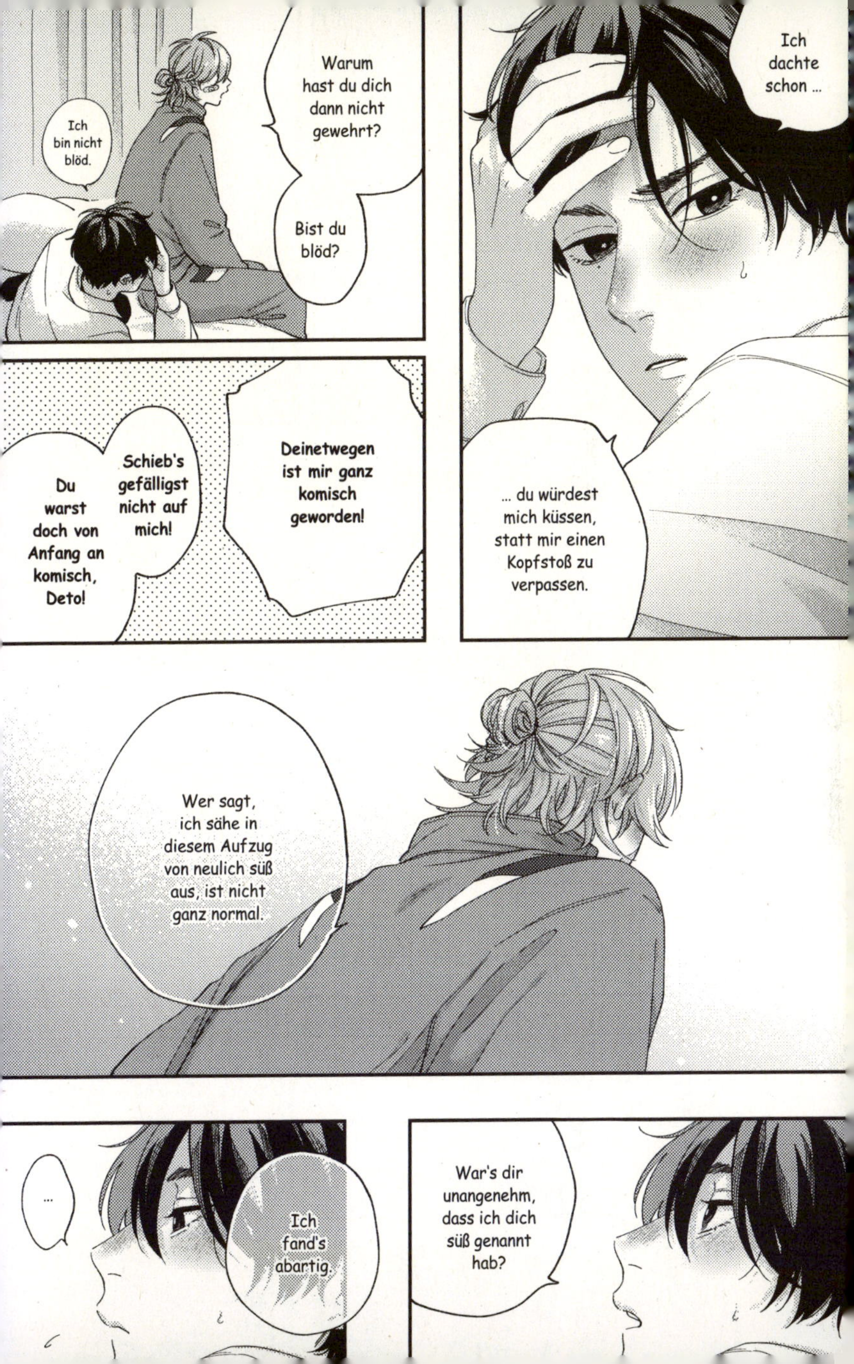
Ich bin nicht blöd.
Warum hast du dich dann nicht gewehrt?
Bist du blöd?
Ich dachte schon ...
Du warst doch von Anfang an komisch, Deto!
Schieb's gefälligst nicht auf mich!
Deinetwegen ist mir ganz komisch geworden!
... du würdest mich küssen, statt mir einen Kopfstoß zu verpassen.
Wer sagt, ich sähe in diesem Aufzug von neulich süß aus, ist nicht ganz normal.
...
Ich fand's abartig.
War's dir unangenehm, dass ich dich süß genannt hab?

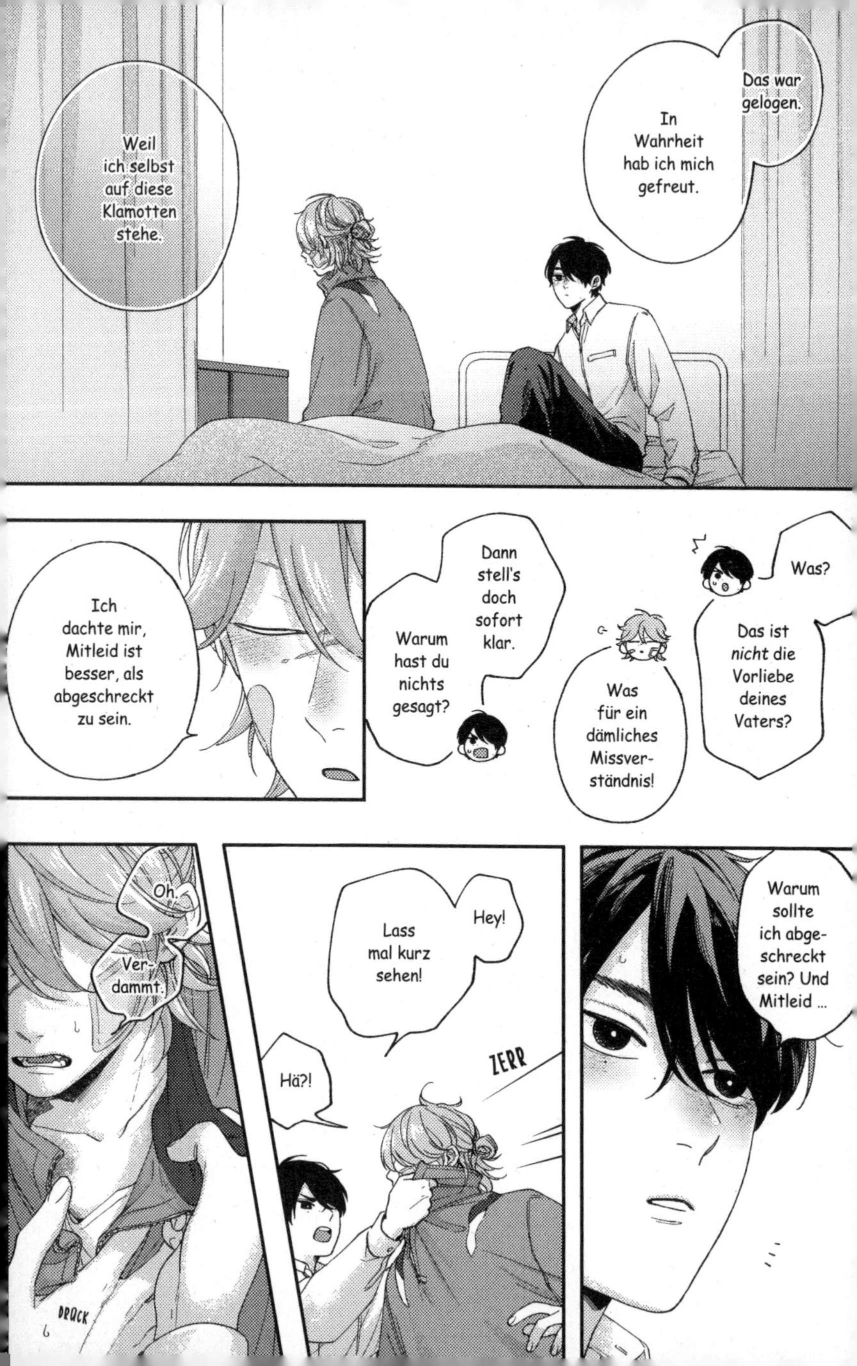
Das war gelogen.
In Wahrheit hab ich mich gefreut.
Weil ich selbst auf diese Klamotten stehe.
Was?
Das ist *nicht* die Vorliebe deines Vaters?
Was für ein dämliches Missverständnis!
Dann stell's doch sofort klar.
Warum hast du nichts gesagt?
Ich dachte mir, Mitleid ist besser, als abgeschreckt zu sein.
Warum sollte ich abge-schreckt sein? Und Mitleid ...
Hey!
Lass mal kurz sehen!
ZERR
Hä?!
Oh.
Ver-dammt.
DRUCK

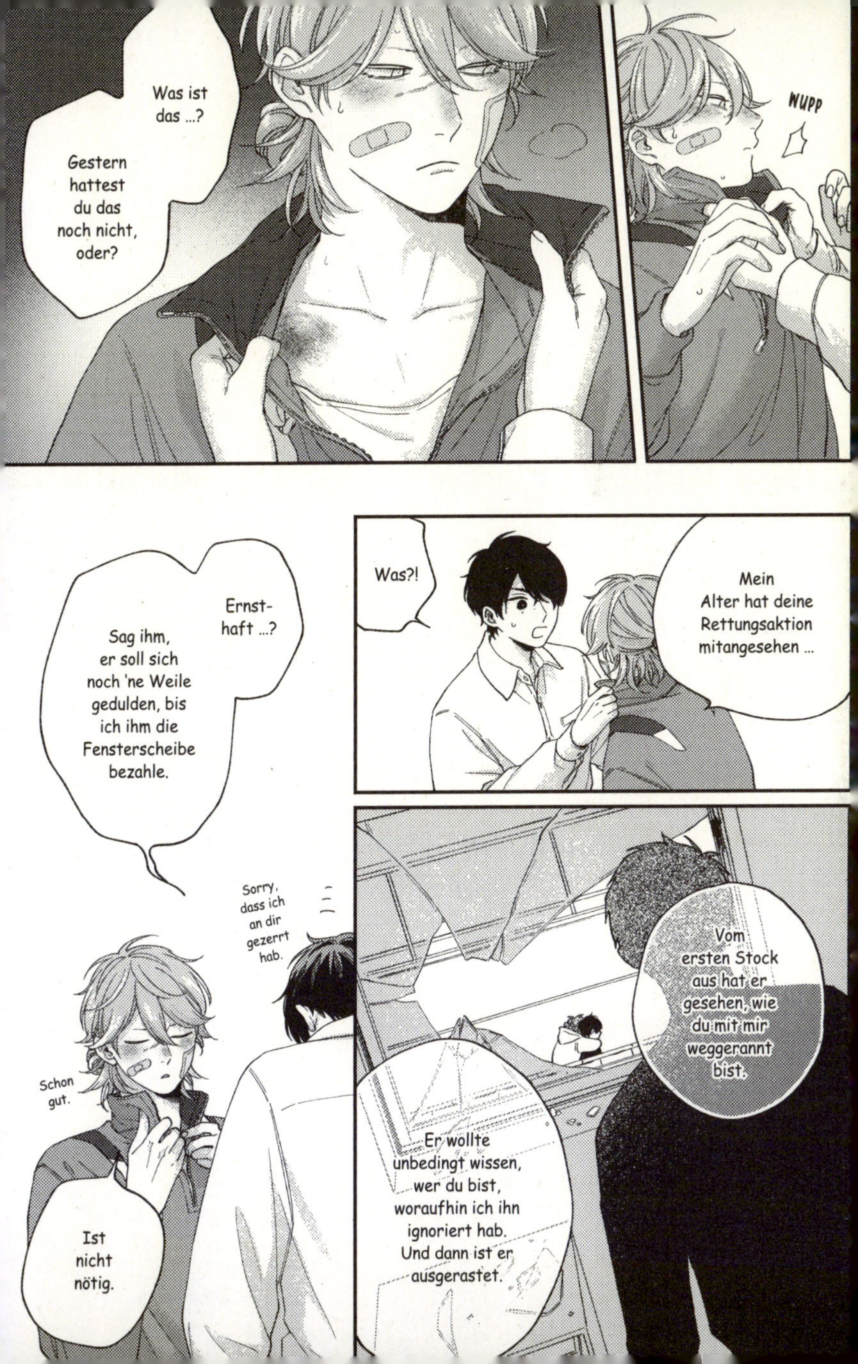
WUPP
Was ist das ...?
Gestern hattest du das noch nicht, oder?
Mein Alter hat deine Rettungsaktion mitangesehen ...
Was?!
Vom ersten Stock aus hat er gesehen, wie du mit mir weggerannt bist.
Er wollte unbedingt wissen, wer du bist, woraufhin ich ihn ignoriert hab. Und dann ist er ausgerastet.
Ernst- haft ...?
Sag ihm, er soll sich noch 'ne Weile gedulden, bis ich ihm die Fensterscheibe bezahle.
Sorry, dass ich an dir gezerrt hab.
Schon gut.
Ist nicht nötig.

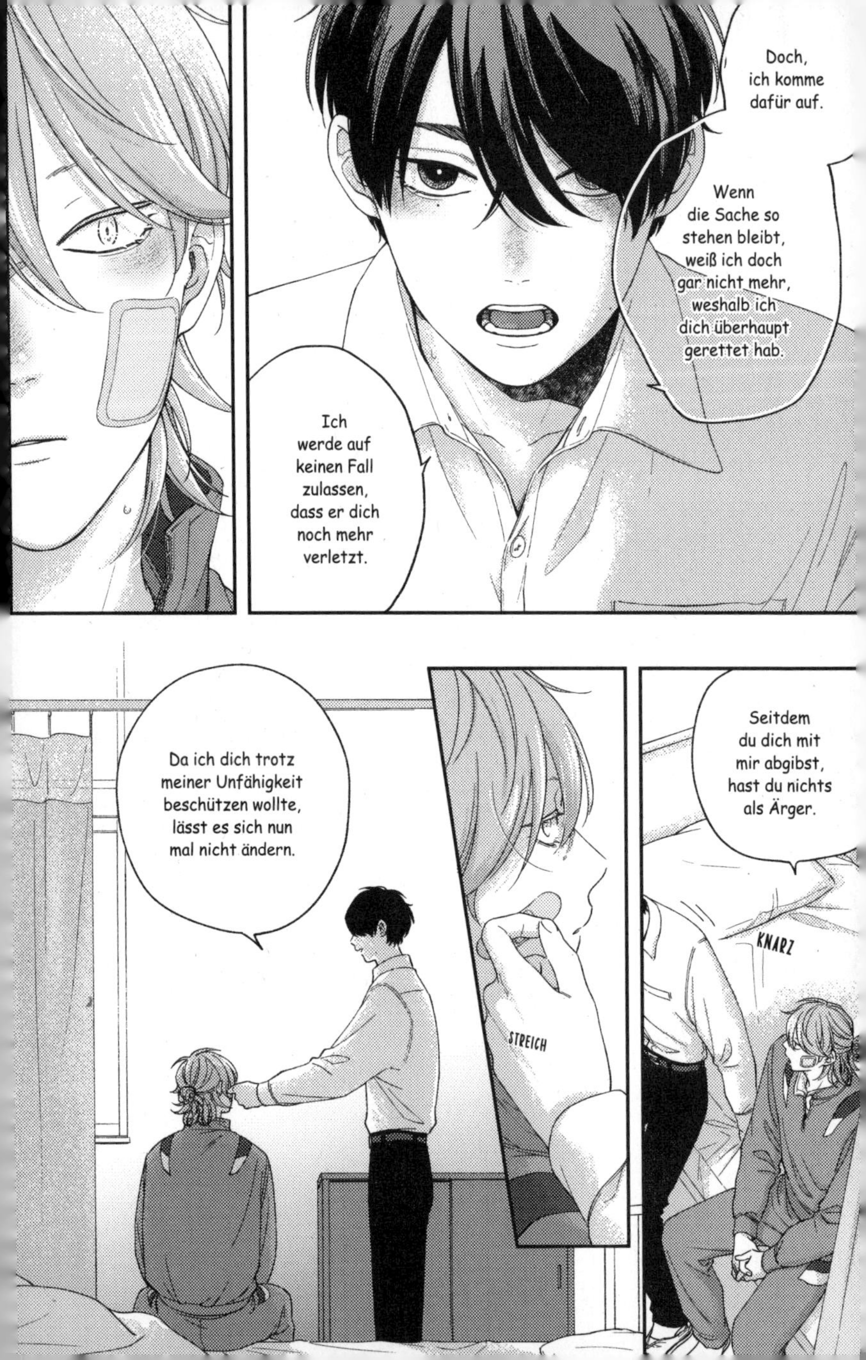
Doch, ich komme dafür auf.
Wenn die Sache so stehen bleibt, weiß ich doch gar nicht mehr, weshalb ich dich überhaupt gerettet hab.
Ich werde auf keinen Fall zulassen, dass er dich noch mehr verletzt.
Seitdem du dich mit mir abgibst, hast du nichts als Ärger.
KNARZ
STREICH
Da ich dich trotz meiner Unfähigkeit beschützen wollte, lässt es sich nun mal nicht ändern.

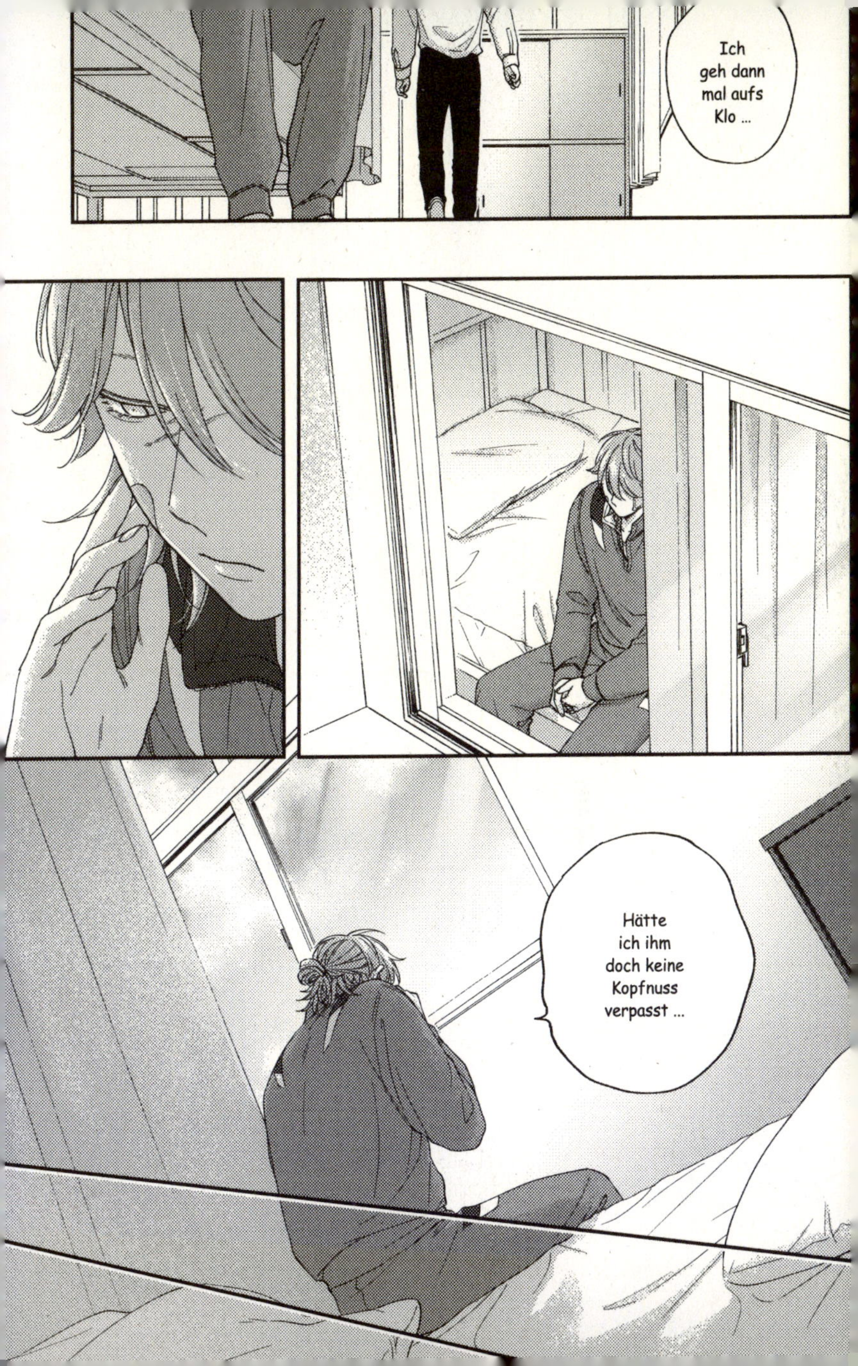
Ich geh dann mal aufs Klo ...
Hätte ich ihm doch keine Kopfnuss verpasst ...

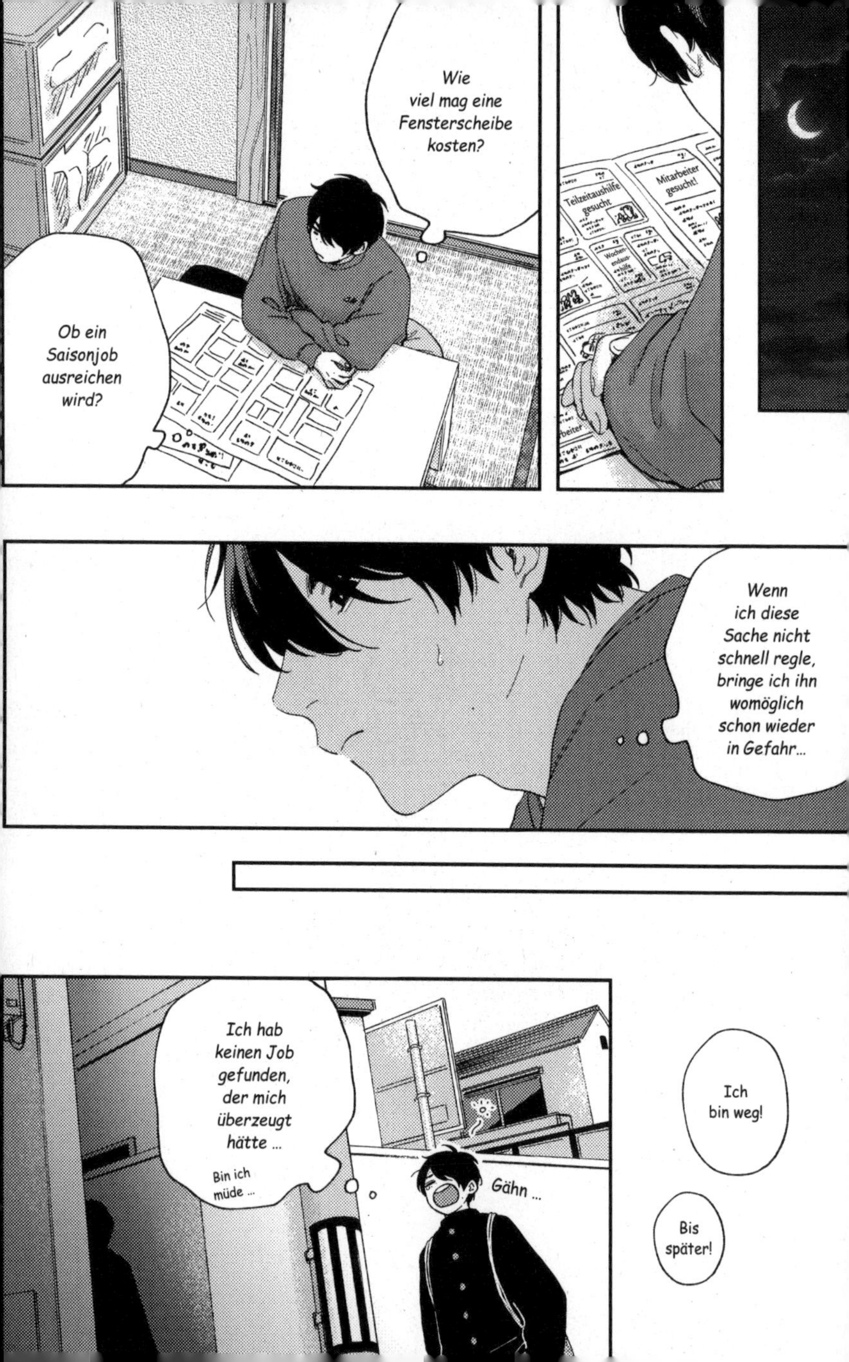
Mitarbeiter gesucht!
Teilzeitaushilfe gesucht
Wie viel mag eine Fensterscheibe kosten?
Ob ein Saisonjob ausreichen wird?
Wenn ich diese Sache nicht schnell regle, bringe ich ihn womöglich schon wieder in Gefahr...
Ich bin weg!
Bis später!
Ich hab keinen Job gefunden, der mich überzeugt hätte ...
Bin ich müde ...
Gähn ...

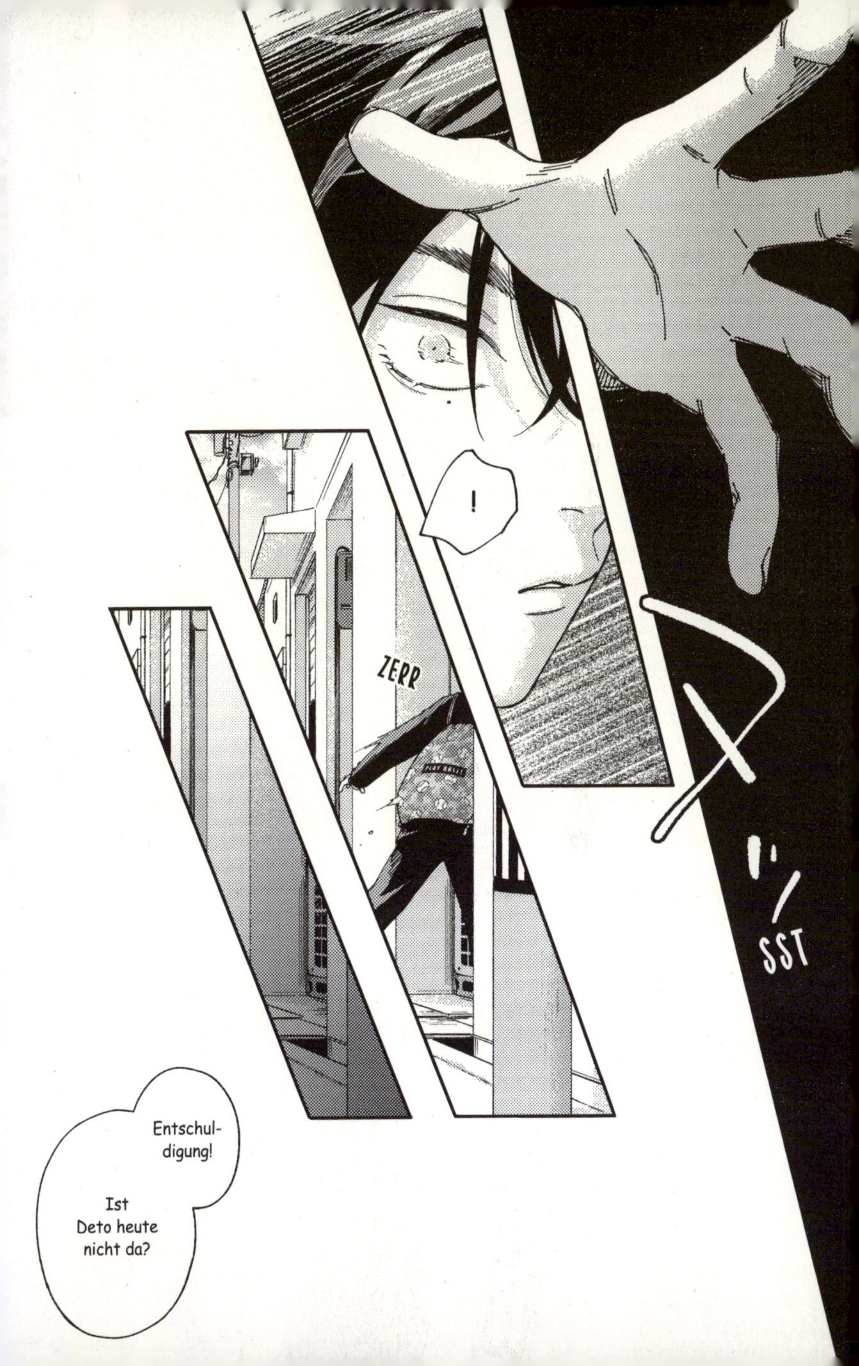

SST
!
ZERR
Entschul-
digung!
Ist
Deto heute
nicht da?

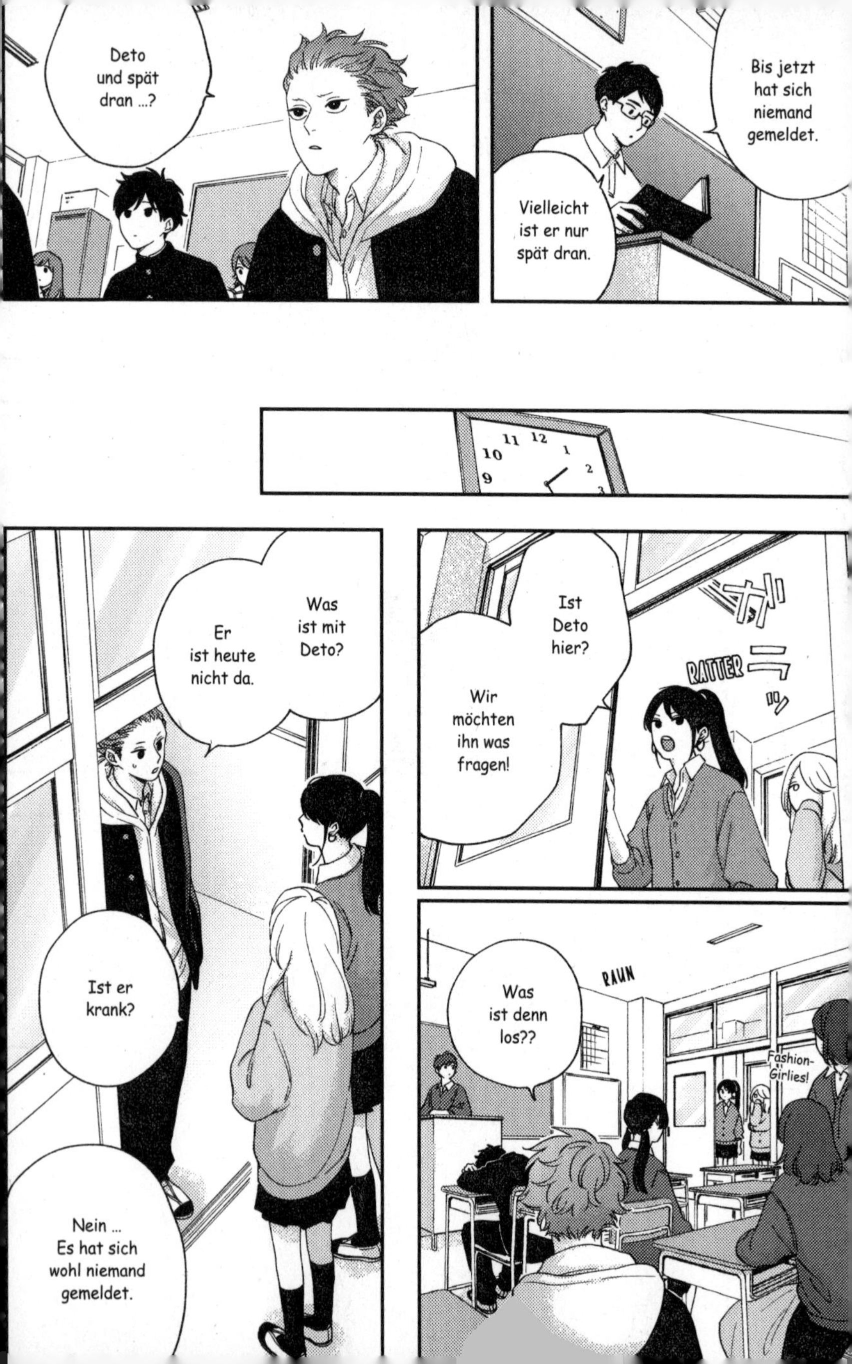
Bis jetzt hat sich niemand gemeldet.
Vielleicht ist er nur spät dran.
Deto und spät dran ...?
RATTER
Ist Deto hier?
Wir möchten ihn was fragen!
RAUN
Was ist denn los??
Fashion-Girlies!
Was ist mit Deto?
Er ist heute nicht da.
Ist er krank?
Nein ... Es hat sich wohl niemand gemeldet.

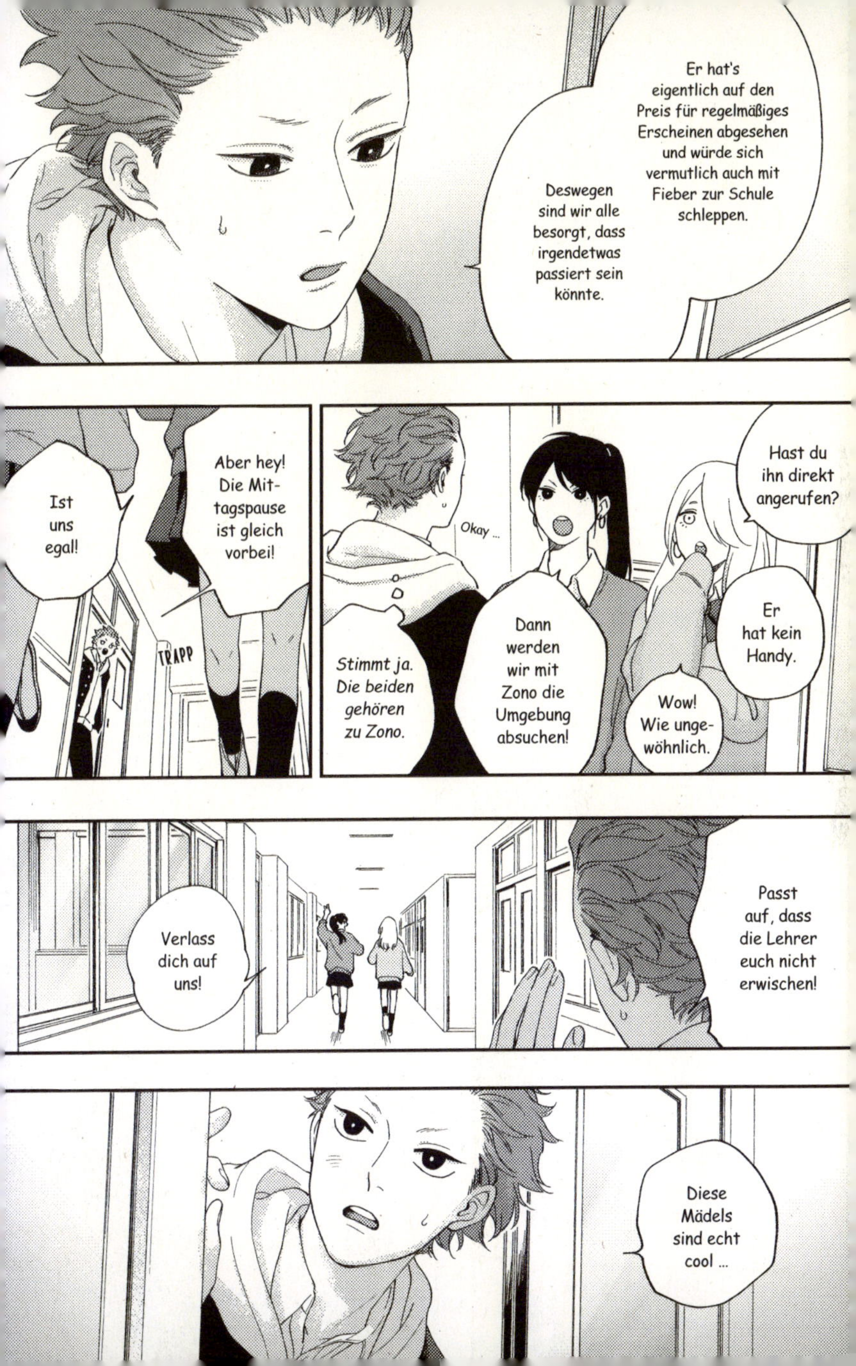

Er hat's eigentlich auf den Preis für regelmäßiges Erscheinen abgesehen und würde sich vermutlich auch mit Fieber zur Schule schleppen.
Deswegen sind wir alle besorgt, dass irgendetwas passiert sein könnte.
Hast du ihn direkt angerufen?
Er hat kein Handy.
Wow! Wie ungewöhnlich.
Dann werden wir mit Zono die Umgebung absuchen!
Okay ...
Stimmt ja. Die beiden gehören zu Zono.
Aber hey! Die Mittagspause ist gleich vorbei!
Ist uns egal!
TRAPP
Passt auf, dass die Lehrer euch nicht erwischen!
Verlass dich auf uns!
Diese Mädels sind echt cool ...

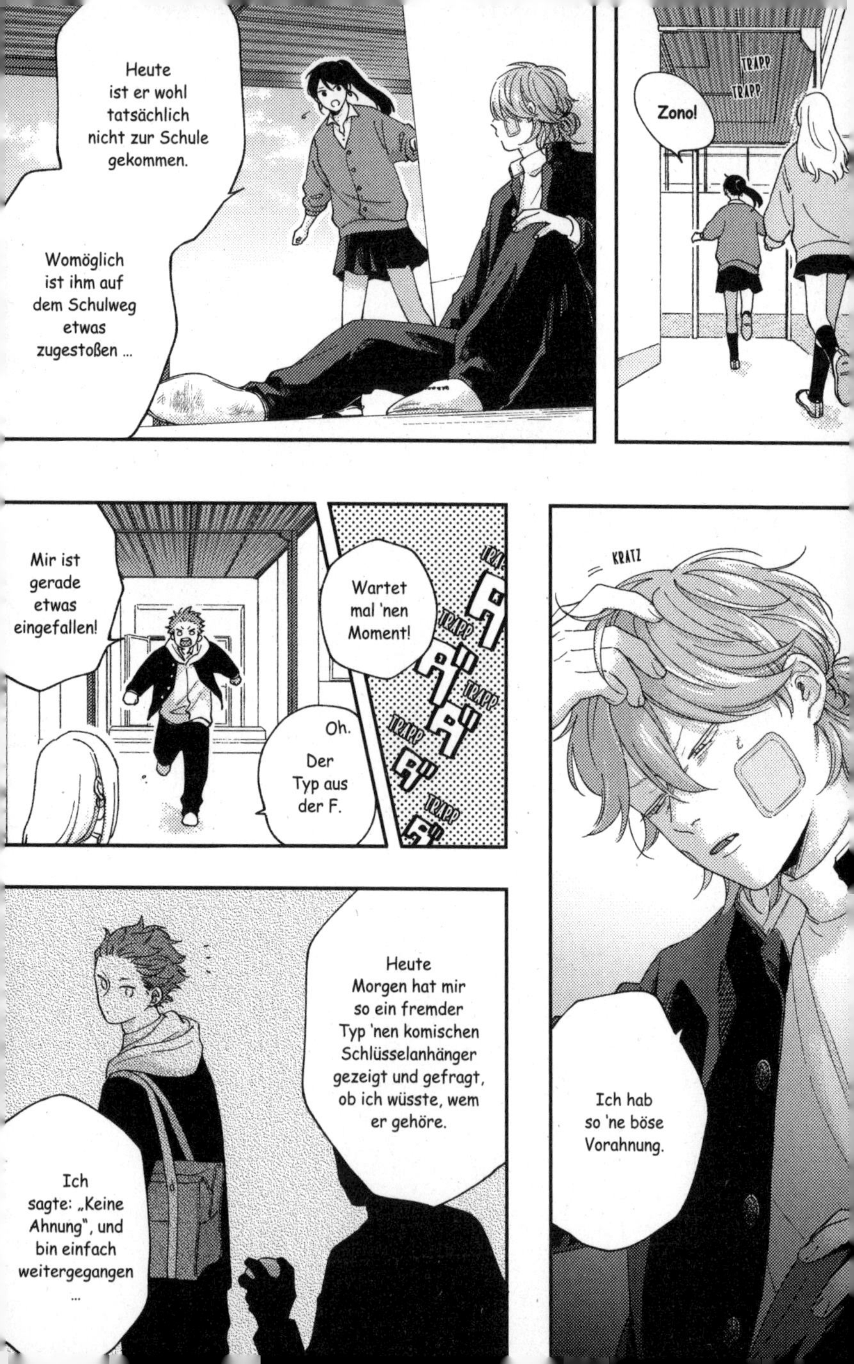
TRAPP
TRAPP
Zono!
Heute ist er wohl tatsächlich nicht zur Schule gekommen.
Womöglich ist ihm auf dem Schulweg etwas zugestoßen ...
KRATZ
Ich hab so 'ne böse Vorahnung.
TRAPP
TRAPP
TRAPP
TRAPP
Wartet mal 'nen Moment!
Oh.
Der Typ aus der F.
Mir ist gerade etwas eingefallen!
Heute Morgen hat mir so ein fremder Typ 'nen komischen Schlüsselanhänger gezeigt und gefragt, ob ich wüsste, wem er gehöre.
Ich sagte: „Keine Ahnung", und bin einfach weitergegangen ...

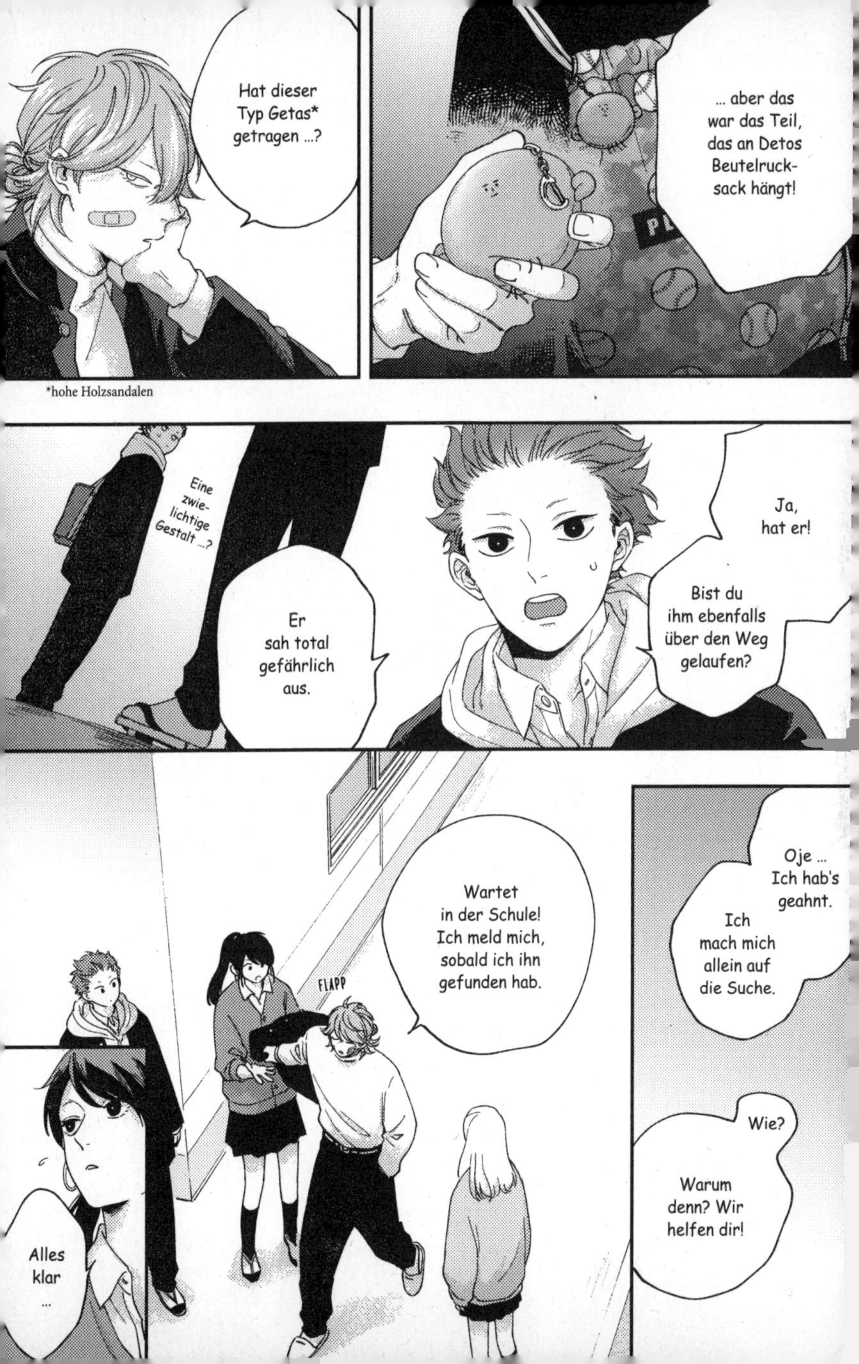

*hohe Holzsandalen

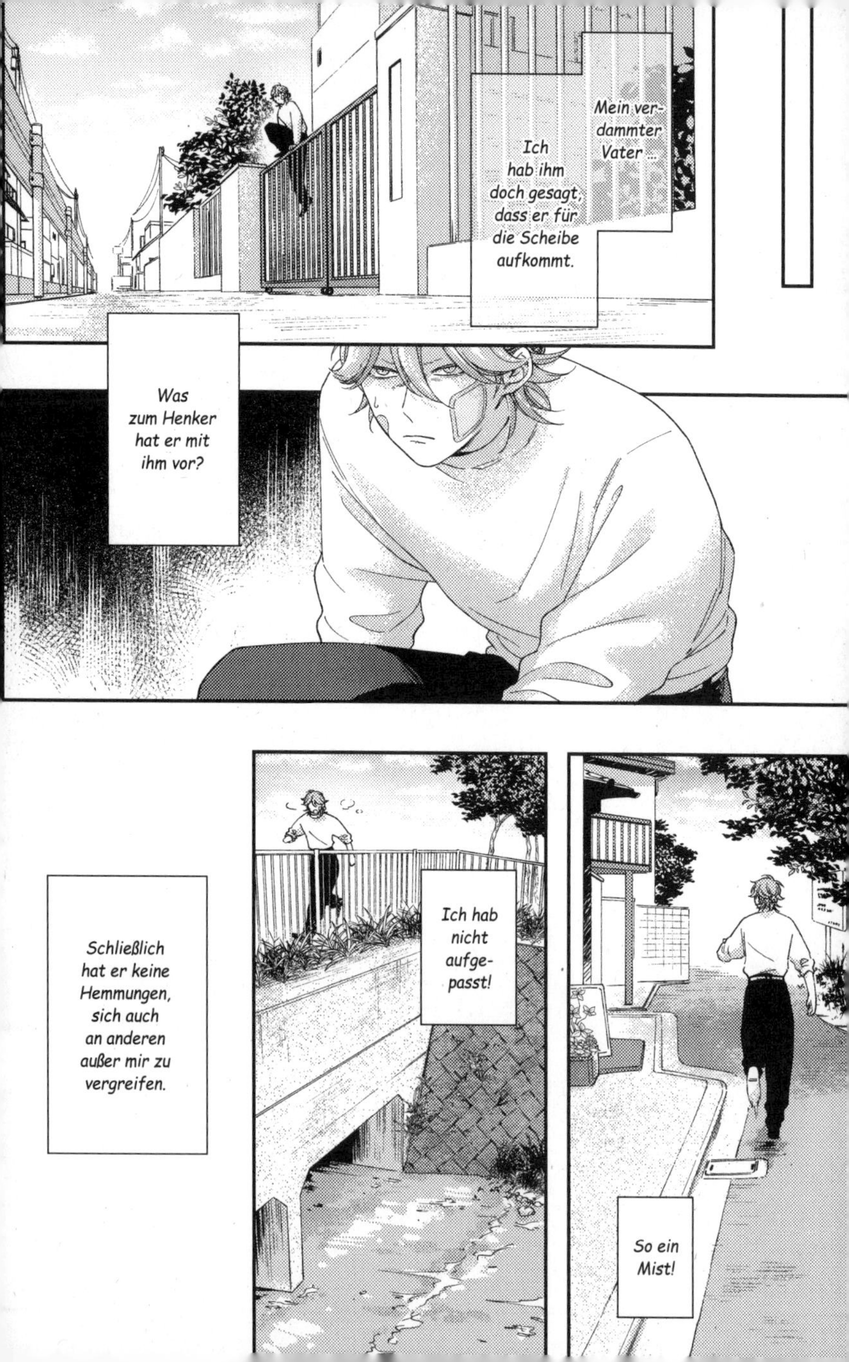
Mein verdammter Vater ...
Ich hab ihm doch gesagt, dass er für die Scheibe aufkommt.
Was zum Henker hat er mit ihm vor?
So ein Mist!
Ich hab nicht aufgepasst!
Schließlich hat er keine Hemmungen, sich auch an anderen außer mir zu vergreifen.

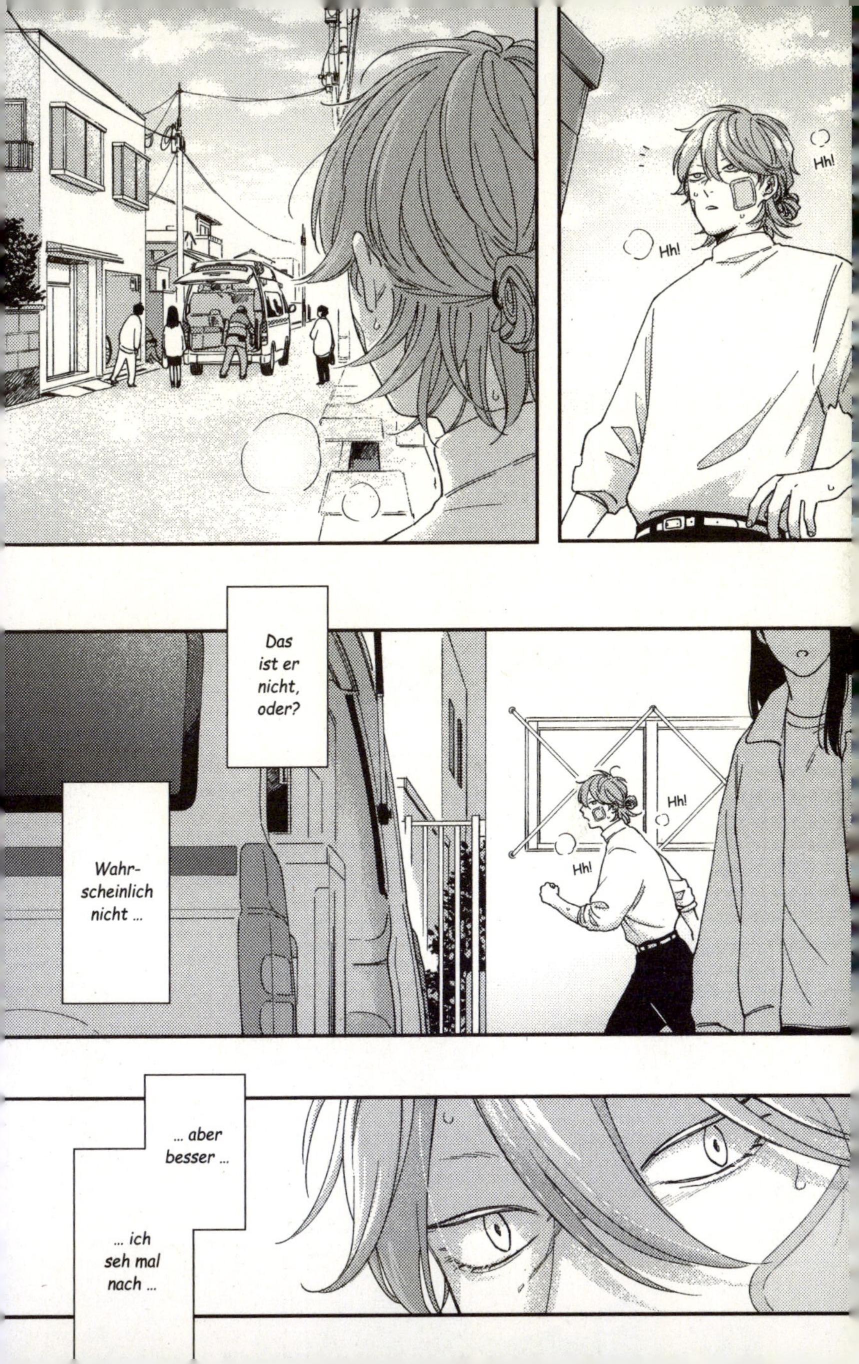
Hh!
Hh!
Das ist er nicht, oder?
Wahr-scheinlich nicht ...
Hh!
Hh!
... aber besser ...
... ich seh mal nach ...

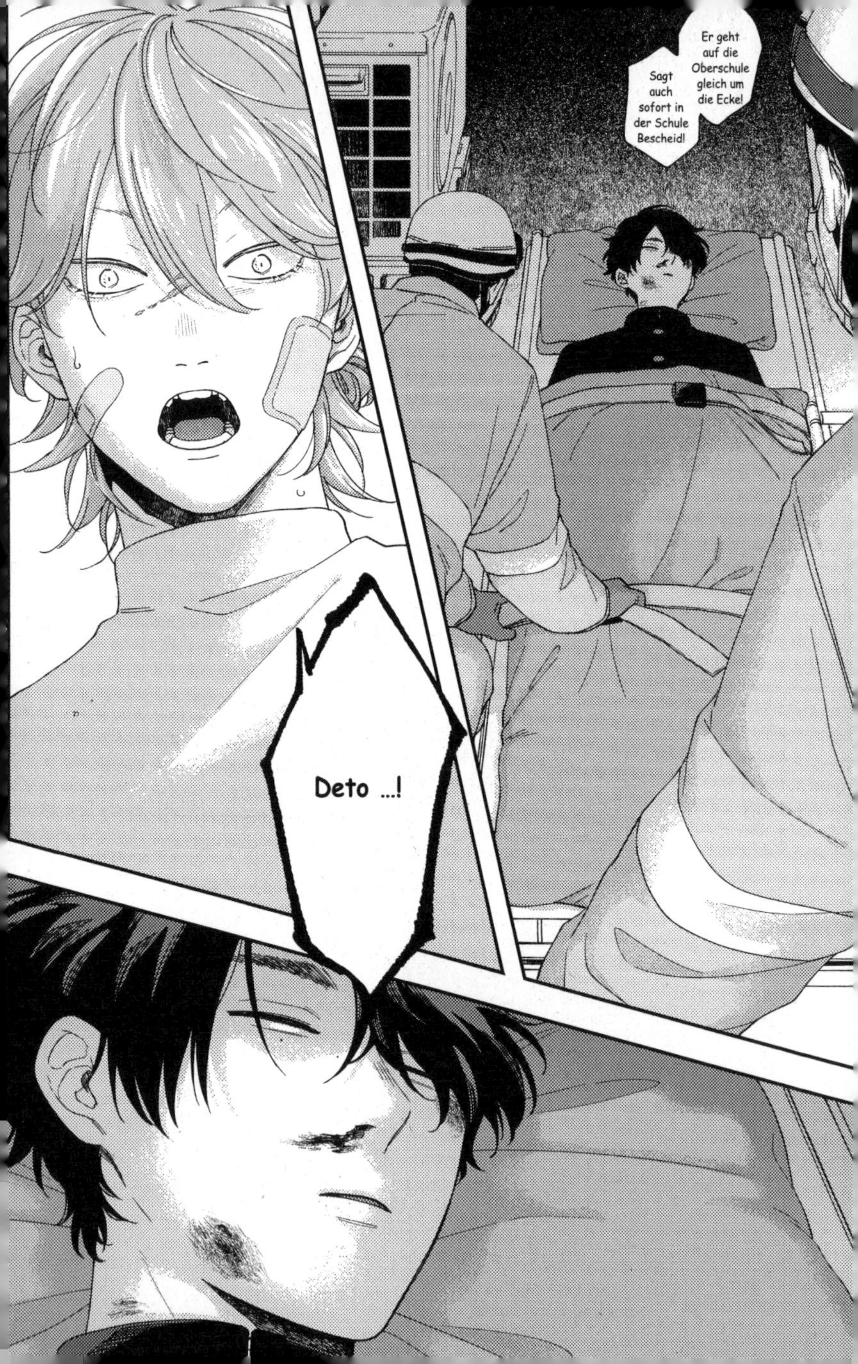
Er geht auf die Oberschule gleich um die Ecke!
Sagt auch sofort in der Schule Bescheid!
Deto ...!

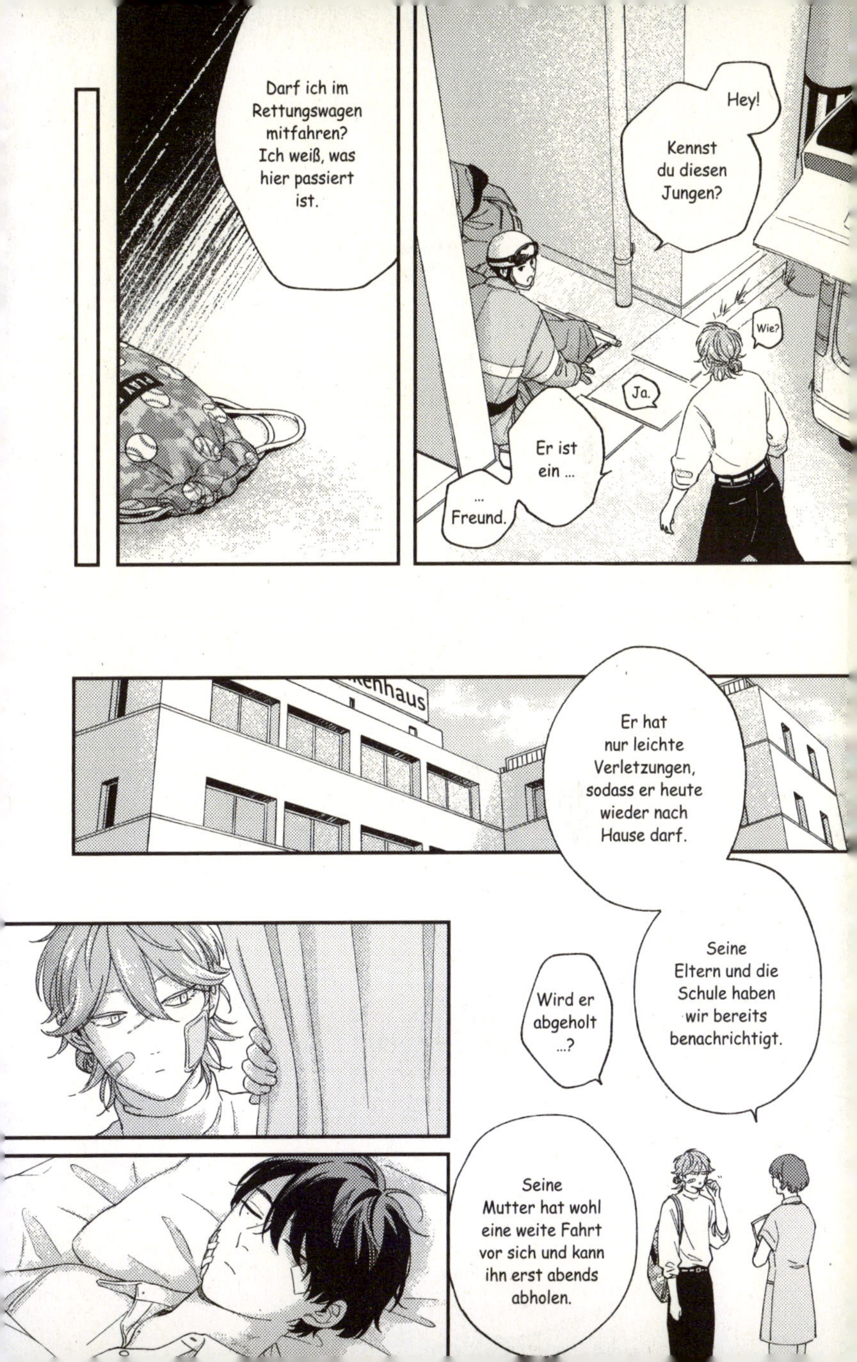
Hey!
Kennst du diesen Jungen?
Wie?
Ja.
Er ist ein ...
... Freund.
Darf ich im Rettungswagen mitfahren? Ich weiß, was hier passiert ist.
Er hat nur leichte Verletzungen, sodass er heute wieder nach Hause darf.
Seine Eltern und die Schule haben wir bereits benachrichtigt.
Wird er abgeholt ...?
Seine Mutter hat wohl eine weite Fahrt vor sich und kann ihn erst abends abholen.

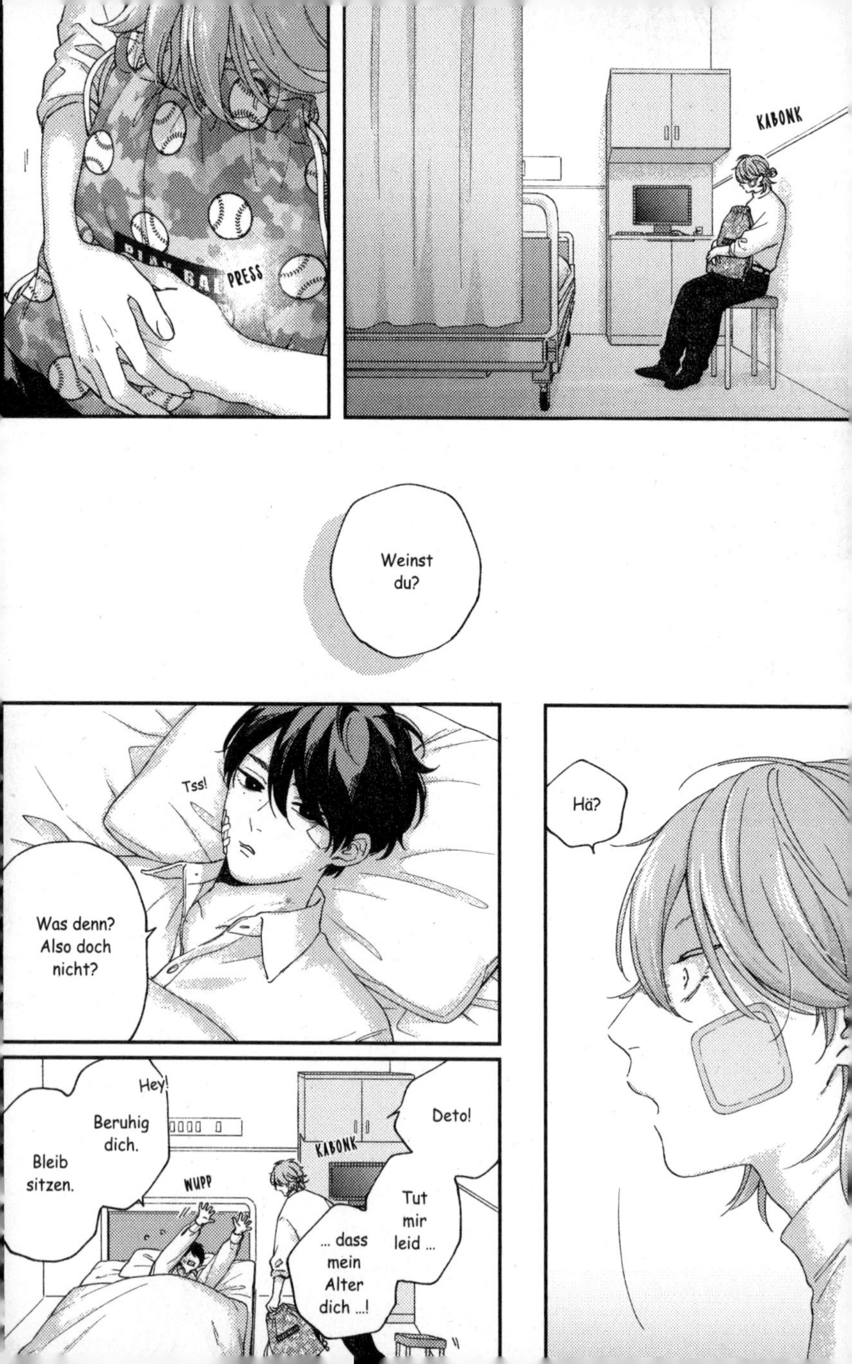
KABONK
PRESS
Weinst du?
Hä?
Tss!
Was denn? Also doch nicht?
Deto!
Tut mir leid ...
... dass mein Alter dich ...!
KABONK
Hey!
Beruhig dich.
Bleib sitzen.
WUPP

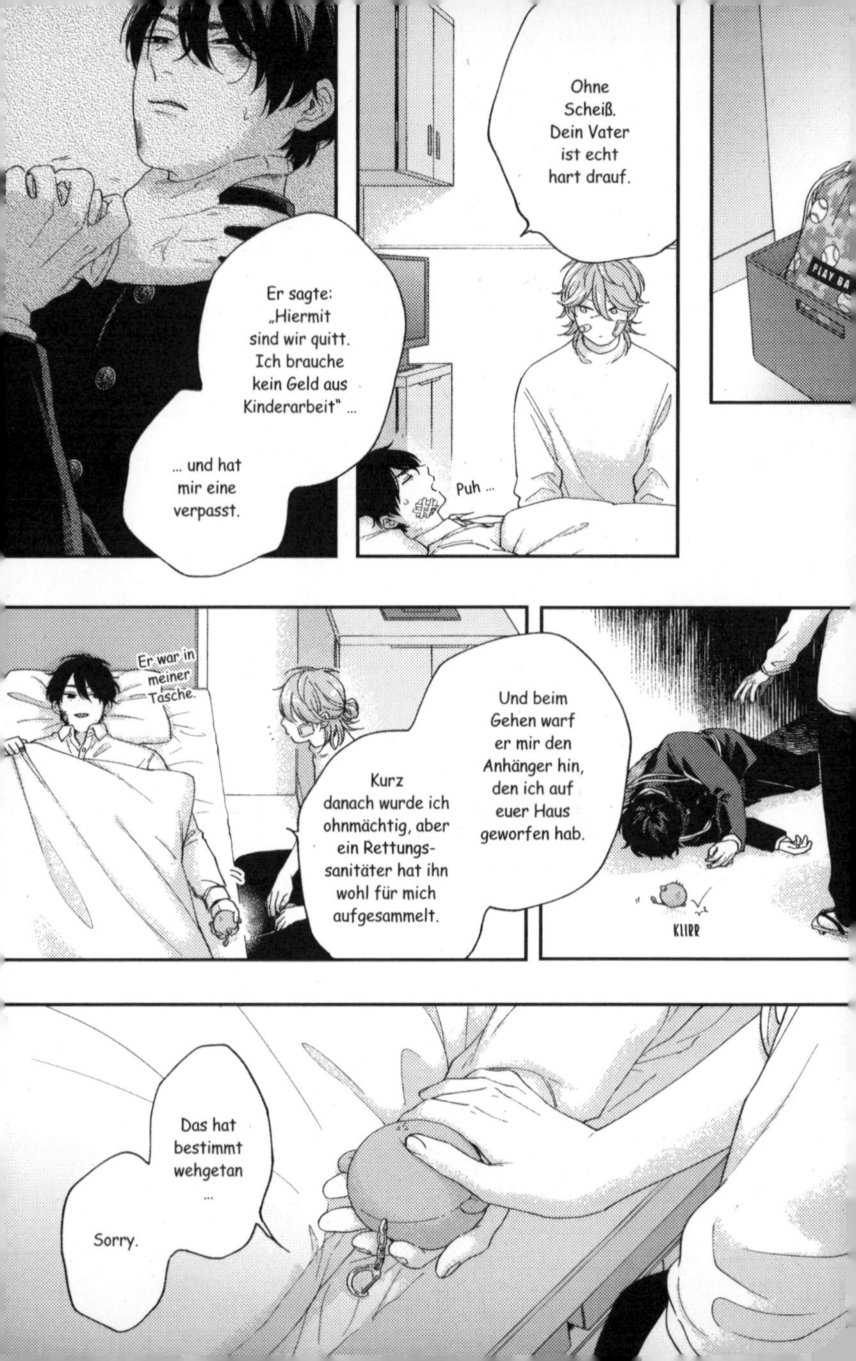
Ohne Scheiß. Dein Vater ist echt hart drauf.
Puh ...
Er sagte: „Hiermit sind wir quitt. Ich brauche kein Geld aus Kinderarbeit" ...
... und hat mir eine verpasst.
Und beim Gehen warf er mir den Anhänger hin, den ich auf euer Haus geworfen hab.
KLIRR
Kurz danach wurde ich ohnmächtig, aber ein Rettungs-sanitäter hat ihn wohl für mich aufgesammelt.
Er war in meiner Tasche.
Das hat bestimmt wehgetan ...
Sorry.

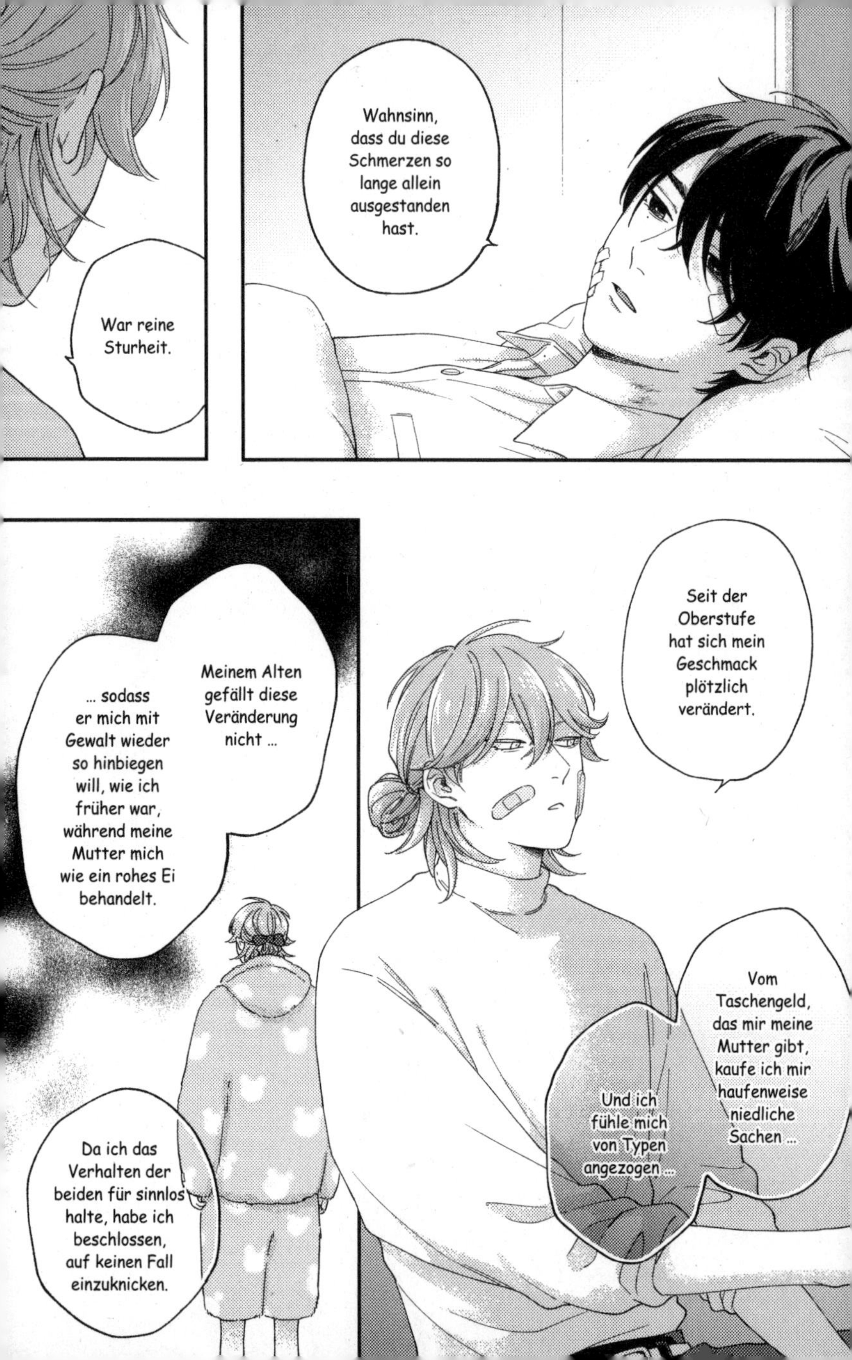
Wahnsinn, dass du diese Schmerzen so lange allein ausgestanden hast.
War reine Sturheit.
Seit der Oberstufe hat sich mein Geschmack plötzlich verändert.
Vom Taschengeld, das mir meine Mutter gibt, kaufe ich mir haufenweise niedliche Sachen …
Und ich fühle mich von Typen angezogen …
Meinem Alten gefällt diese Veränderung nicht …
… sodass er mich mit Gewalt wieder so hinbiegen will, wie ich früher war, während meine Mutter mich wie ein rohes Ei behandelt.
Da ich das Verhalten der beiden für sinnlos halte, habe ich beschlossen, auf keinen Fall einzuknicken.

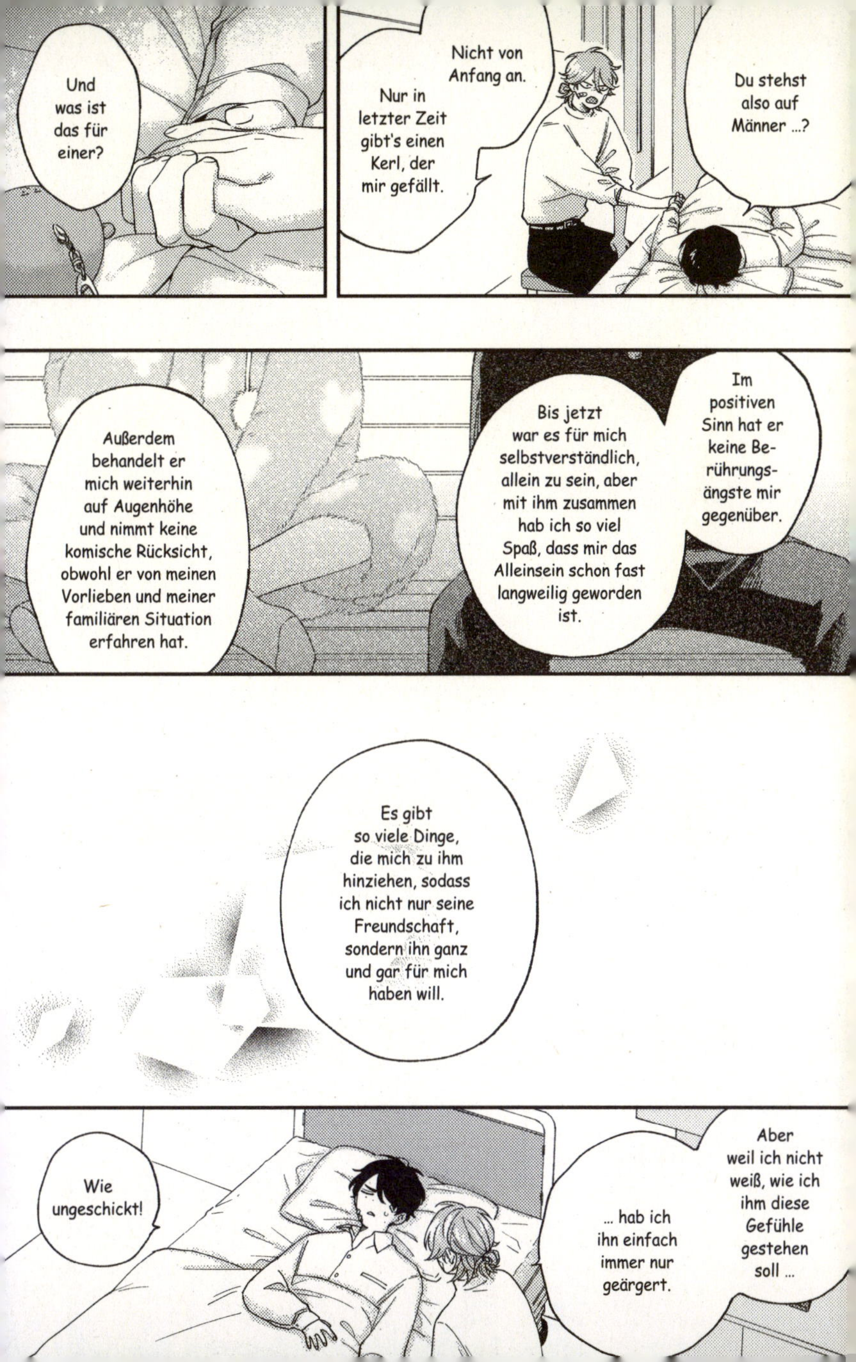
Du stehst also auf Männer ...?
Nicht von Anfang an.
Nur in letzter Zeit gibt's einen Kerl, der mir gefällt.
Und was ist das für einer?
Im positiven Sinn hat er keine Berührungsängste mir gegenüber.
Bis jetzt war es für mich selbstverständlich, allein zu sein, aber mit ihm zusammen hab ich so viel Spaß, dass mir das Alleinsein schon fast langweilig geworden ist.
Außerdem behandelt er mich weiterhin auf Augenhöhe und nimmt keine komische Rücksicht, obwohl er von meinen Vorlieben und meiner familiären Situation erfahren hat.
Es gibt so viele Dinge, die mich zu ihm hinziehen, sodass ich nicht nur seine Freundschaft, sondern ihn ganz und gar für mich haben will.
Aber weil ich nicht weiß, wie ich ihm diese Gefühle gestehen soll ...
... hab ich ihn einfach immer nur geärgert.
Wie ungeschickt!

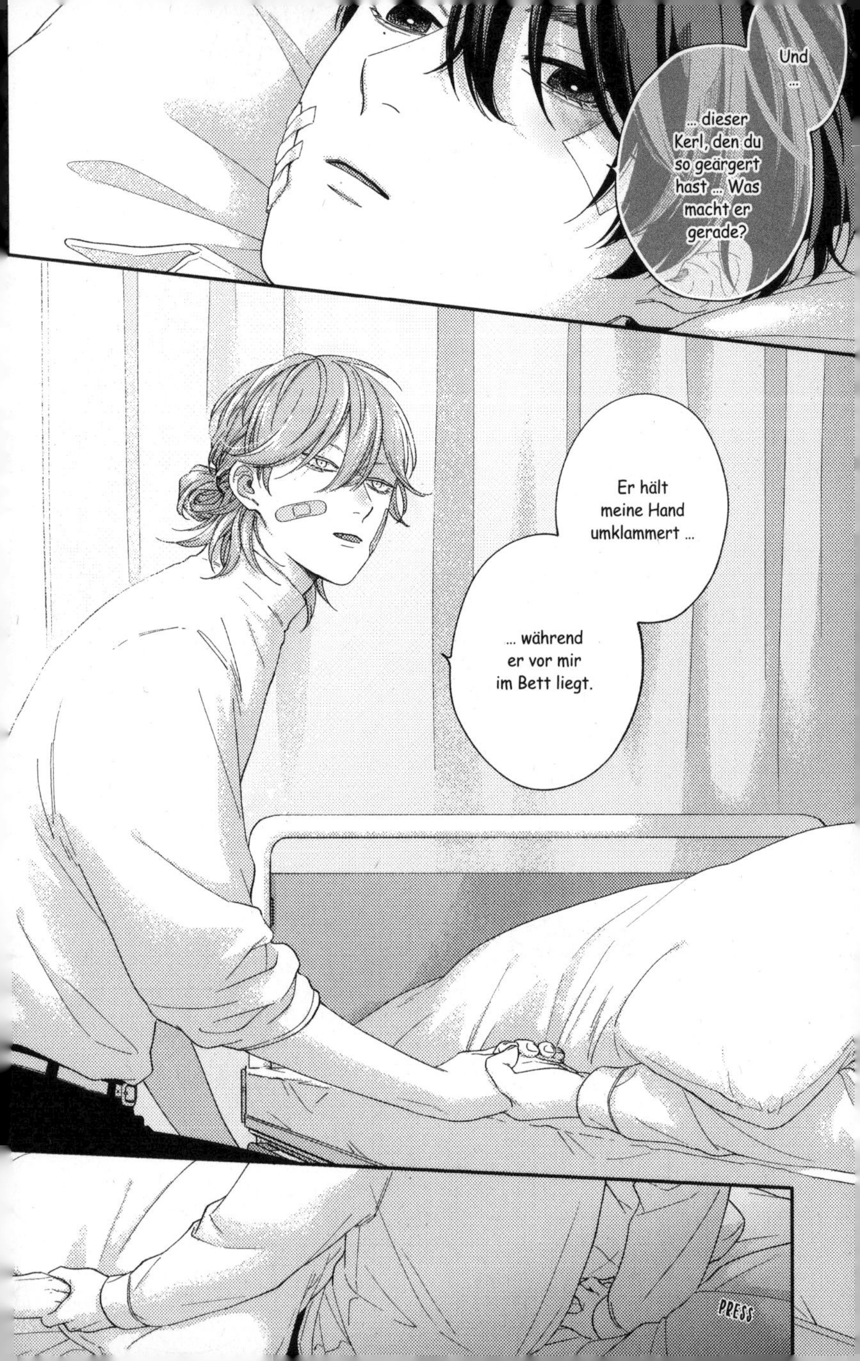
Und …
… dieser Kerl, den du so geärgert hast … Was macht er gerade?
Er hält meine Hand umklammert …
… während er vor mir im Bett liegt.
PRESS

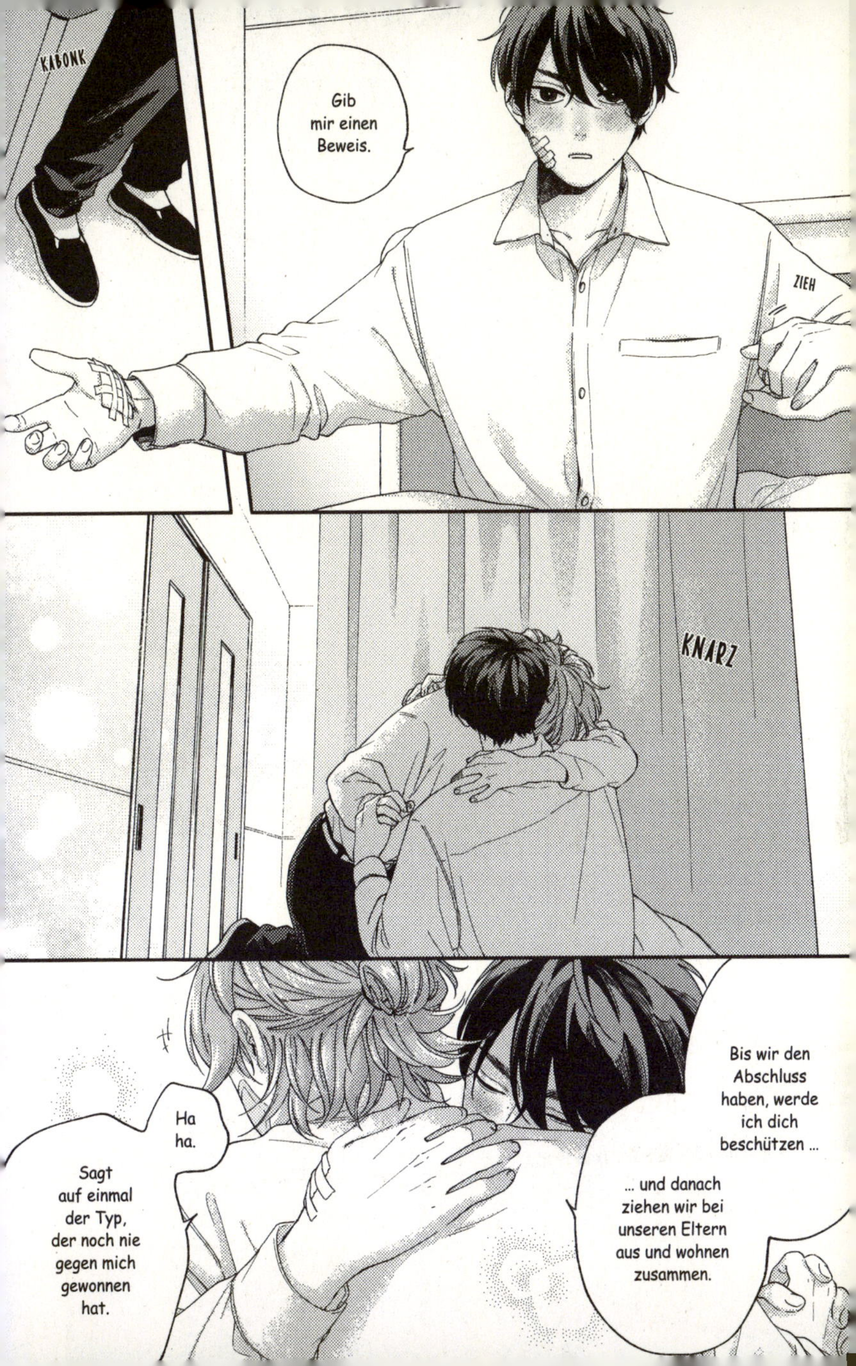
Gib mir einen Beweis.
KABONK
ZIEH
KNARZ
Bis wir den Abschluss haben, werde ich dich beschützen ...
... und danach ziehen wir bei unseren Eltern aus und wohnen zusammen.
Ha ha.
Sagt auf einmal der Typ, der noch nie gegen mich gewonnen hat.

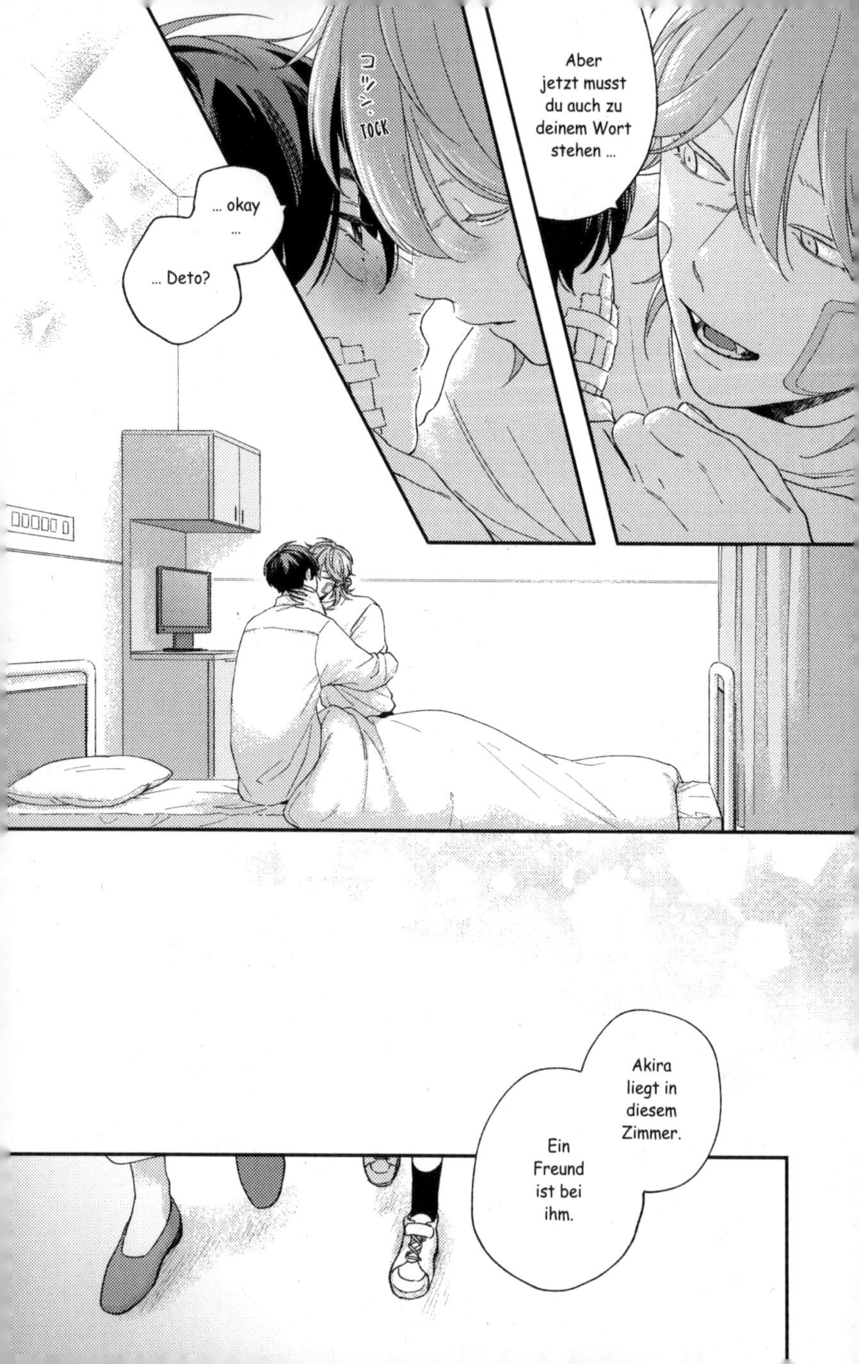
Aber jetzt musst du auch zu deinem Wort stehen ...
TOCK
... okay ...
... Deto?
Akira liegt in diesem Zimmer.
Ein Freund ist bei ihm.

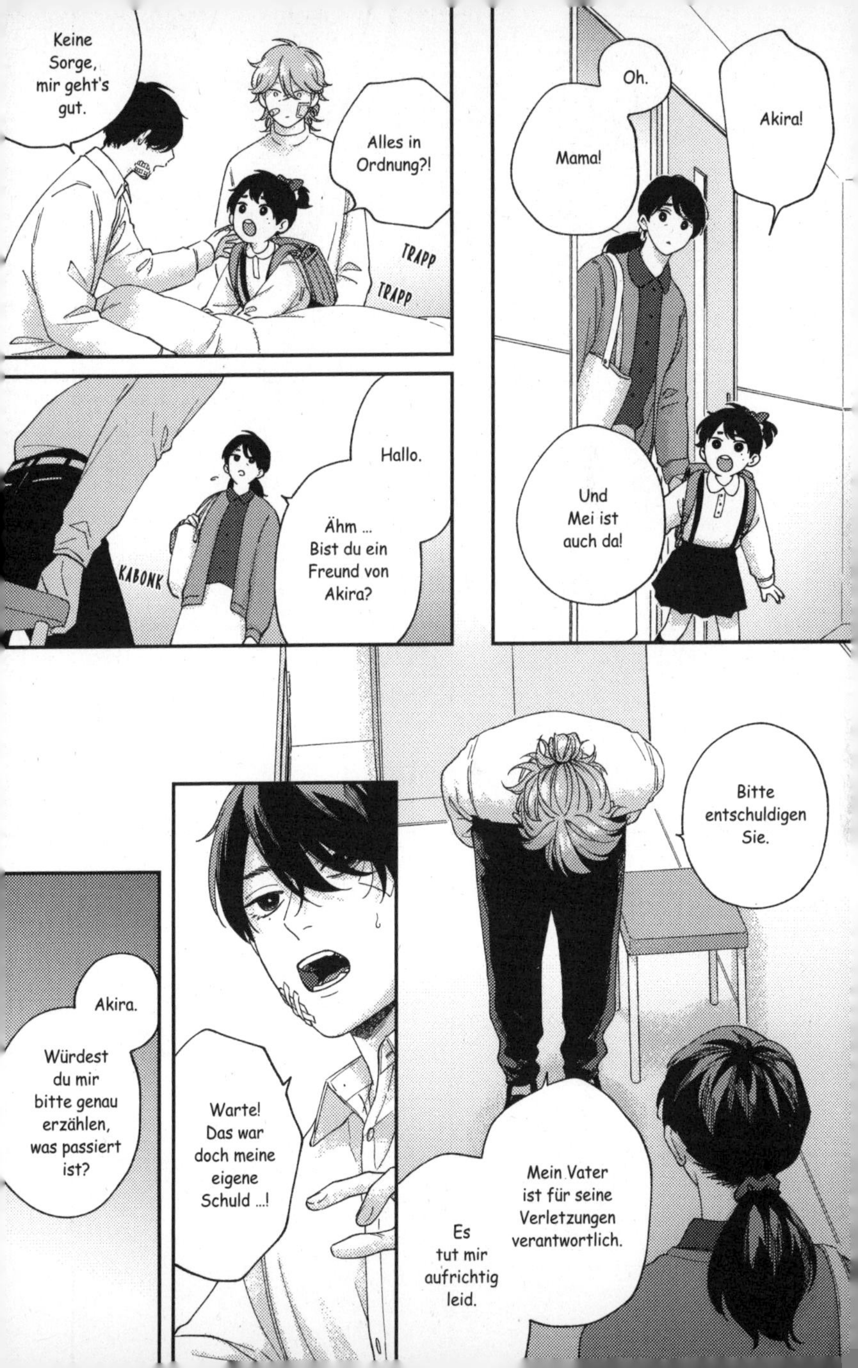
Akira!
Oh.
Mama!
Und Mei ist auch da!
Alles in Ordnung?!
TRAPP TRAPP
Keine Sorge, mir geht's gut.
Hallo.
Ähm … Bist du ein Freund von Akira?
KABONK
Bitte entschuldigen Sie.
Mein Vater ist für seine Verletzungen verantwortlich.
Es tut mir aufrichtig leid.
Warte! Das war doch meine eigene Schuld …!
Akira.
Würdest du mir bitte genau erzählen, was passiert ist?

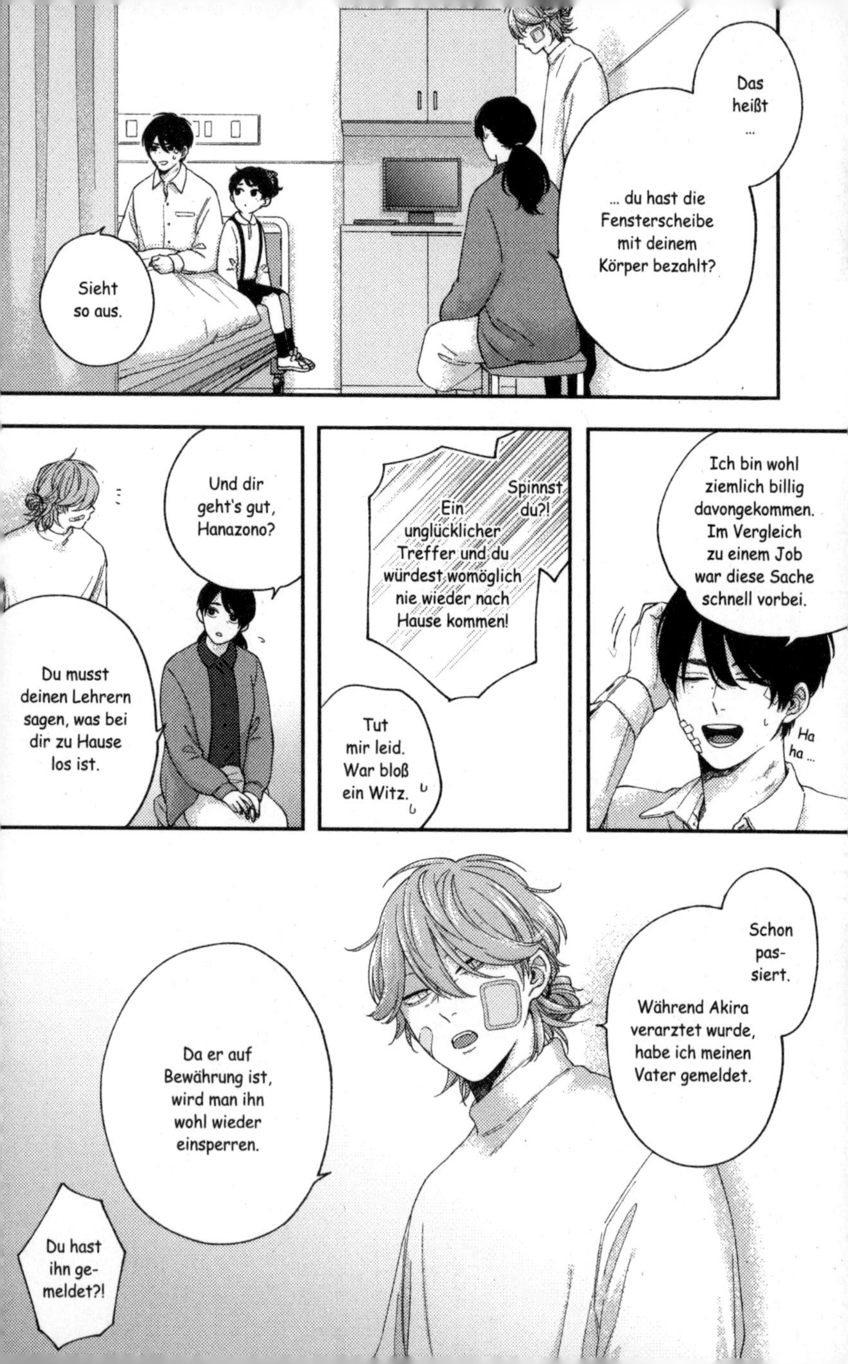
Das heißt ...
... du hast die Fensterscheibe mit deinem Körper bezahlt?
Sieht so aus.
Ich bin wohl ziemlich billig davongekommen. Im Vergleich zu einem Job war diese Sache schnell vorbei.
Ha ha ...
Spinnst du?!
Ein unglücklicher Treffer und du würdest womöglich nie wieder nach Hause kommen!
Tut mir leid. War bloß ein Witz.
Und dir geht's gut, Hanazono?
Du musst deinen Lehrern sagen, was bei dir zu Hause los ist.
Schon pas-siert.
Während Akira verarztet wurde, habe ich meinen Vater gemeldet.
Da er auf Bewährung ist, wird man ihn wohl wieder einsperren.
Du hast ihn ge-meldet?!

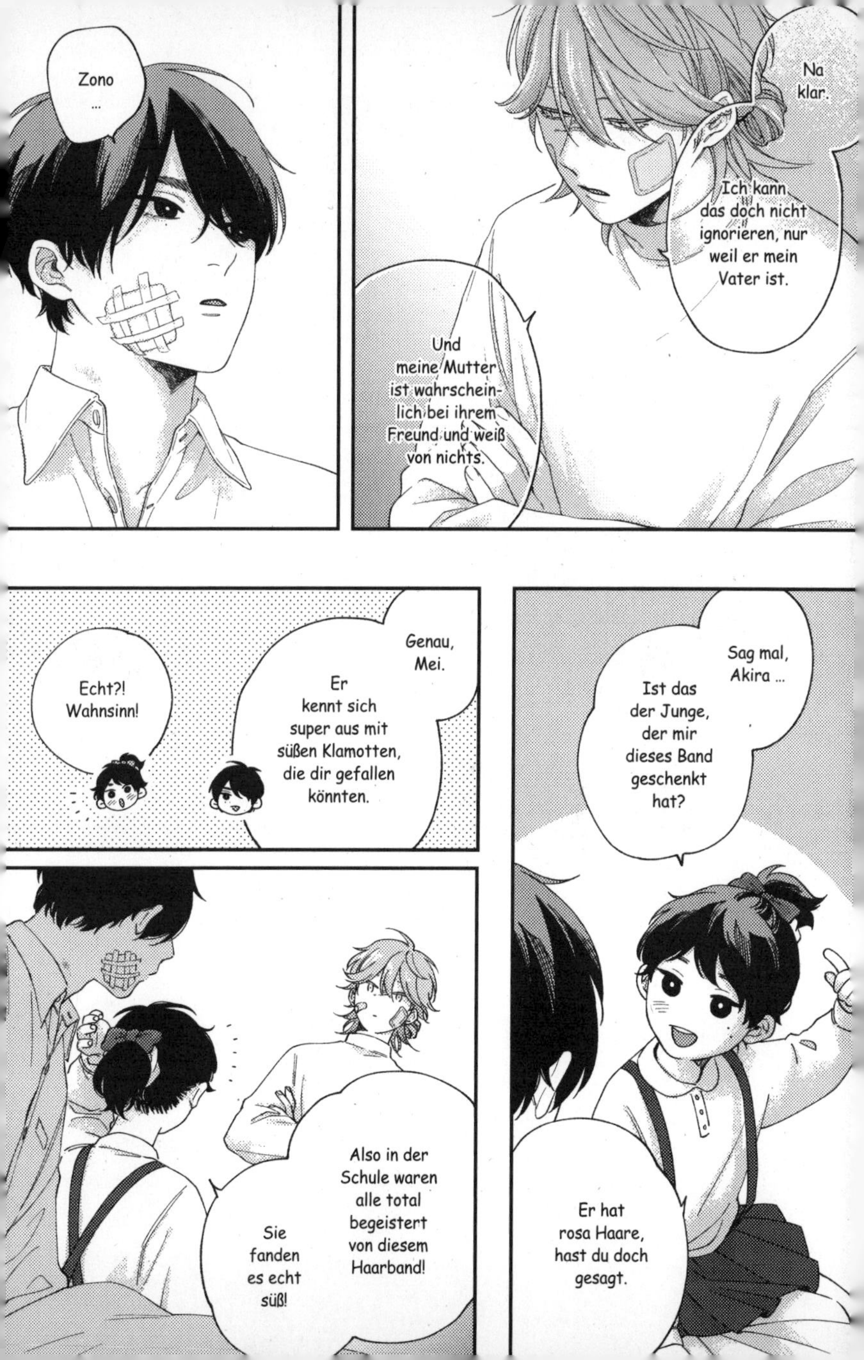
Na klar.
Ich kann das doch nicht ignorieren, nur weil er mein Vater ist.
Und meine Mutter ist wahrscheinlich bei ihrem Freund und weiß von nichts.
Zono …
Sag mal, Akira …
Ist das der Junge, der mir dieses Band geschenkt hat?
Genau, Mei.
Er kennt sich super aus mit süßen Klamotten, die dir gefallen könnten.
Echt?! Wahnsinn!
Er hat rosa Haare, hast du doch gesagt.
Also in der Schule waren alle total begeistert von diesem Haarband!
Sie fanden es echt süß!

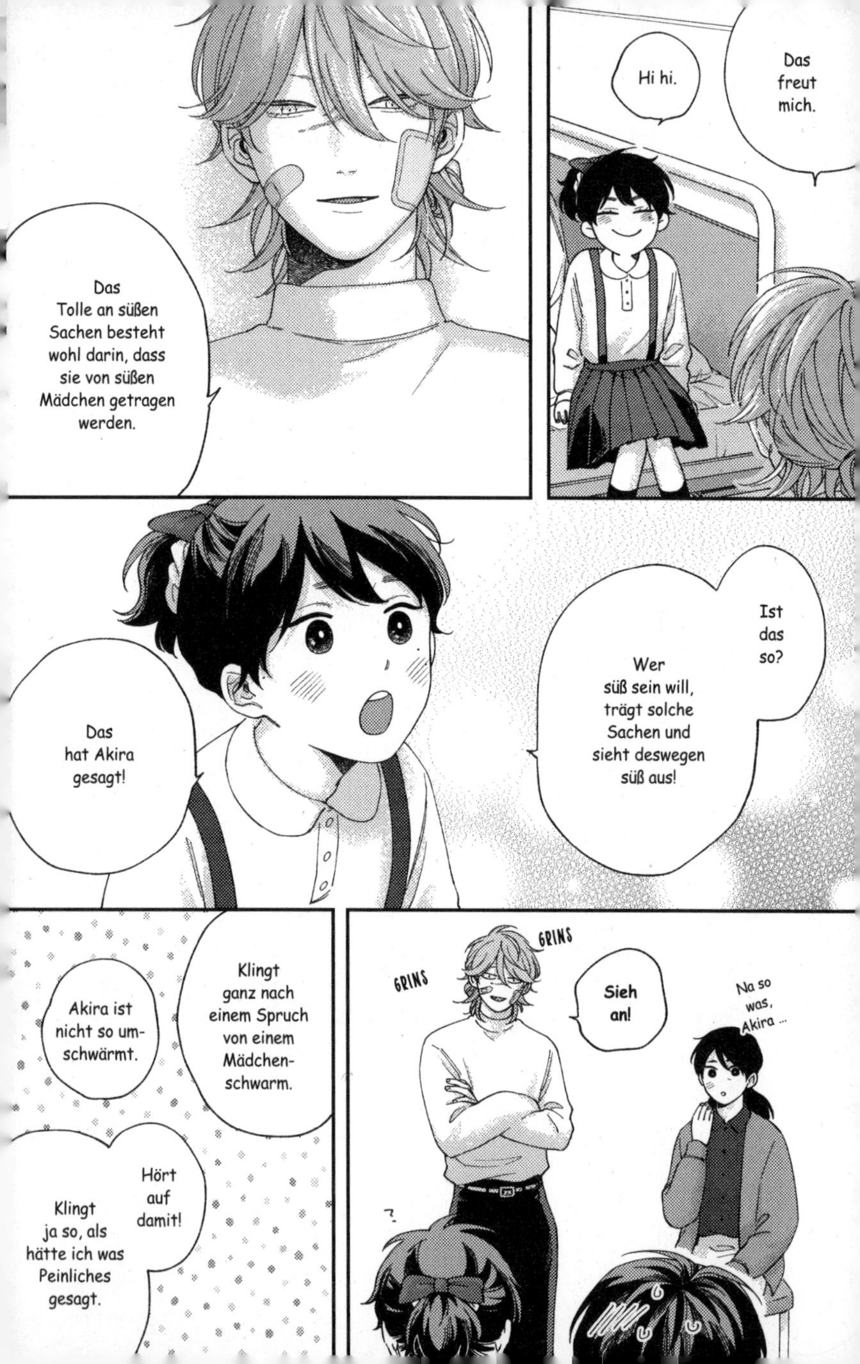
Das freut mich.
Hi hi.
Das Tolle an süßen Sachen besteht wohl darin, dass sie von süßen Mädchen getragen werden.
Ist das so?
Wer süß sein will, trägt solche Sachen und sieht deswegen süß aus!
Das hat Akira gesagt!
Na so was, Akira ...
Sieh an!
GRINS
GRINS
Klingt ganz nach einem Spruch von einem Mädchen-schwarm.
Akira ist nicht so um-schwärmt.
Hört auf damit!
Klingt ja so, als hätte ich was Peinliches gesagt.

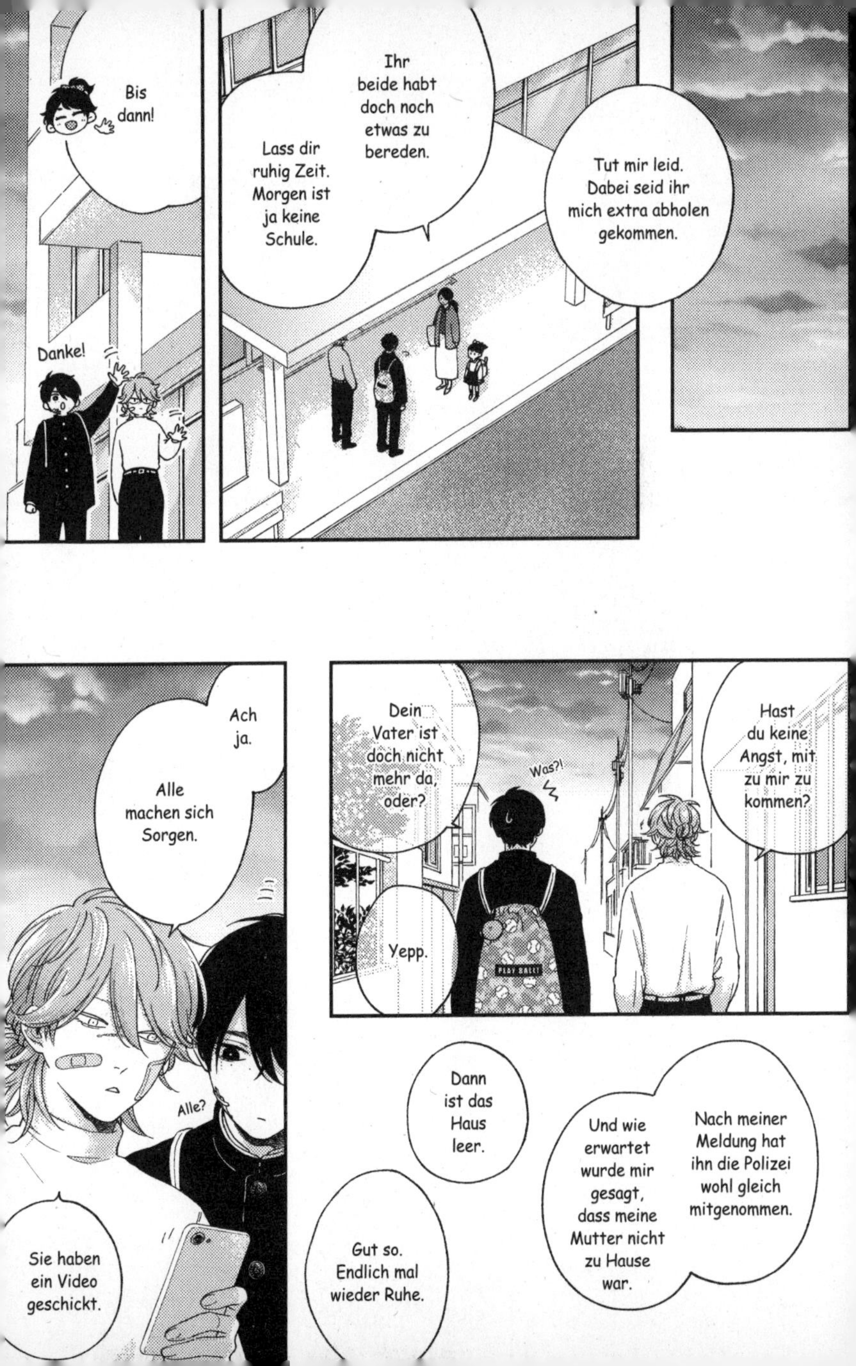
Tut mir leid. Dabei seid ihr mich extra abholen gekommen.
Ihr beide habt doch noch etwas zu bereden.
Lass dir ruhig Zeit. Morgen ist ja keine Schule.
Bis dann!
Danke!
Hast du keine Angst, mit zu mir zu kommen?
Was?!
Dein Vater ist doch nicht mehr da, oder?
Yepp.
Nach meiner Meldung hat ihn die Polizei wohl gleich mitgenommen.
Und wie erwartet wurde mir gesagt, dass meine Mutter nicht zu Hause war.
Dann ist das Haus leer.
Gut so. Endlich mal wieder Ruhe.
Ach ja.
Alle machen sich Sorgen.
Alle?
Sie haben ein Video geschickt.

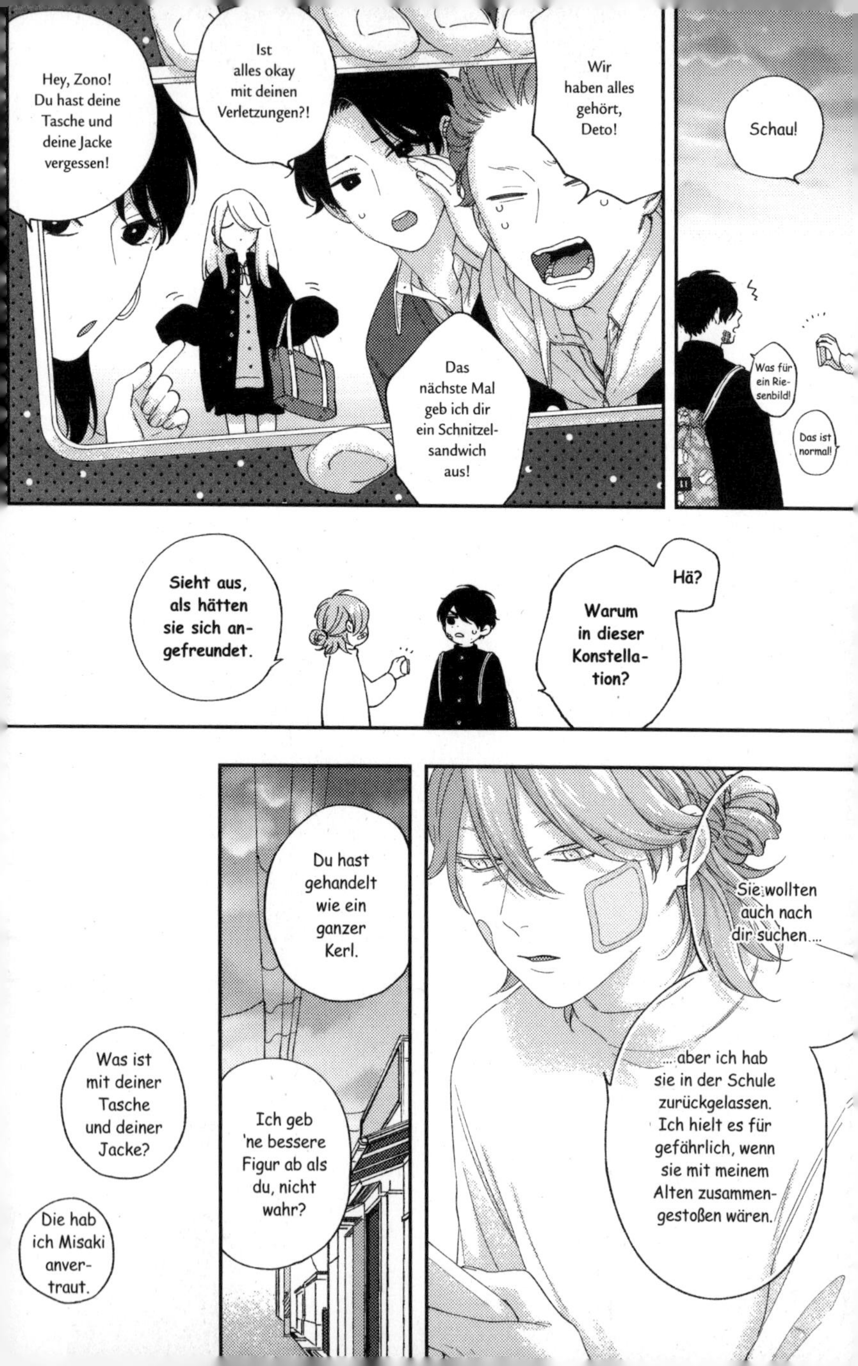
Schau!
Was für ein Riesenbild!
Das ist normal!
Wir haben alles gehört, Deto!
Ist alles okay mit deinen Verletzungen?!
Hey, Zono! Du hast deine Tasche und deine Jacke vergessen!
Das nächste Mal geb ich dir ein Schnitzelsandwich aus!
Hä?
Warum in dieser Konstellation?
Sieht aus, als hätten sie sich angefreundet.
Sie wollten auch nach dir suchen....
...aber ich hab sie in der Schule zurückgelassen. Ich hielt es für gefährlich, wenn sie mit meinem Alten zusammengestoßen wären.
Du hast gehandelt wie ein ganzer Kerl.
Ich geb 'ne bessere Figur ab als du, nicht wahr?
Was ist mit deiner Tasche und deiner Jacke?
Die hab ich Misaki anvertraut.

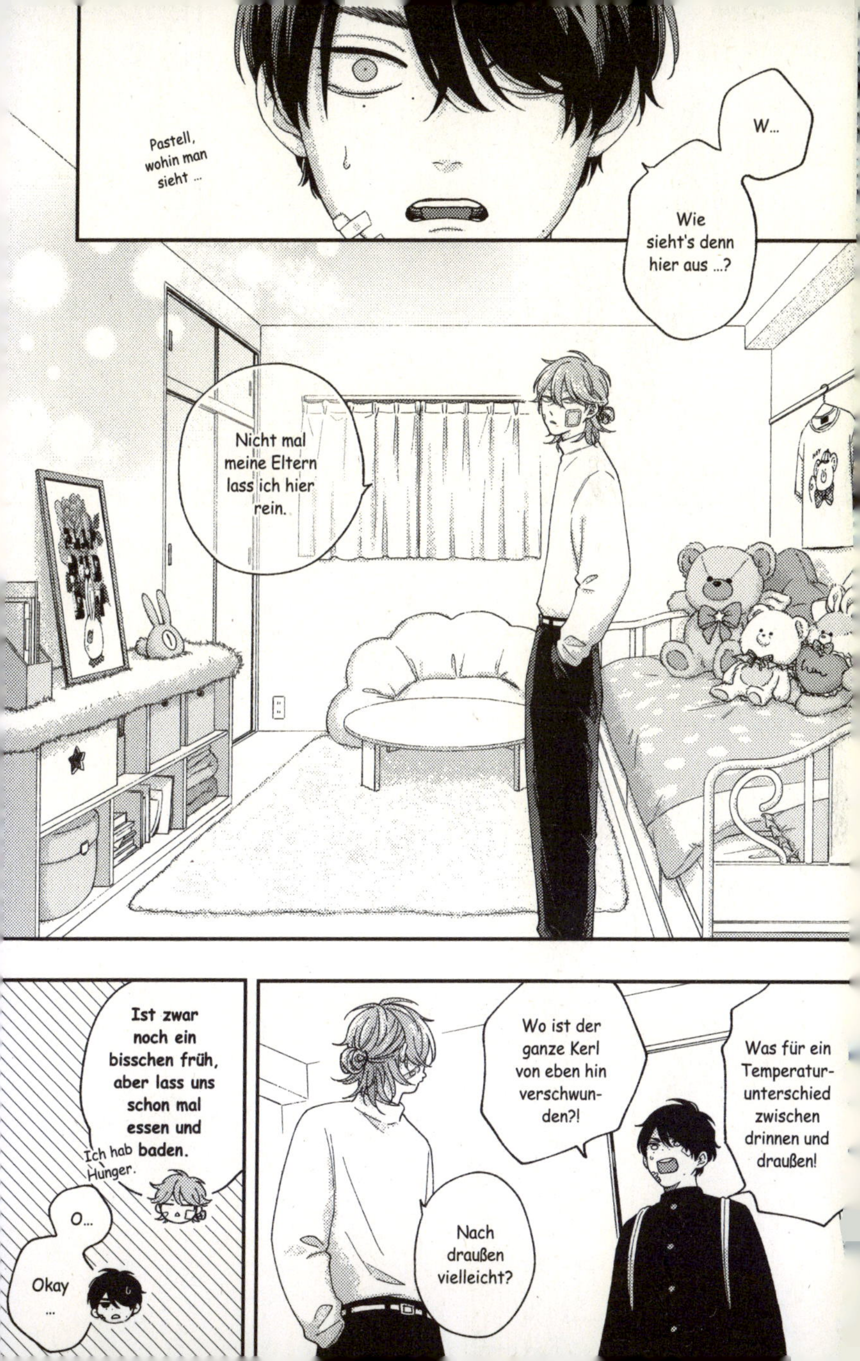

W...
Wie sieht's denn hier aus ...?
Pastell, wohin man sieht ...
Nicht mal meine Eltern lass ich hier rein.
Was für ein Temperaturunterschied zwischen drinnen und draußen!
Wo ist der ganze Kerl von eben hin verschwunden?!
Nach draußen vielleicht?
Ist zwar noch ein bisschen früh, aber lass uns schon mal essen und baden.
Ich hab Hunger.
O...
Okay ...

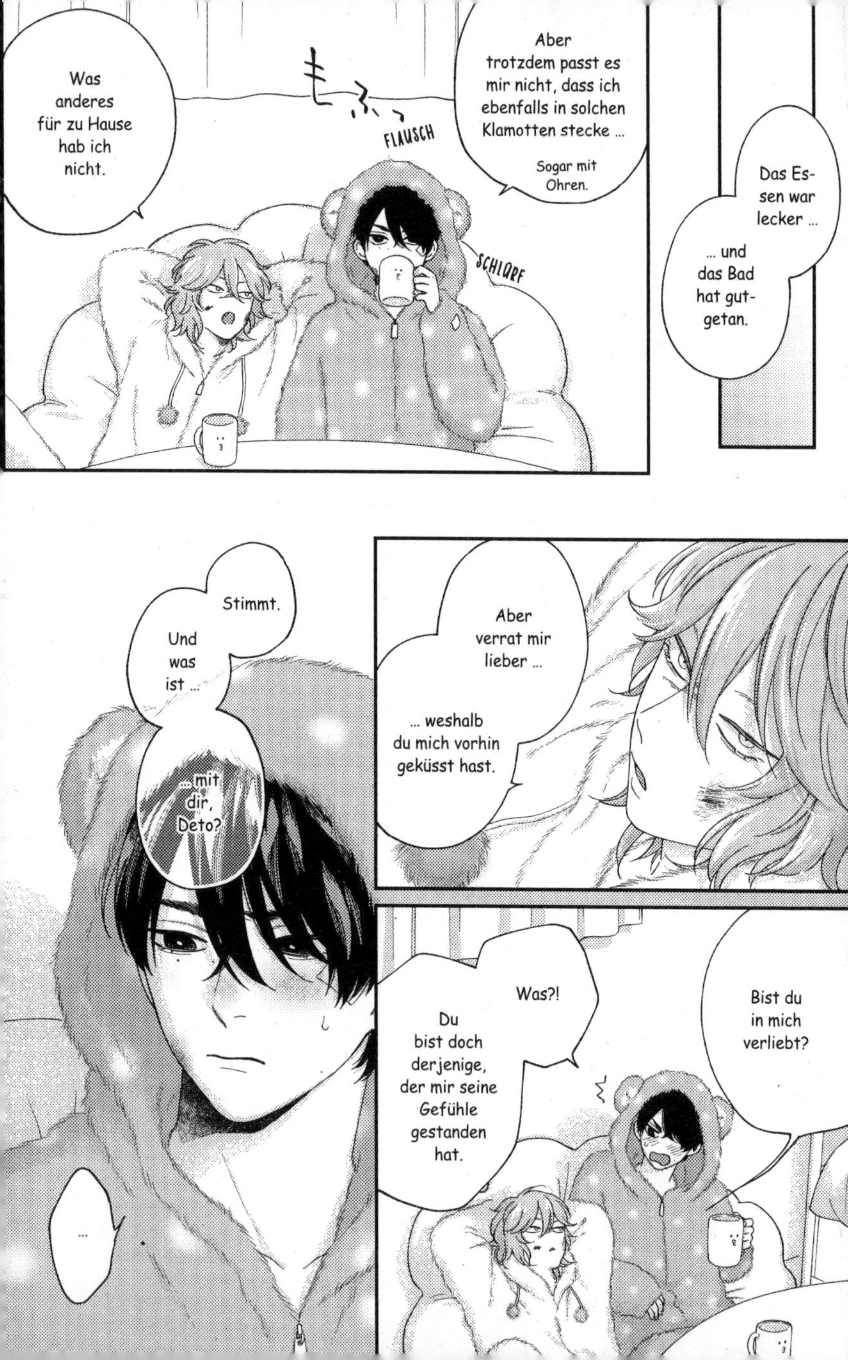

Das Essen war lecker ...
... und das Bad hat gut-getan.
Aber trotzdem passt es mir nicht, dass ich ebenfalls in solchen Klamotten stecke ...
Sogar mit Ohren.
FLAUSCH
SCHLÜRF
Was anderes für zu Hause hab ich nicht.
Aber verrat mir lieber ...
... weshalb du mich vorhin geküsst hast.
Bist du in mich verliebt?
Was?!
Du bist doch derjenige, der mir seine Gefühle gestanden hat.
Stimmt.
Und was ist ...
... mit dir, Deto?
...

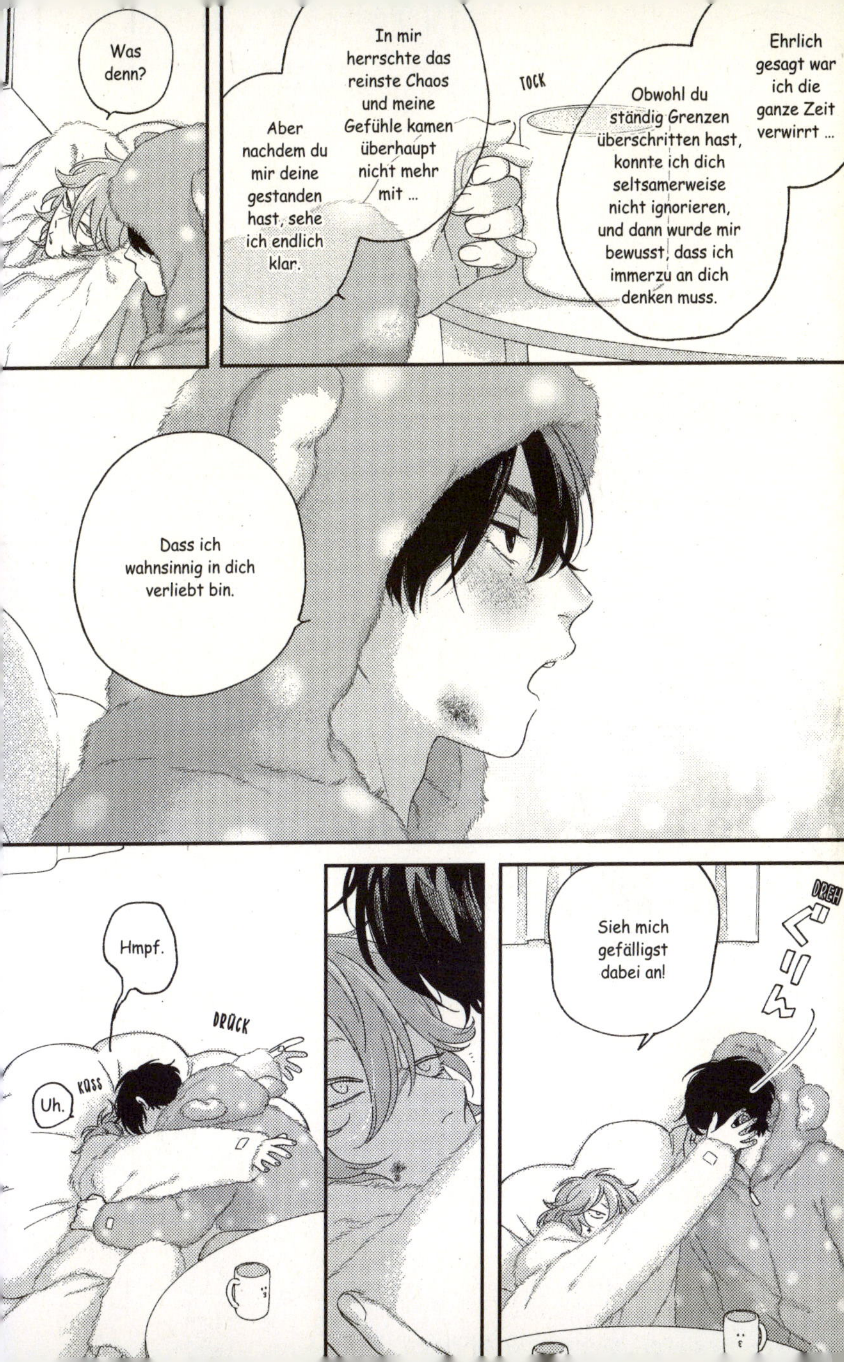
Ehrlich gesagt war ich die ganze Zeit verwirrt ...
Obwohl du ständig Grenzen überschritten hast, konnte ich dich seltsamerweise nicht ignorieren, und dann wurde mir bewusst, dass ich immerzu an dich denken muss.
TOCK
In mir herrschte das reinste Chaos und meine Gefühle kamen überhaupt nicht mehr mit ...
Aber nachdem du mir deine gestanden hast, sehe ich endlich klar.
Was denn?
Dass ich wahnsinnig in dich verliebt bin.
DREH
Sieh mich gefälligst dabei an!
Hmpf.
DRÜCK
KÜSS
Uh.

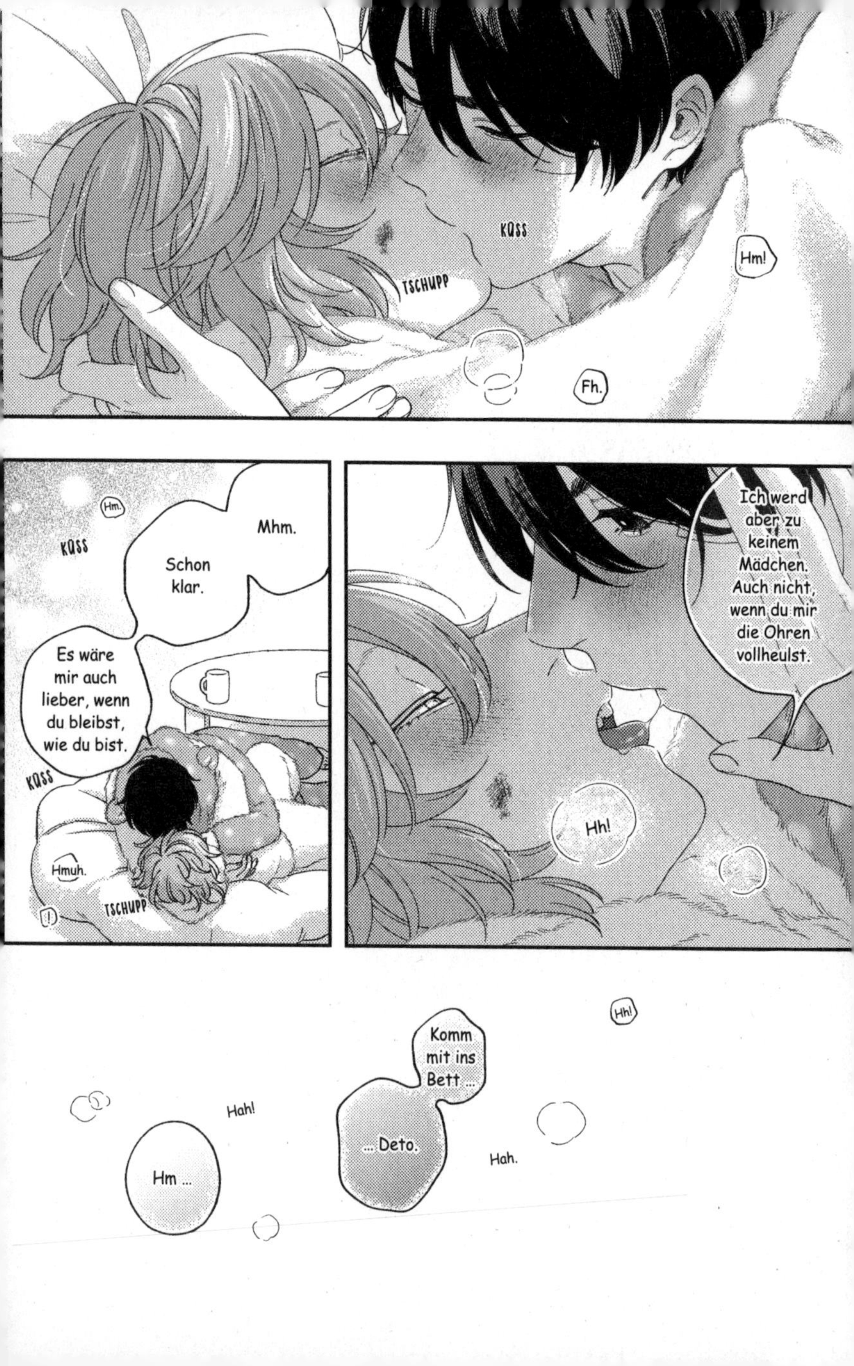

Hm!
KÜSS
TSCHUPP
Fh.
Ich werd aber zu keinem Mädchen. Auch nicht, wenn du mir die Ohren vollheulst.
Hh!
Mhm.
Schon klar.
Hm.
KÜSS
Es wäre mir auch lieber, wenn du bleibst, wie du bist.
KÜSS
Hmuh.
TSCHUPP
!
Hh!
Komm mit ins Bett ...
... Deto.
Hah.
Hah!
Hm ...

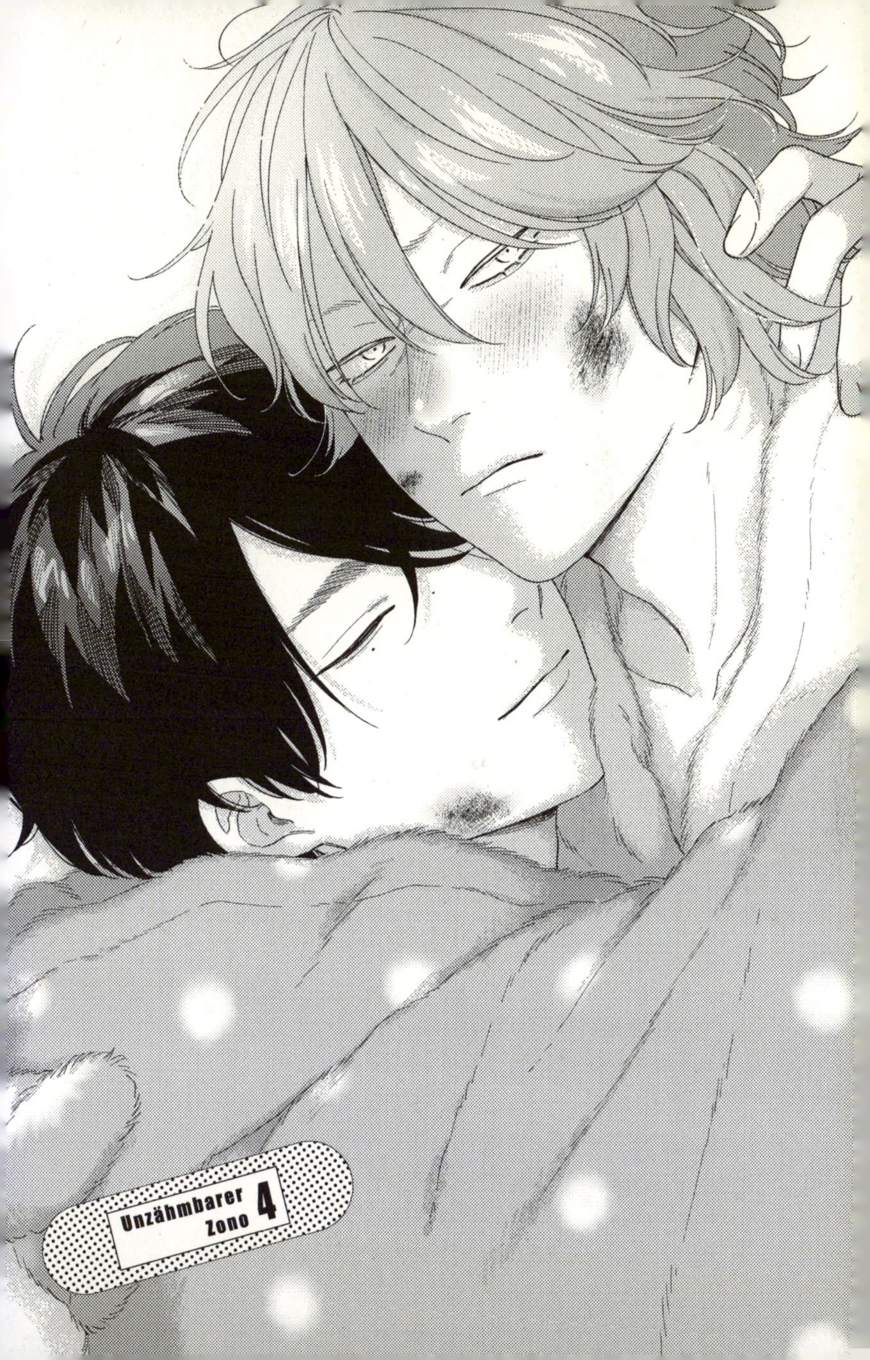
Unzähmbarer Zono 4

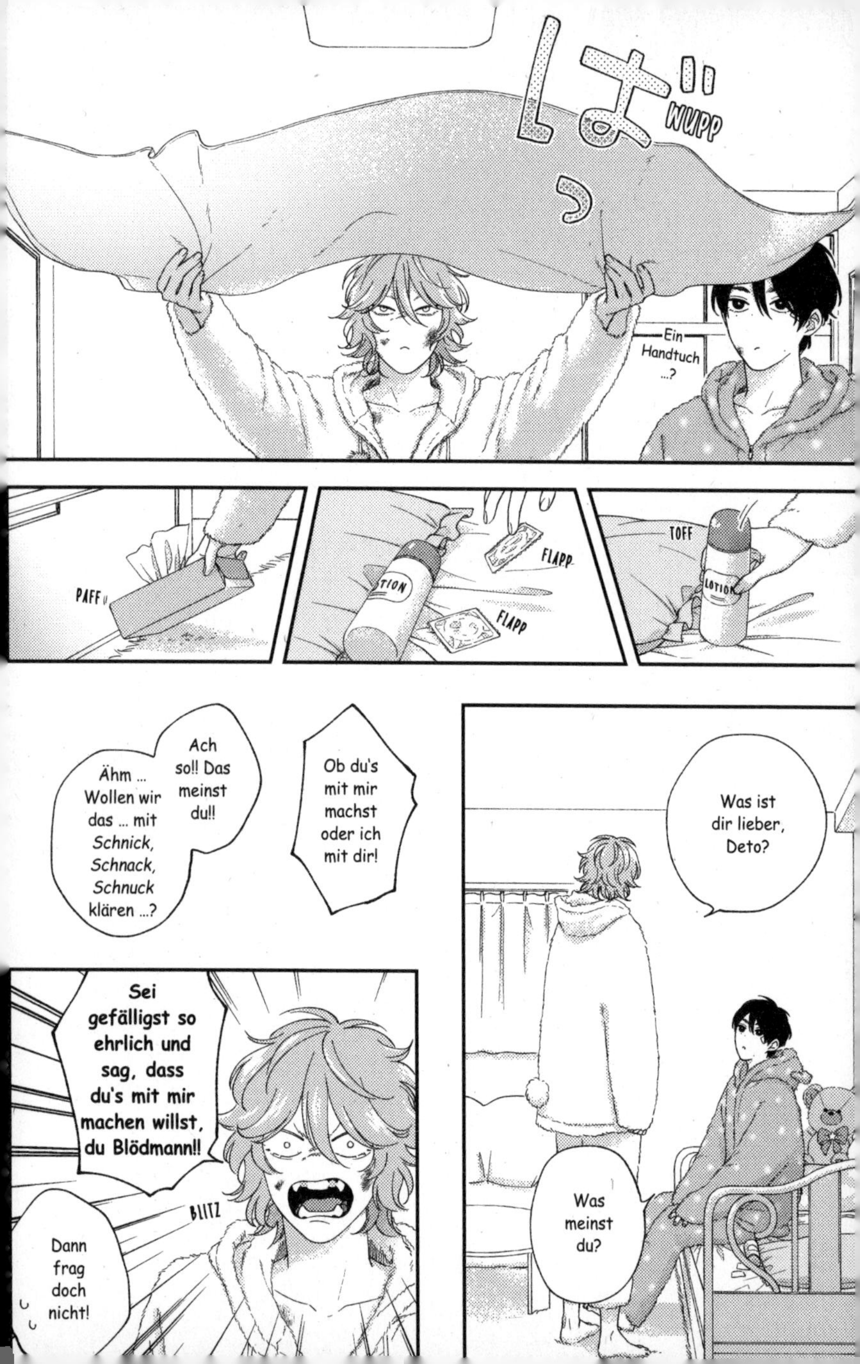

ぱっ
WUPP
Ein Handtuch ...?
TOFF
LOTION
FLAPP
FLAPP
PAFF
Was ist dir lieber, Deto?
Was meinst du?
Ob du's mit mir machst oder ich mit dir!
Ach so!! Das meinst du!!
Ähm ... Wollen wir das ... mit *Schnick, Schnack, Schnuck* klären ...?
Sei gefälligst so ehrlich und sag, dass du's mit mir machen willst, du Blödmann!!
BLITZ
Dann frag doch nicht!

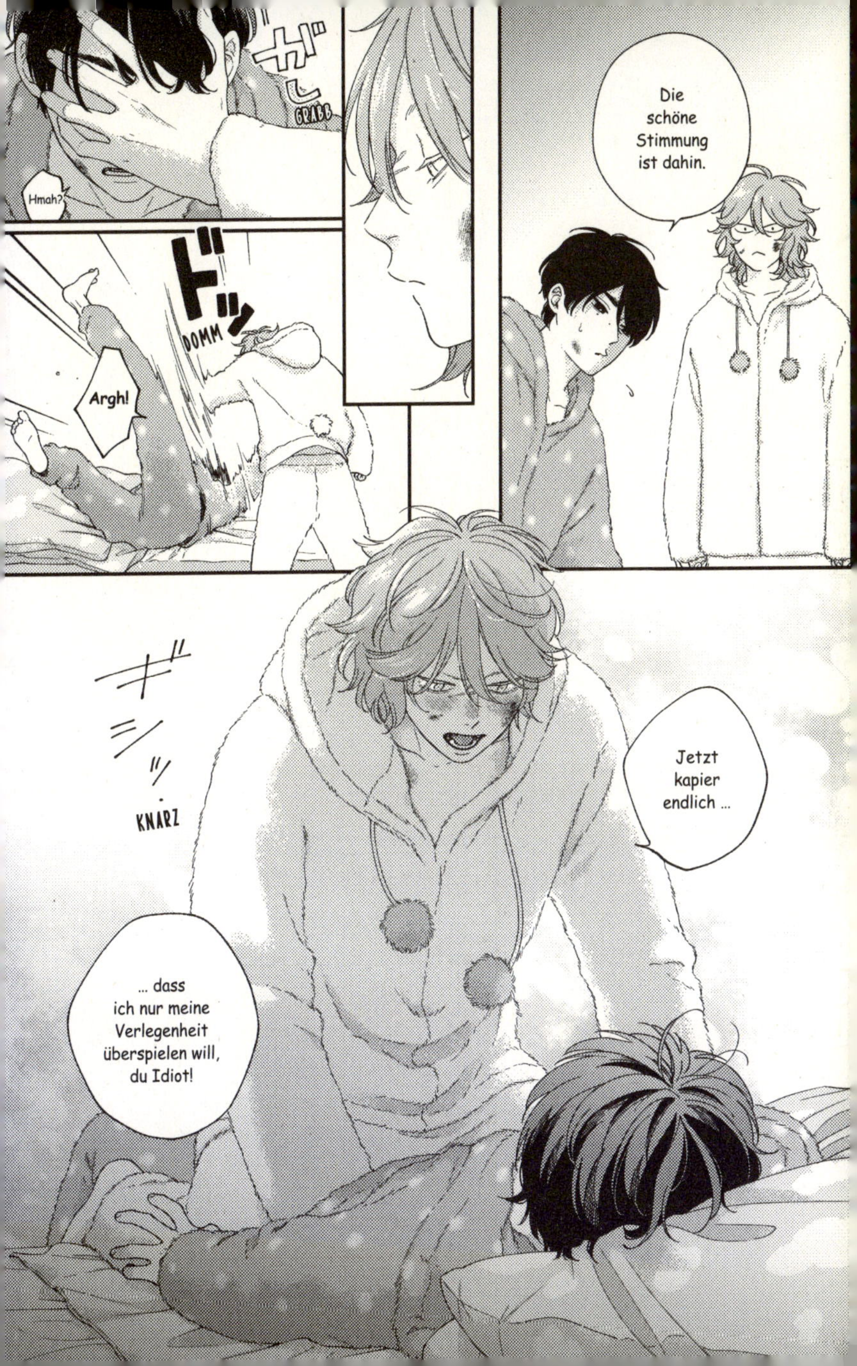

Die schöne Stimmung ist dahin.
GRABB
Hmah?
DOMM
Argh!
KNARZ
Jetzt kapier endlich ...
... dass ich nur meine Verlegenheit überspielen will, du Idiot!

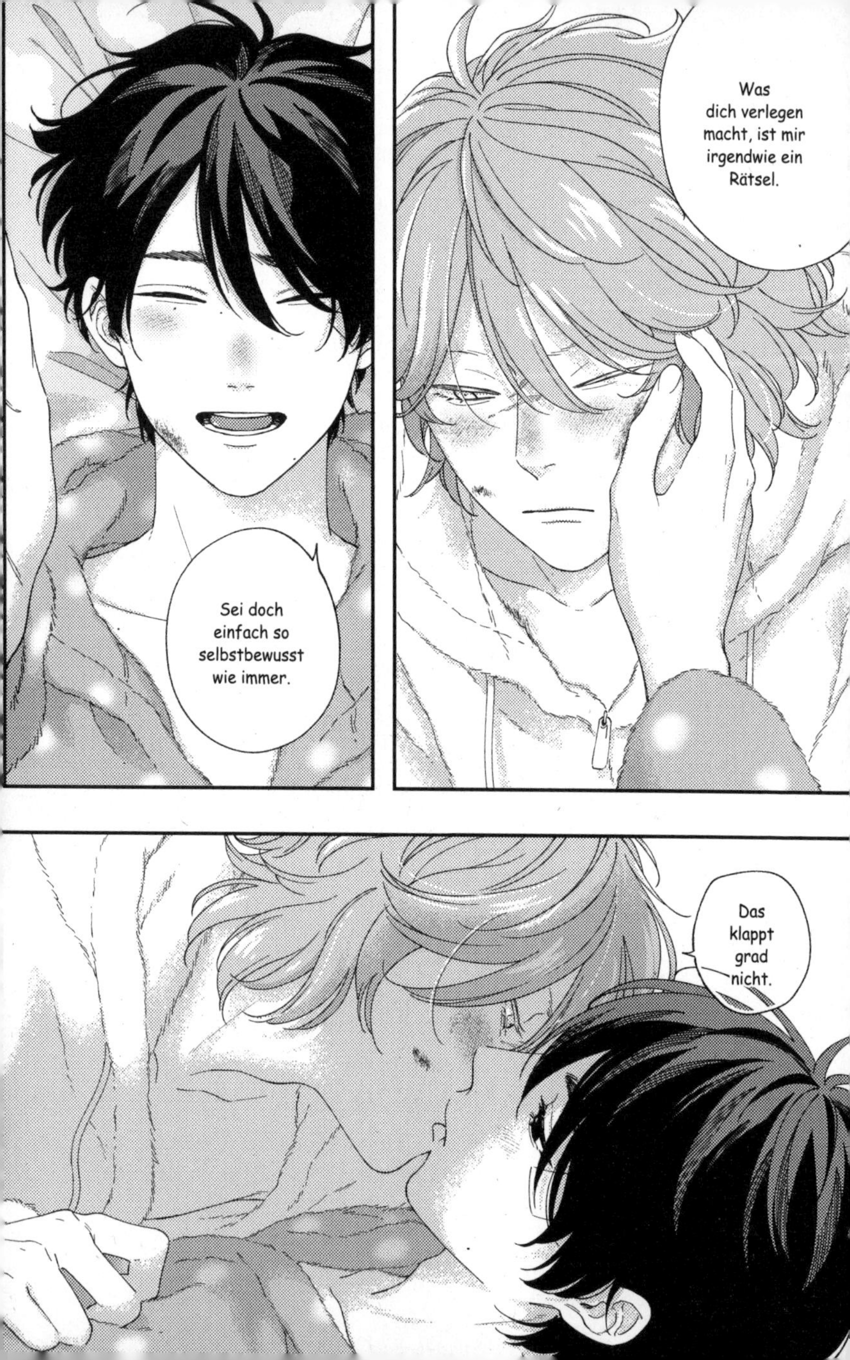
Was dich verlegen macht, ist mir irgendwie ein Rätsel.
Sei doch einfach so selbstbewusst wie immer.
Das klappt grad nicht.

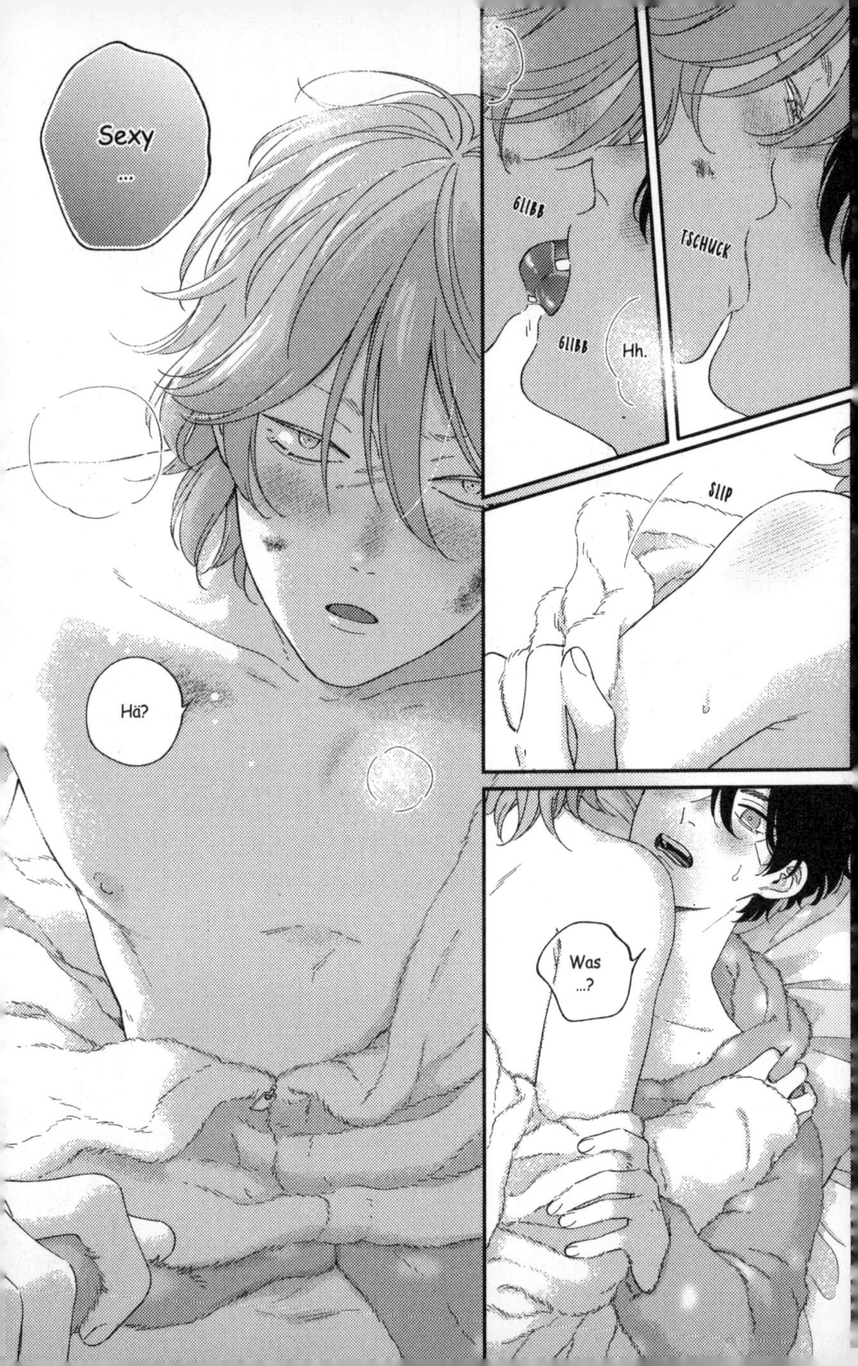

GLIBB
TSCHUCK
GLIBB
Hh.
Sexy
...
Hä?
SLIP
Was
...?

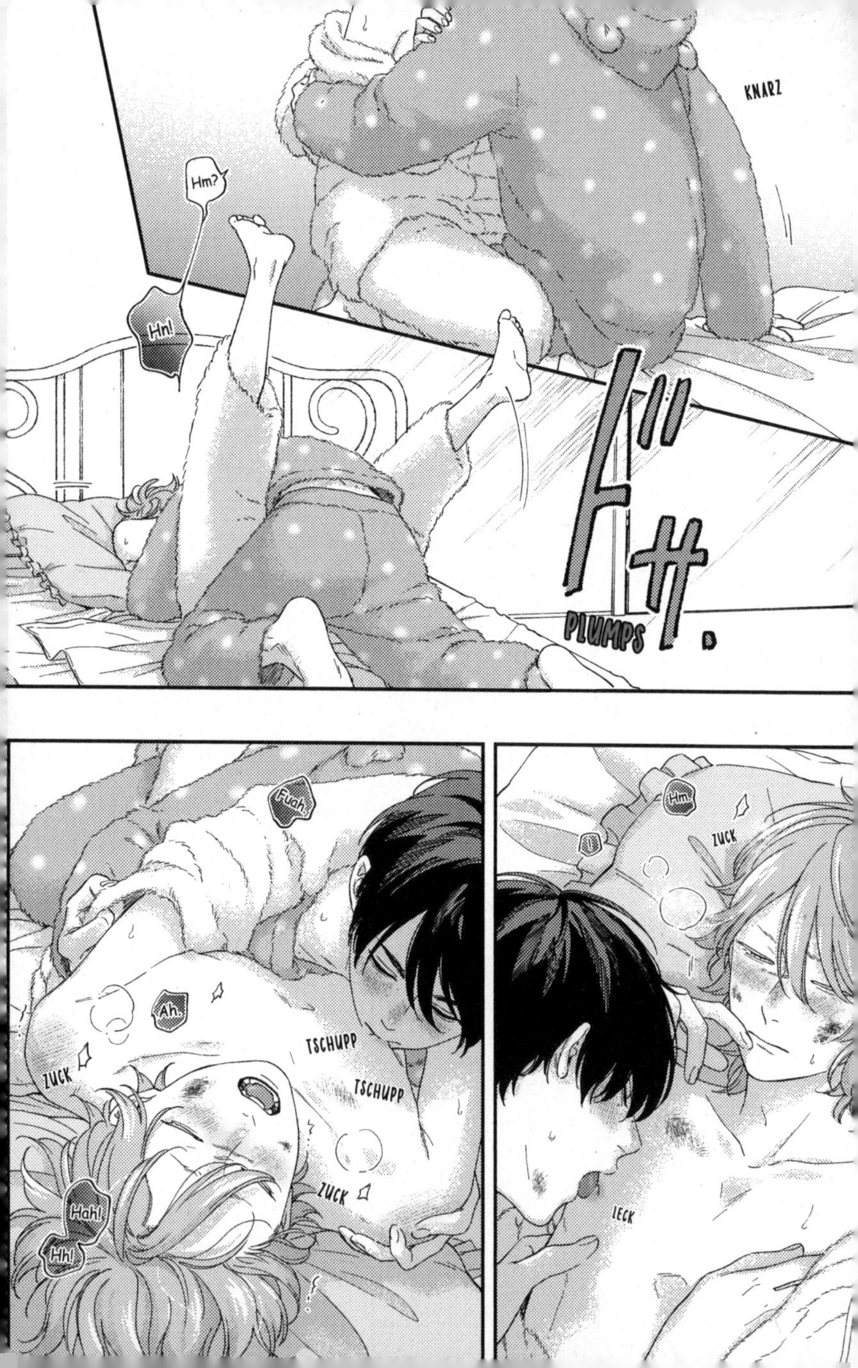
KNARZ
Hm?
Hn!
PLUMPS
Hm.
ZUCK
LECK
Fuah.
Ah.
ZUCK
TSCHUPP
TSCHUPP
ZUCK
Hah!
Hh!

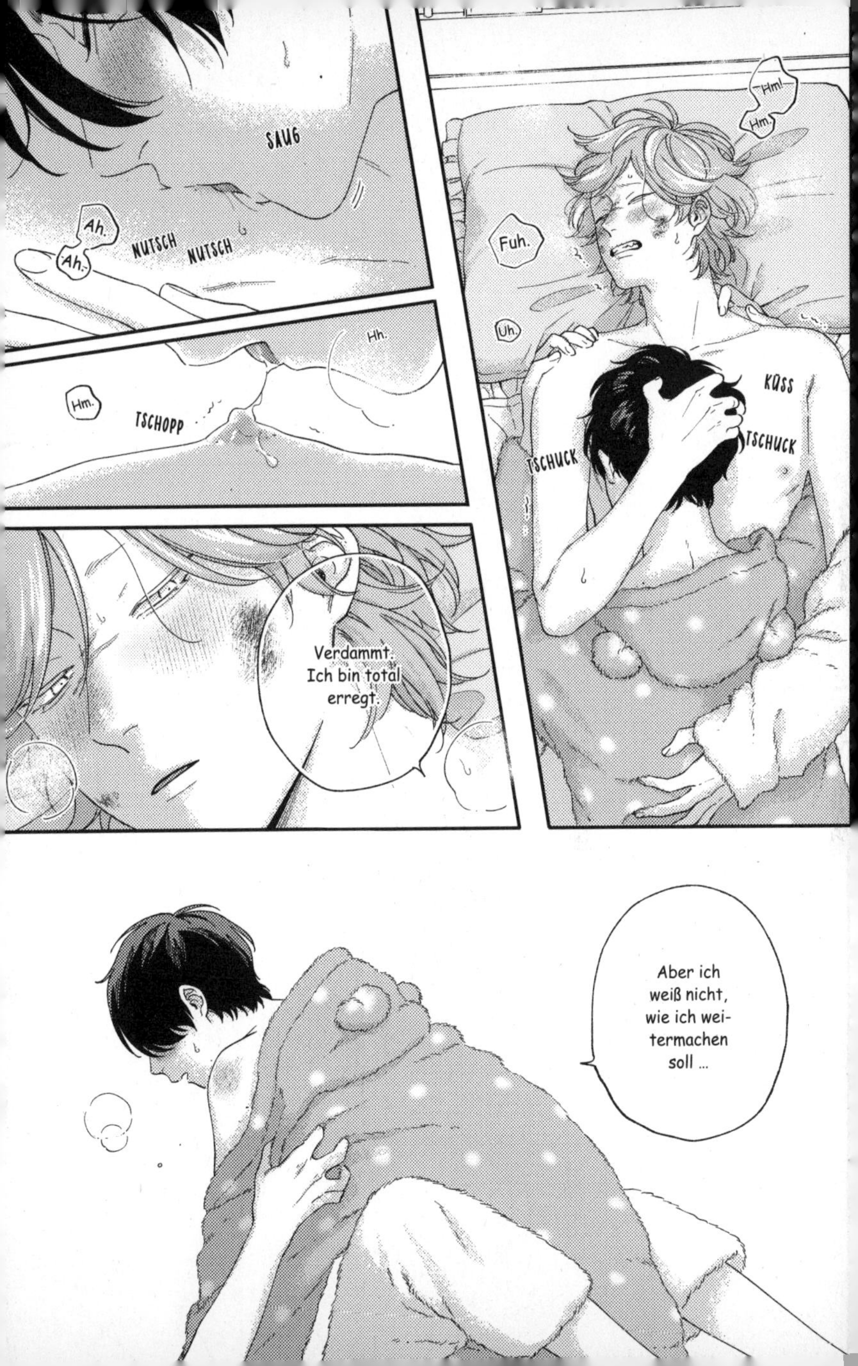

Hm!
Hm.
Fuh.
Uh.
KÜSS
TSCHUCK
TSCHUCK
SAUG
Ah.
Ah.
NUTSCH
NUTSCH
Hh.
Hm.
TSCHOPP
Verdammt. Ich bin total erregt.
Aber ich weiß nicht, wie ich weitermachen soll ...

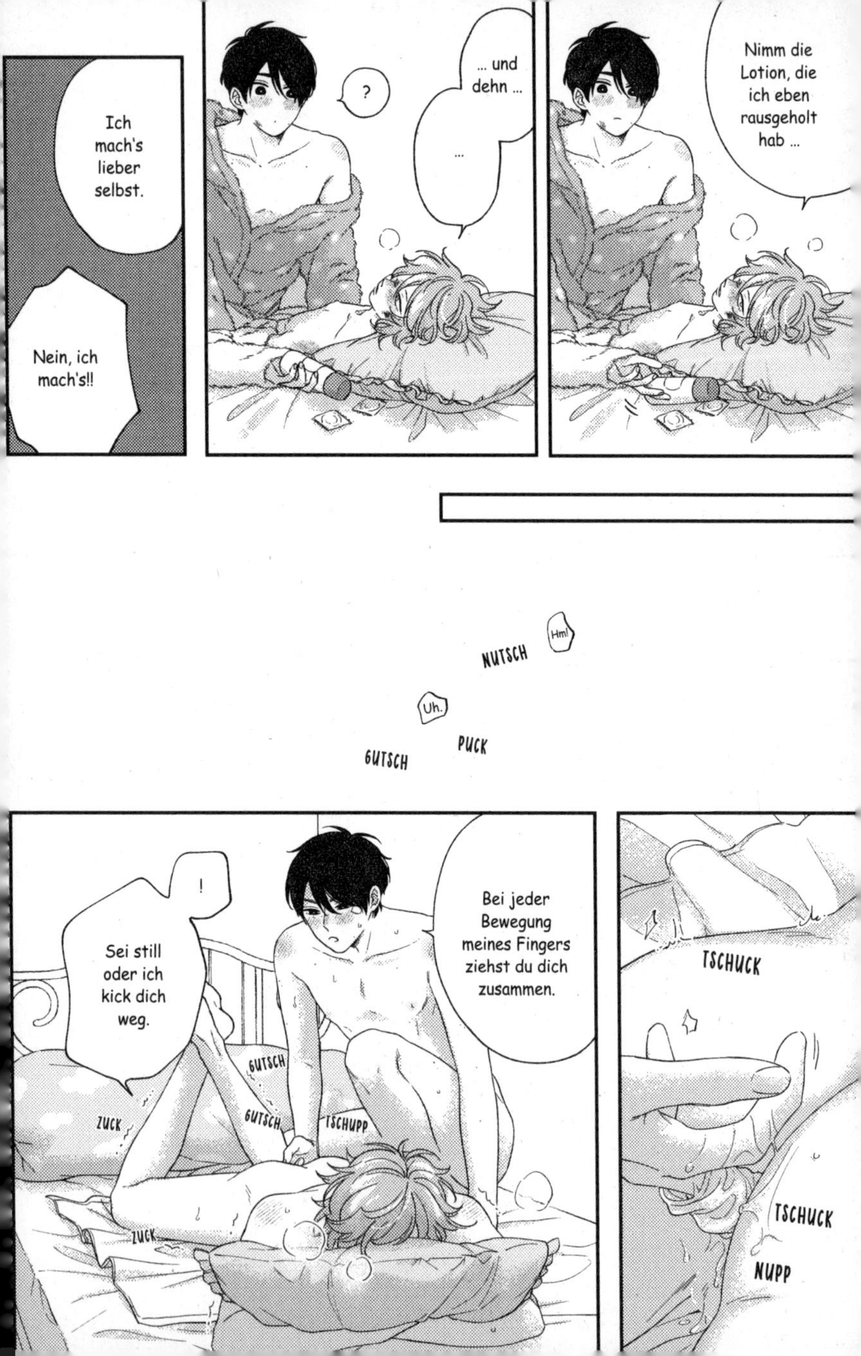
Nimm die Lotion, die ich eben rausgeholt hab ...
... und dehn ...
...
?
Ich mach's lieber selbst.
Nein, ich mach's!!
Hm!
NUTSCH
Uh.
PUCK
GUTSCH
TSCHUCK
TSCHUCK
NUPP
Bei jeder Bewegung meines Fingers ziehst du dich zusammen.
!
Sei still oder ich kick dich weg.
GUTSCH
GUTSCH
TSCHUPP
ZUCK
ZUCK

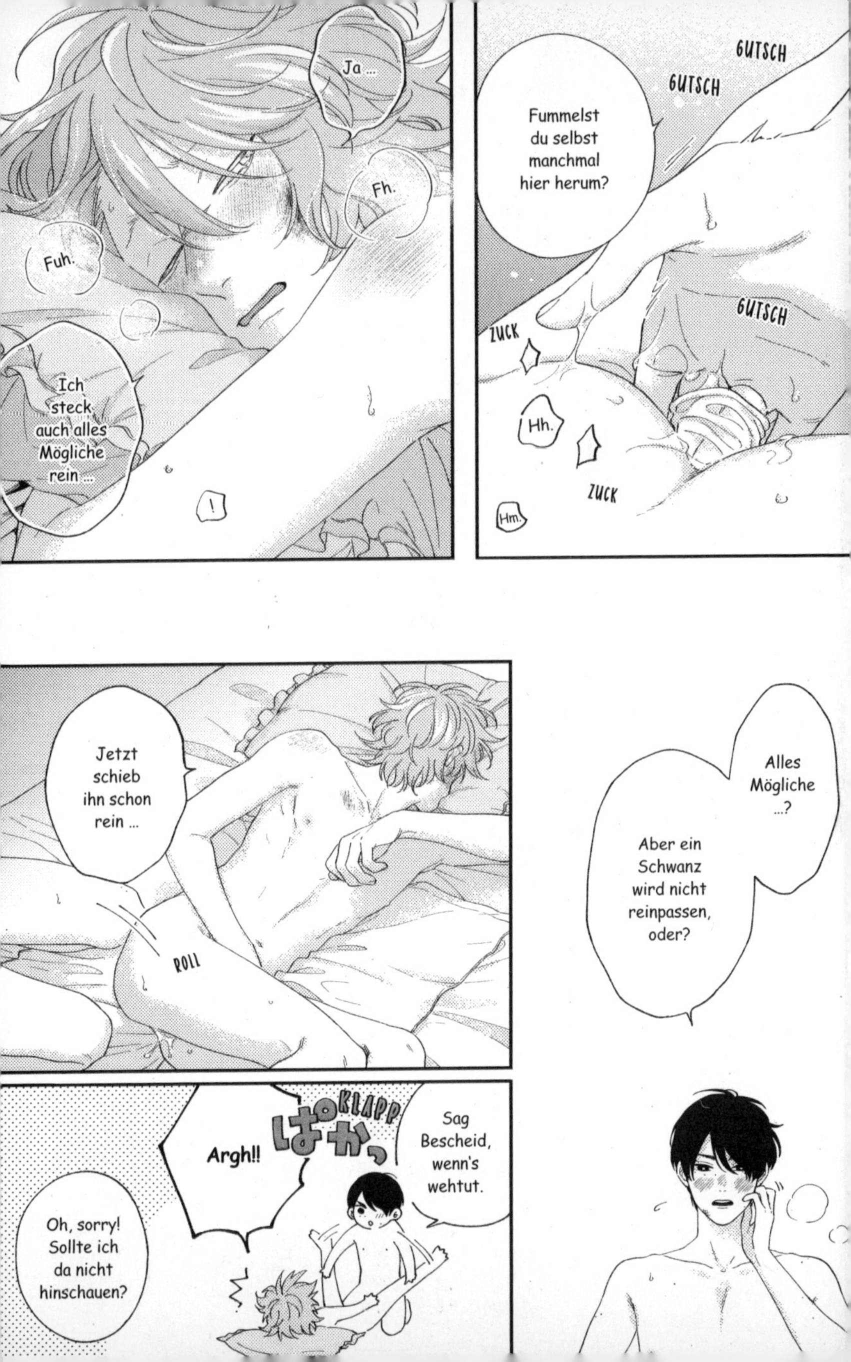

GUTSCH
GUTSCH
Fummelst du selbst manchmal hier herum?
GUTSCH
ZUCK
Hh.
ZUCK
Hm.
Ja ...
Fh.
Fuh.
Ich steck auch alles Mögliche rein ...
!
Alles Mögliche ...?
Aber ein Schwanz wird nicht reinpassen, oder?
Jetzt schieb ihn schon rein ...
ROLL
Sag Bescheid, wenn's wehtut.
KLAPP
Argh!!
Oh, sorry! Sollte ich da nicht hinschauen?

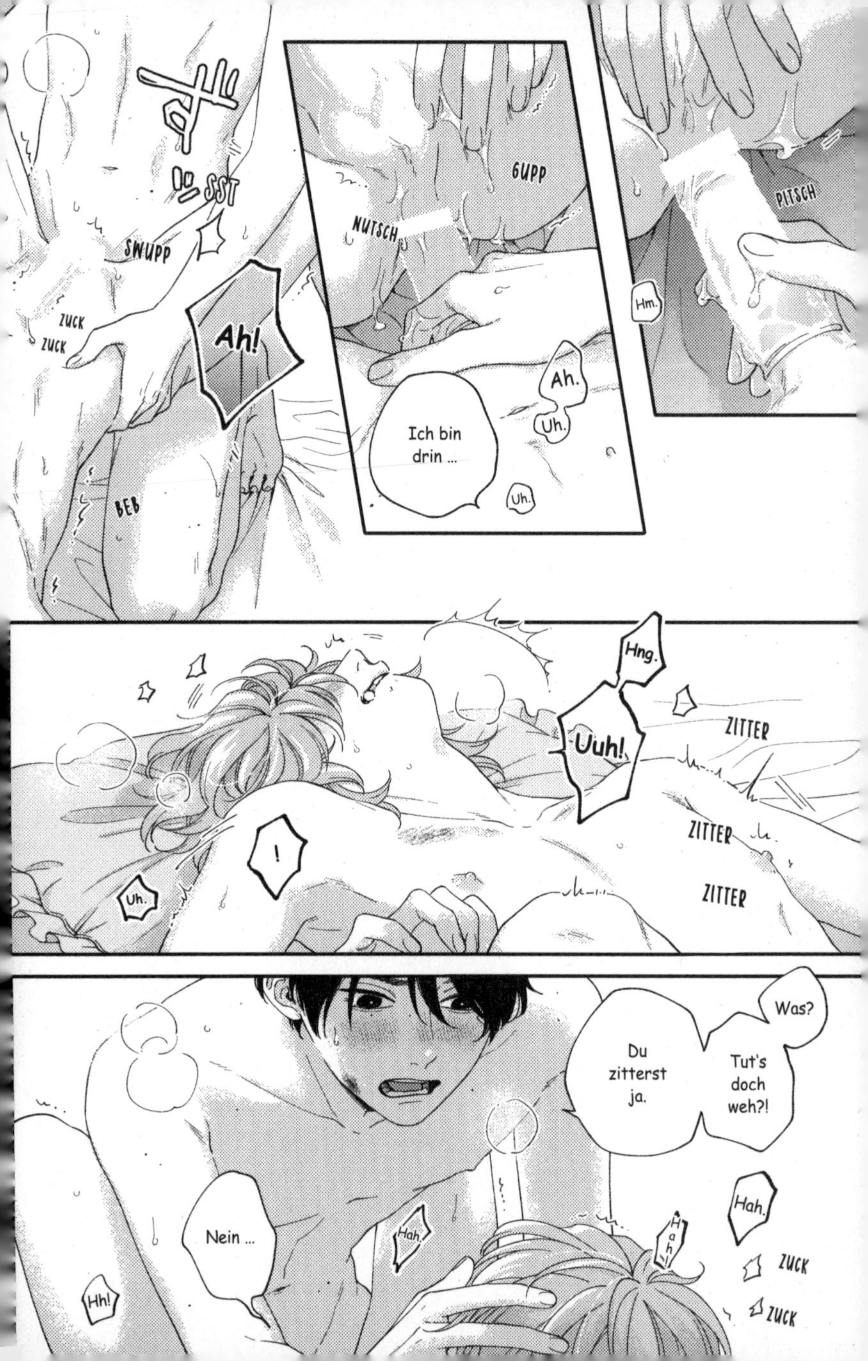
PITSCH
Hm.
GUPP
NUTSCH
Ah.
Uh.
Ich bin drin ...
Uh.
SST
SWUPP
Ah!
ZUCK
ZUCK
BEB
Hng.
Uuh!
ZITTER
ZITTER
ZITTER
!
Uh.
Was?
Tut's doch weh?!
Du zitterst ja.
Hah.
Hah!
ZUCK
ZUCK
Hah.
Nein ...
Hh!

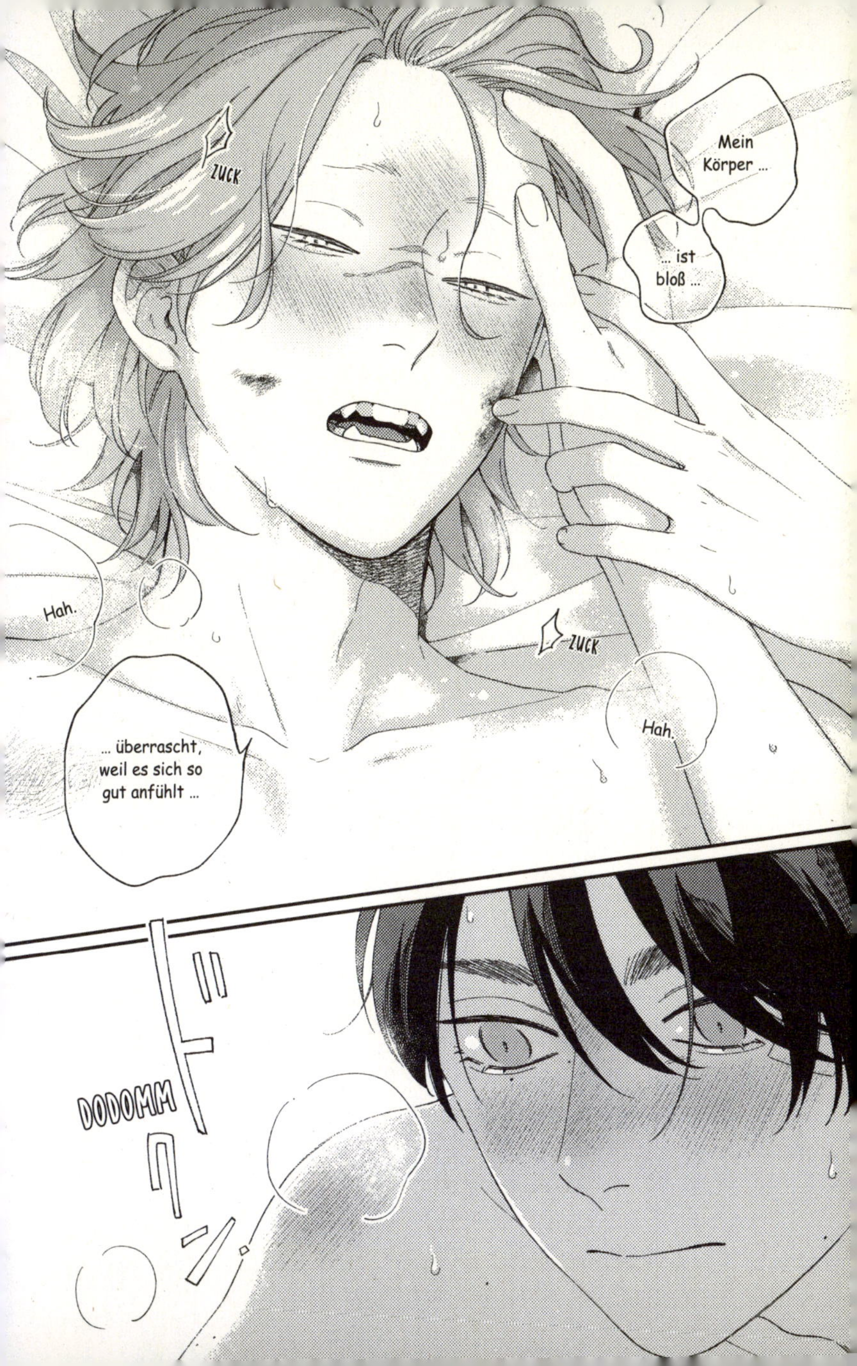

Mein Körper ...
... ist bloß ...
ZUCK
ZUCK
Hah.
Hah.
... überrascht, weil es sich so gut anfühlt ...
DODOMM

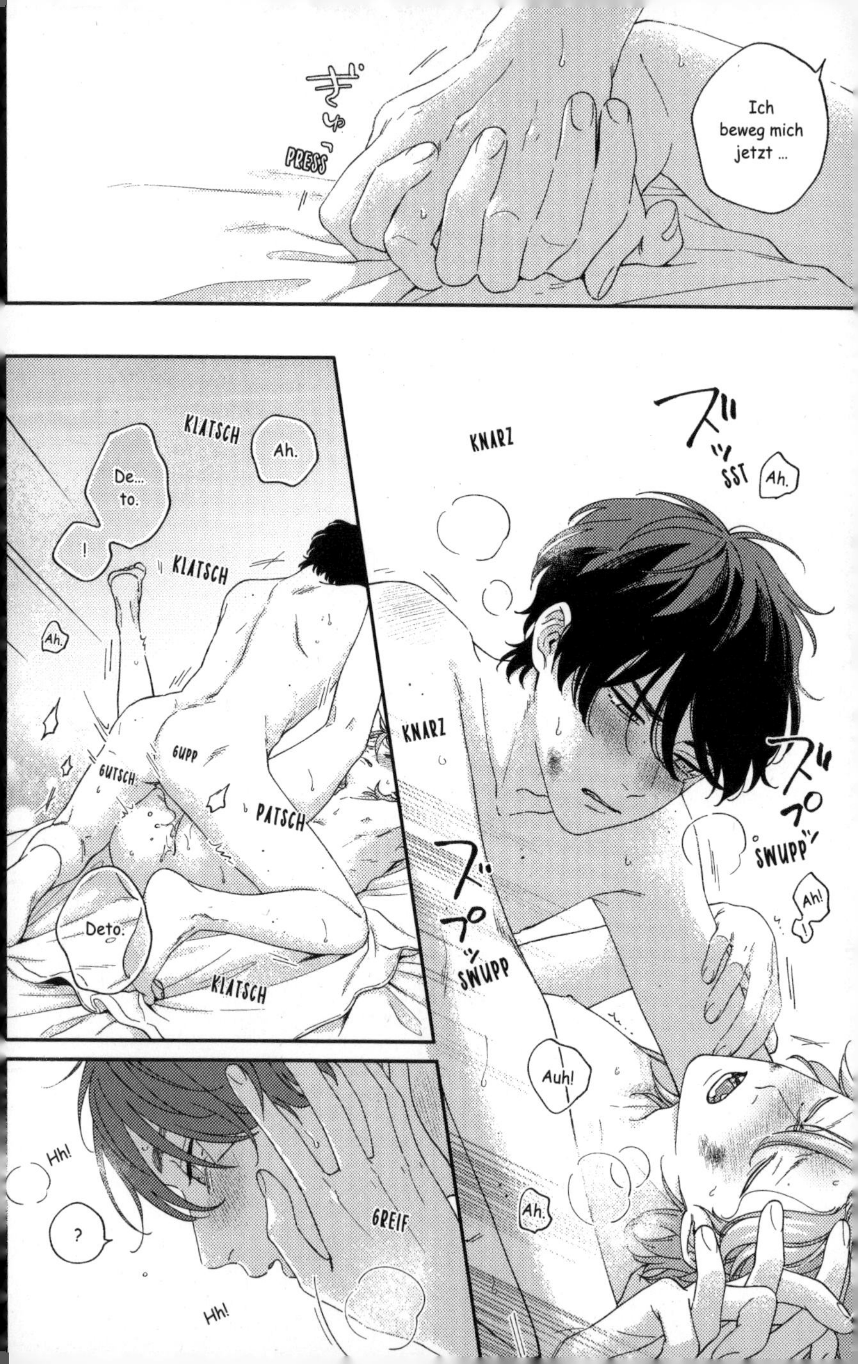
Ich beweg mich jetzt ...
ぎゅっ
PRESS
ズッ
SST
Ah.
KNARZ
KNARZ
ズプッ
SWUPP
Ah!
!
ズプッ
SWUPP
Auh!
Ah.
KLATSCH
Ah.
De... to.
!
KLATSCH
Ah.
GUPP
GUTSCH
PATSCH
Deto.
KLATSCH
Hh!
?
GREIF
Hh!

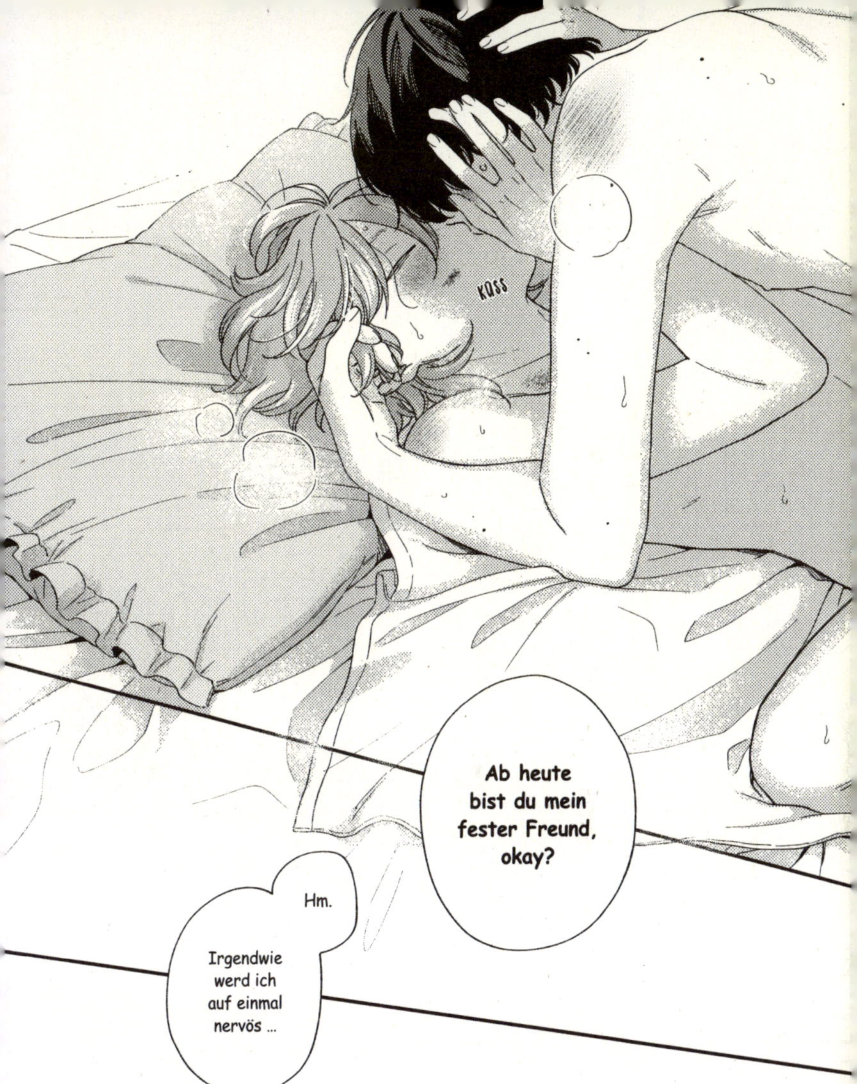
KOSS
Ab heute bist du mein fester Freund, okay?
Hm.
Irgendwie werd ich auf einmal nervös ...

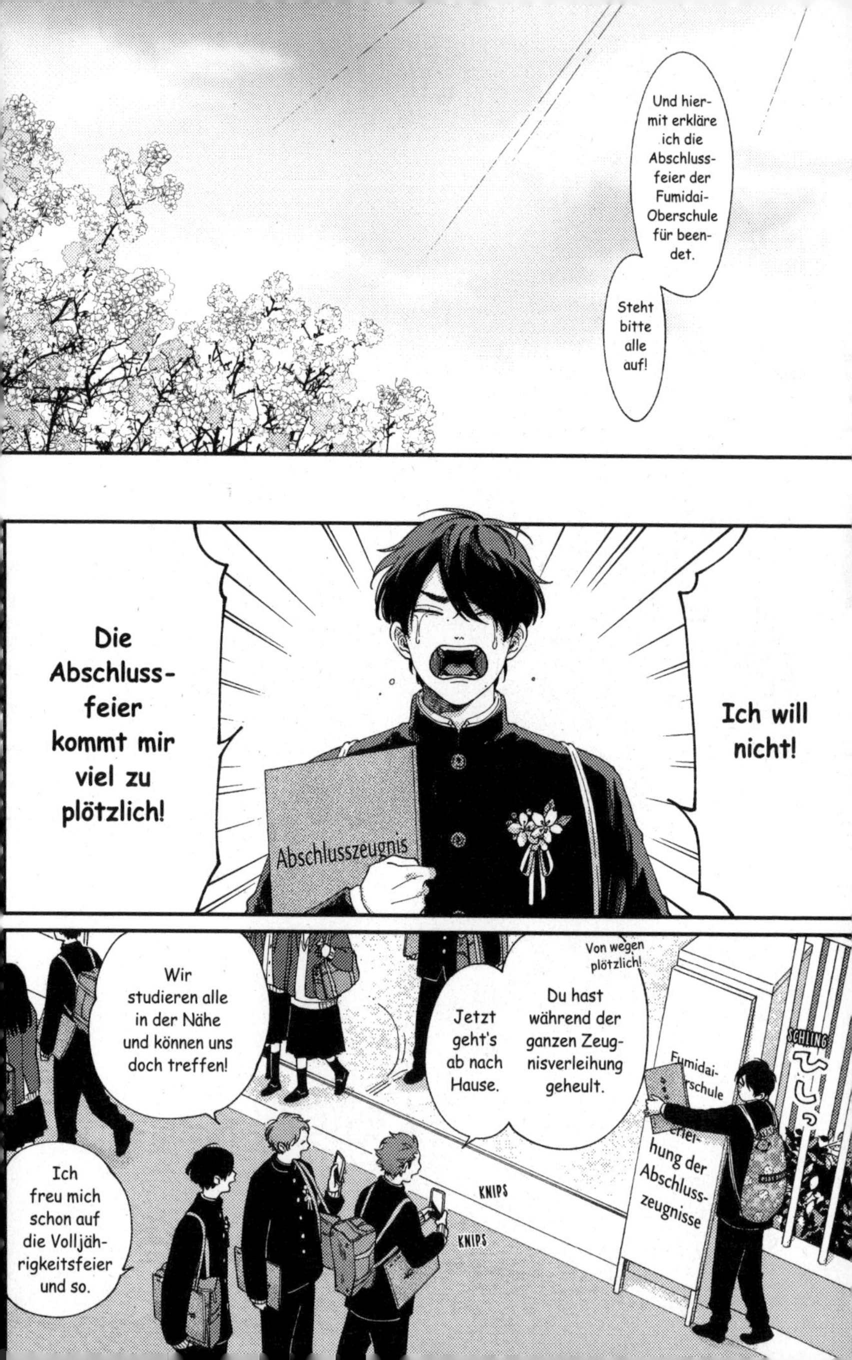
Und hiermit erkläre ich die Abschlussfeier der Fumidai-Oberschule für beendet.
Steht bitte alle auf!
Ich will nicht!
Die Abschlussfeier kommt mir viel zu plötzlich!
Abschlusszeugnis
SCHLING
Fumidai-
hung der Abschlusszeugnisse
Von wegen plötzlich!
Du hast während der ganzen Zeugnisverleihung geheult.
Jetzt geht's ab nach Hause.
KNIPS
KNIPS
Wir studieren alle in der Nähe und können uns doch treffen!
Ich freu mich schon auf die Volljährigkeitsfeier und so.

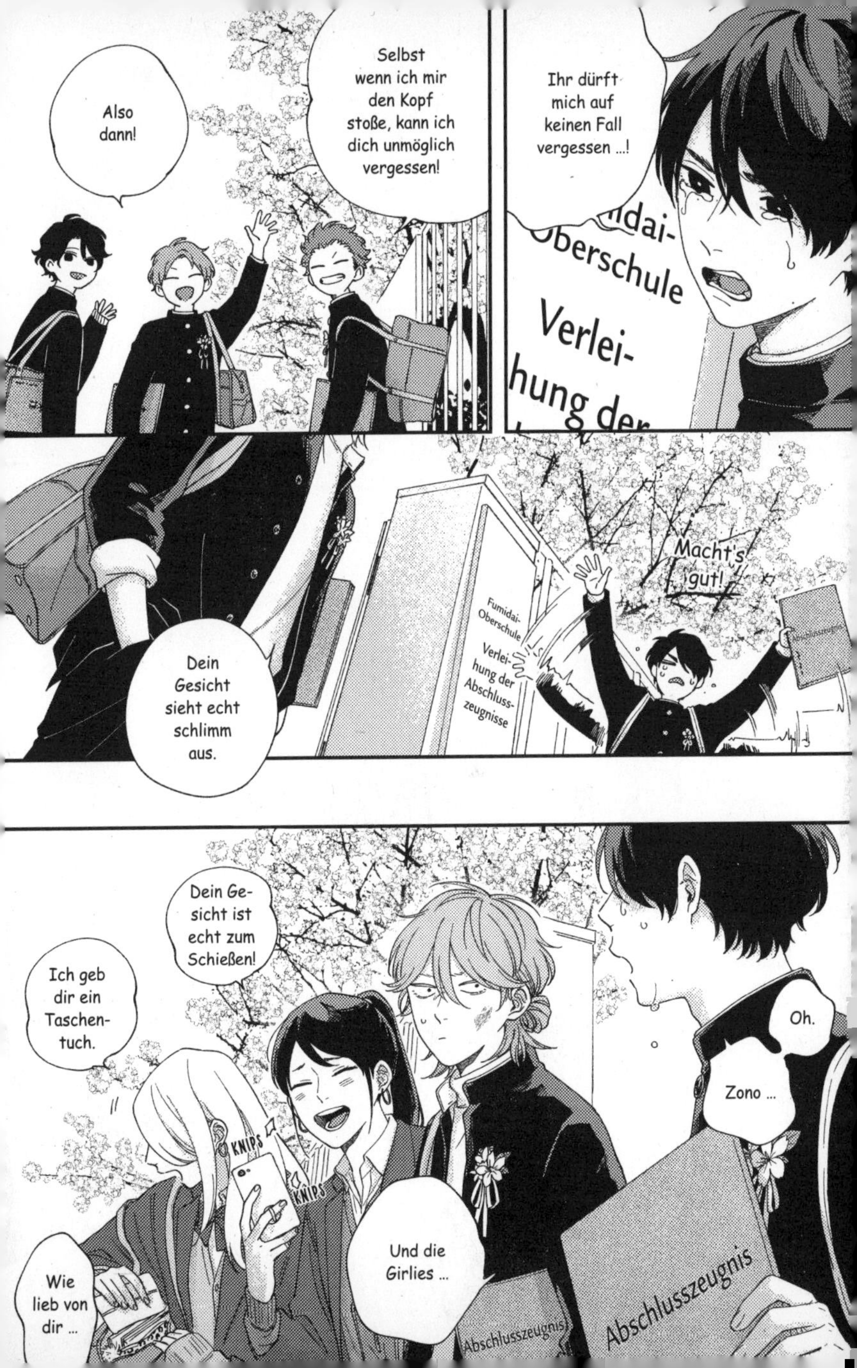
Ihr dürft mich auf keinen Fall vergessen ...!
Oberschule
Verlei-
hung der
Selbst wenn ich mir den Kopf stoße, kann ich dich unmöglich vergessen!
Also dann!
Macht's gut!
Fumidai-Oberschule
Verlei-hung der Abschluss-zeugnisse
Abschlusszeugnis
Dein Gesicht sieht echt schlimm aus.
Oh.
Zono ...
Dein Ge-sicht ist echt zum Schießen!
Ich geb dir ein Taschen-tuch.
KNIPS
KNIPS
Und die Girlies ...
Wie lieb von dir ...
Abschlusszeugnis
Abschlusszeugnis

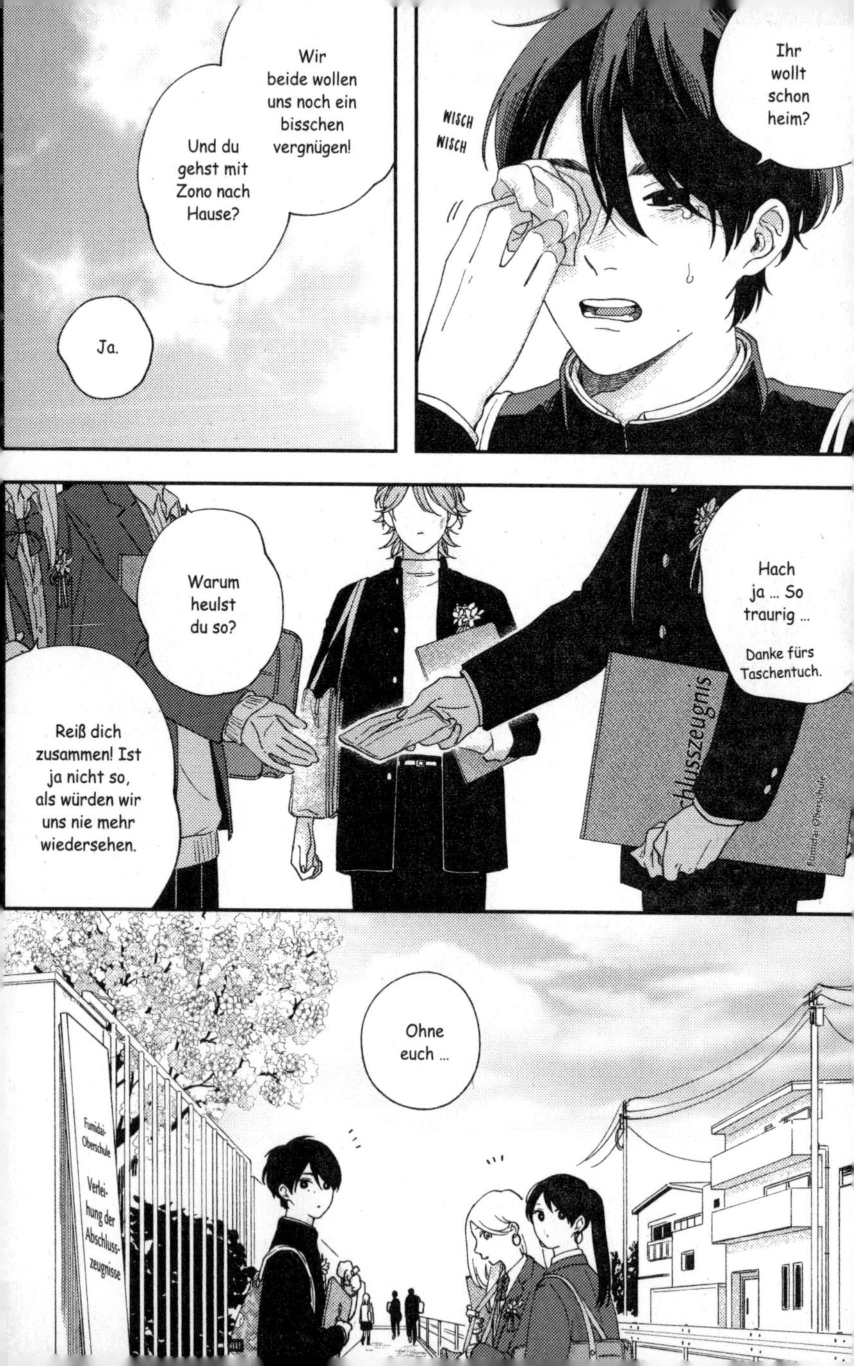
Ihr wollt schon heim?
WISCH WISCH
Wir beide wollen uns noch ein bisschen vergnügen!
Und du gehst mit Zono nach Hause?
Ja.
Hach ja ... So traurig ...
Danke fürs Taschentuch.
Fumidai-Oberschule
Warum heulst du so?
Reiß dich zusammen! Ist ja nicht so, als würden wir uns nie mehr wiedersehen.
Ohne euch ...
Fumidai-Oberschule
Verleihung der Abschlusszeugnisse

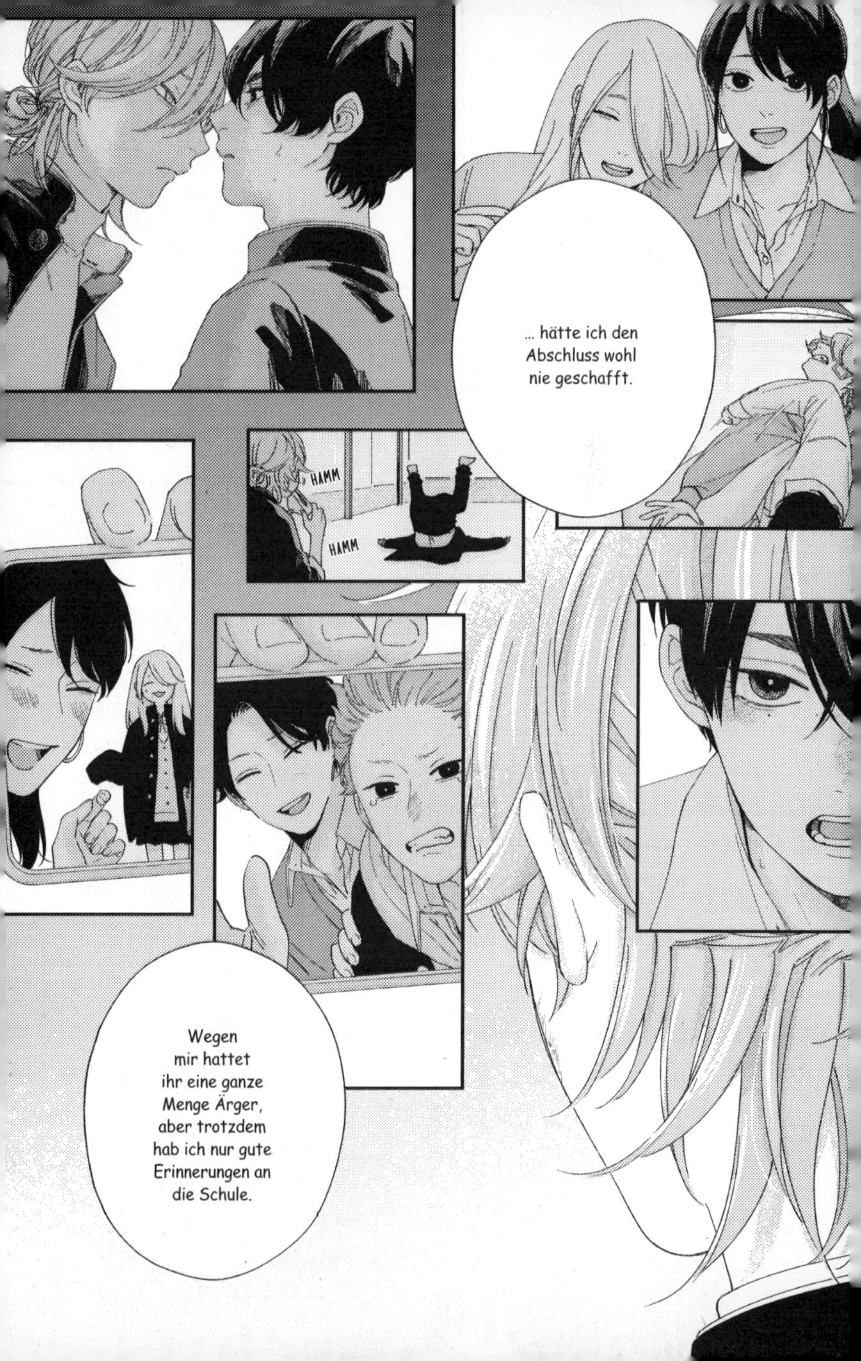
... hätte ich den Abschluss wohl nie geschafft.
HAMM
HAMM
Wegen mir hattet ihr eine ganze Menge Ärger, aber trotzdem hab ich nur gute Erinnerungen an die Schule.

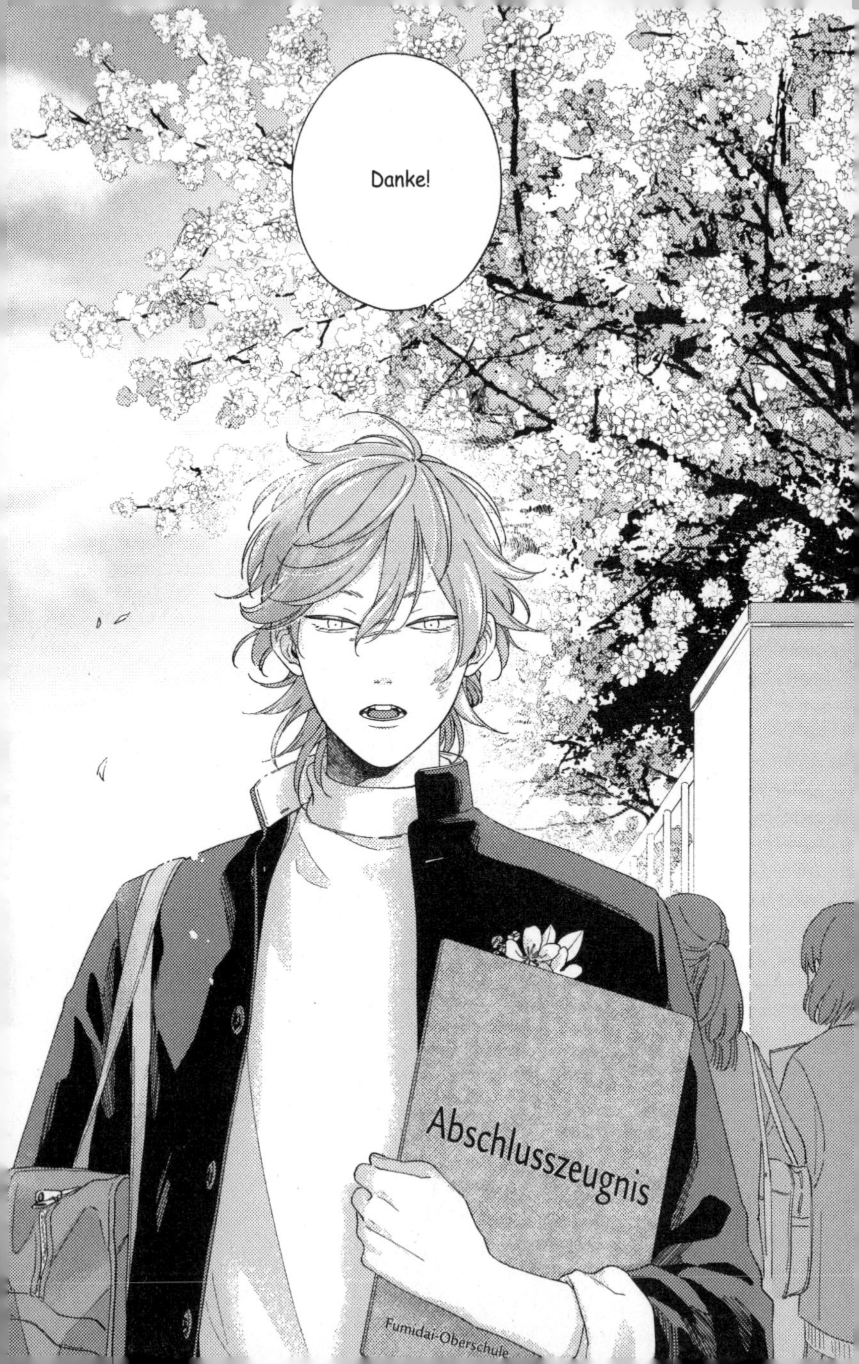
Danke!
Abschlusszeugnis
Fumidai-Oberschule

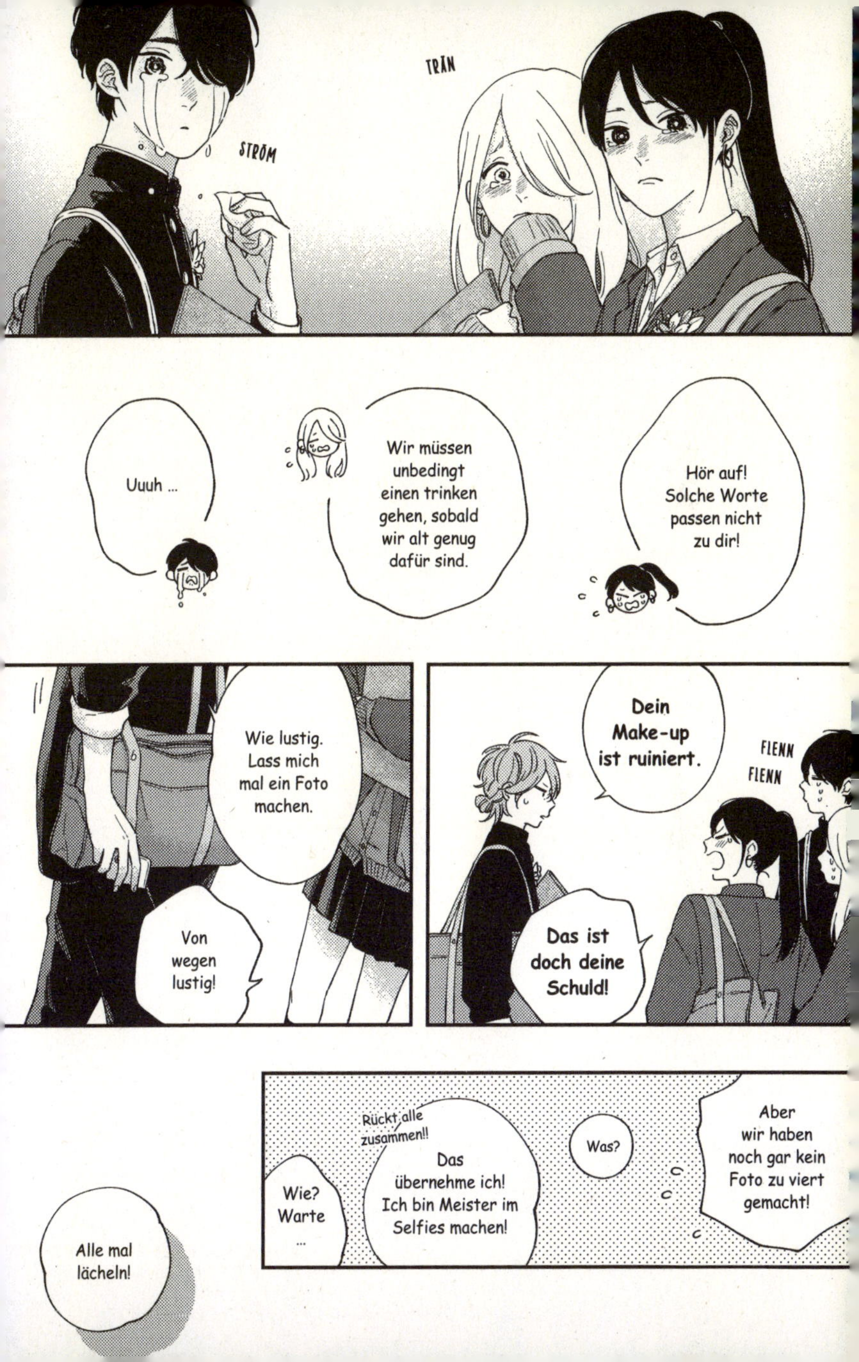
TRÄN
STRÖM
Hör auf! Solche Worte passen nicht zu dir!
Wir müssen unbedingt einen trinken gehen, sobald wir alt genug dafür sind.
Uuuh ...
Dein Make-up ist ruiniert.
FLENN FLENN
Das ist doch deine Schuld!
Wie lustig. Lass mich mal ein Foto machen.
Von wegen lustig!
Aber wir haben noch gar kein Foto zu viert gemacht!
Was?
Rückt alle zusammen!!
Das übernehme ich! Ich bin Meister im Selfies machen!
Wie? Warte ...
Alle mal lächeln!

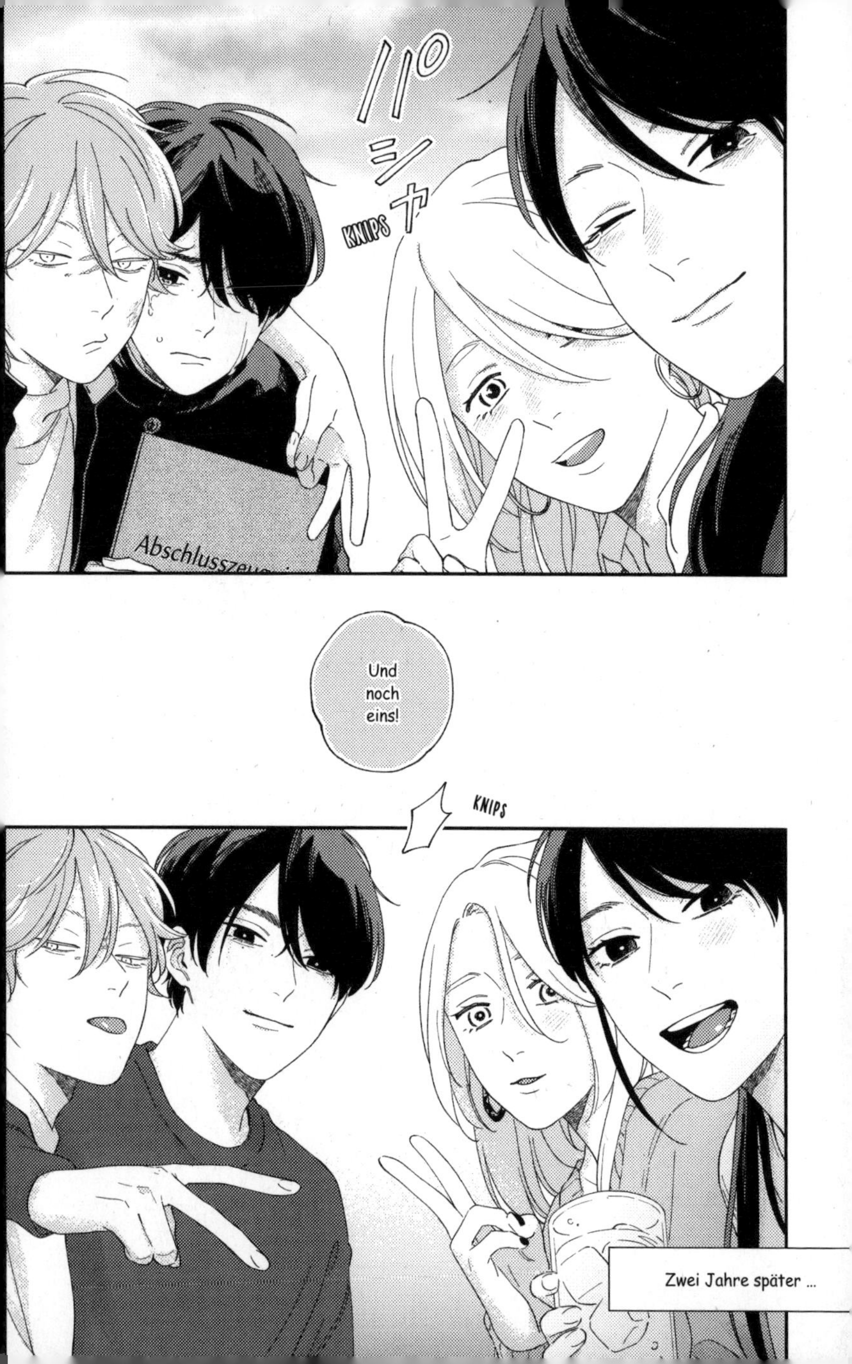
パシャ
KNIPS
Und noch eins!
KNIPS
Zwei Jahre später ...

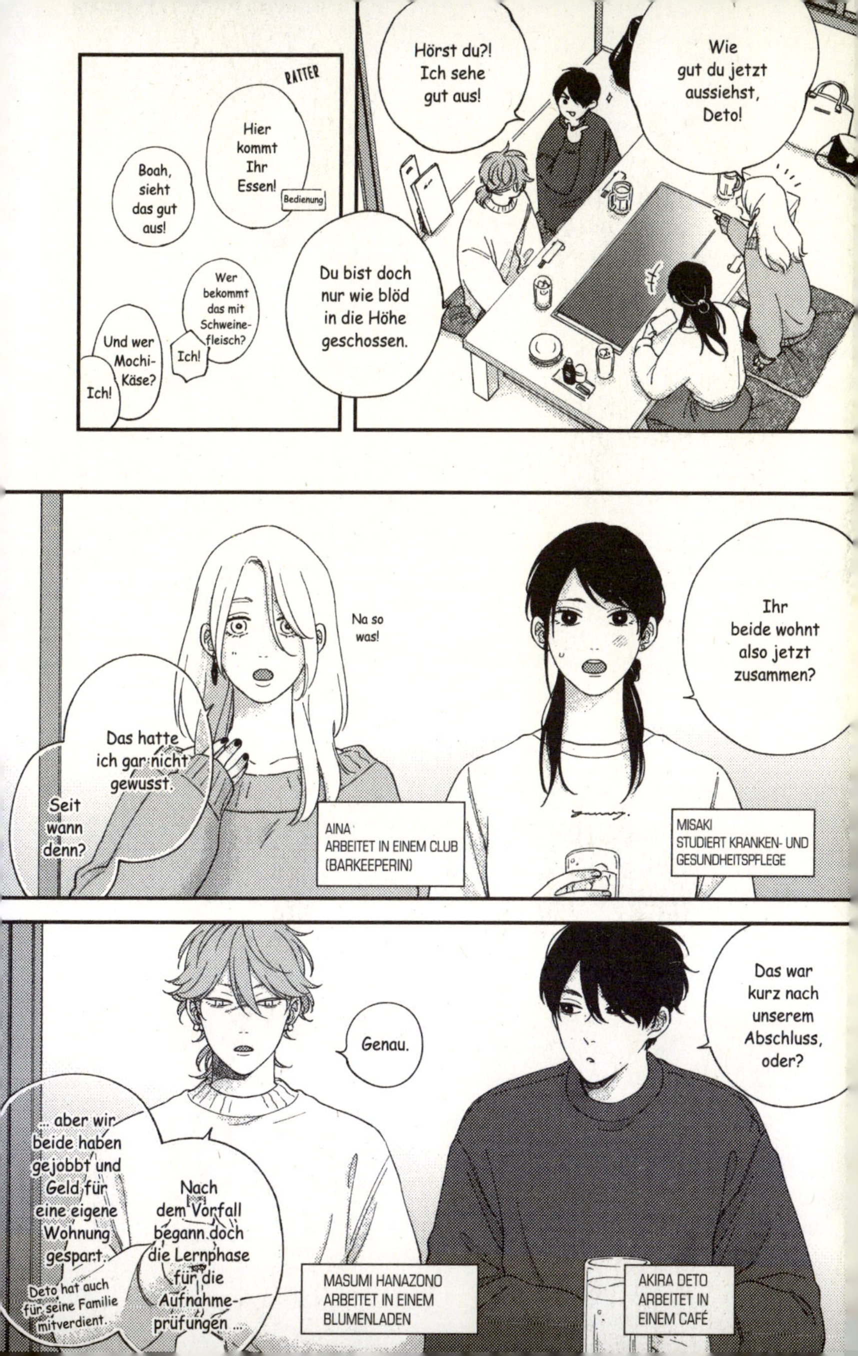
Wie gut du jetzt aussiehst, Deto!
Hörst du?! Ich sehe gut aus!
Du bist doch nur wie blöd in die Höhe geschossen.
RATTER
Hier kommt Ihr Essen!
Bedienung
Boah, sieht das gut aus!
Wer bekommt das mit Schweinefleisch?
Ich!
Und wer Mochi-Käse?
Ich!
Ihr beide wohnt also jetzt zusammen?
MISAKI STUDIERT KRANKEN- UND GESUNDHEITSPFLEGE
Na so was!
Das hatte ich gar nicht gewusst.
Seit wann denn?
AINA ARBEITET IN EINEM CLUB (BARKEEPERIN)
Das war kurz nach unserem Abschluss, oder?
AKIRA DETO ARBEITET IN EINEM CAFÉ
Genau.
MASUMI HANAZONO ARBEITET IN EINEM BLUMENLADEN
Nach dem Vorfall begann doch die Lernphase für die Aufnahmeprüfungen ...
... aber wir beide haben gejobbt und Geld für eine eigene Wohnung gespart.
Deto hat auch für seine Familie mitverdient.

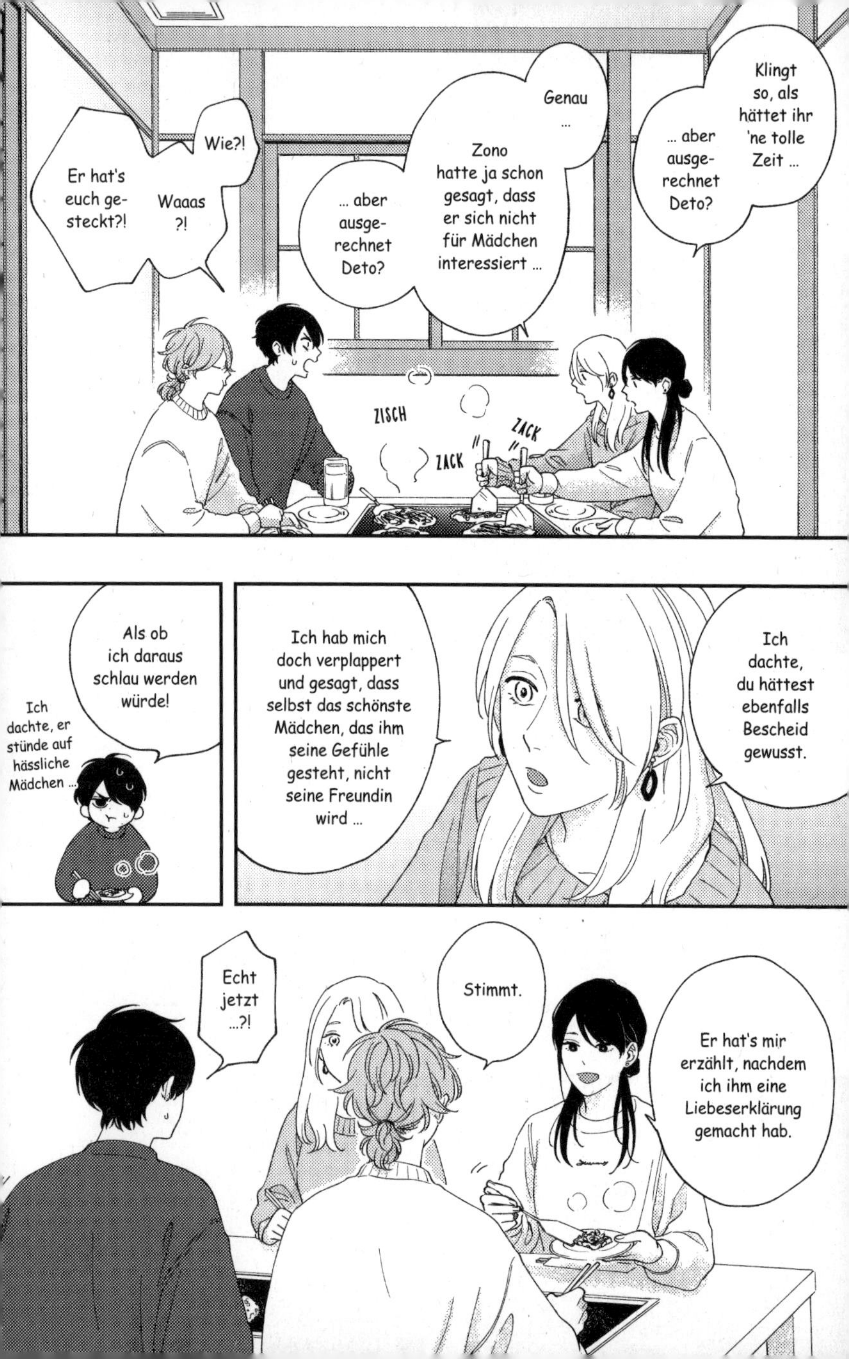
Klingt so, als hättet ihr 'ne tolle Zeit ...
... aber ausgerechnet Deto?
Genau ...
Zono hatte ja schon gesagt, dass er sich nicht für Mädchen interessiert ...
... aber ausgerechnet Deto?
Wie?!
Waaas?!
Er hat's euch gesteckt?!
ZACK
ZACK
ZISCH
Ich dachte, du hättest ebenfalls Bescheid gewusst.
Ich hab mich doch verplappert und gesagt, dass selbst das schönste Mädchen, das ihm seine Gefühle gesteht, nicht seine Freundin wird ...
Als ob ich daraus schlau werden würde!
Ich dachte, er stünde auf hässliche Mädchen ...
Er hat's mir erzählt, nachdem ich ihm eine Liebeserklärung gemacht hab.
Stimmt.
Echt jetzt ...?!

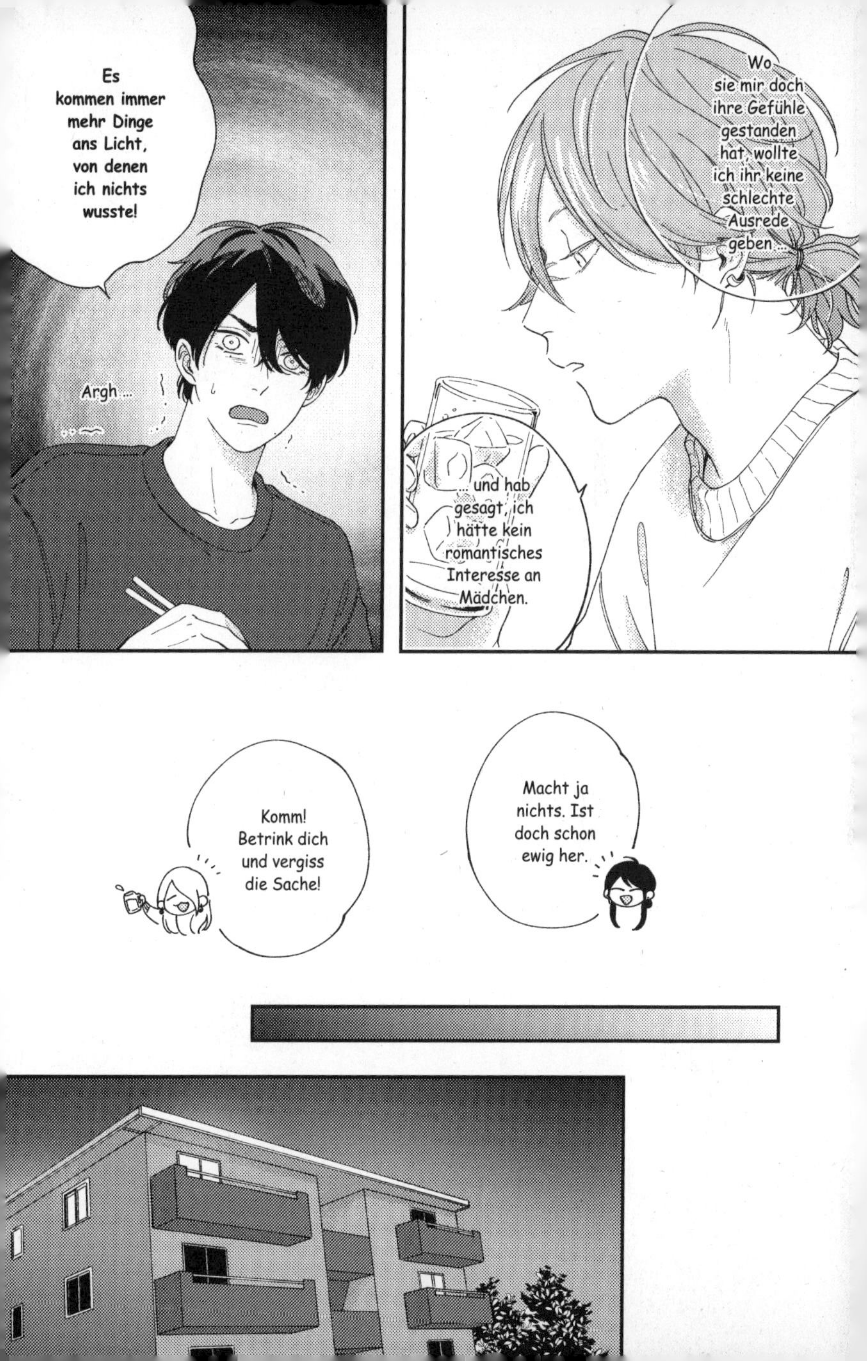
Wo sie mir doch ihre Gefühle gestanden hat, wollte ich ihr keine schlechte Ausrede geben ...
... und hab gesagt, ich hätte kein romantisches Interesse an Mädchen.
Es kommen immer mehr Dinge ans Licht, von denen ich nichts wusste!
Argh ...
Macht ja nichts. Ist doch schon ewig her.
Komm! Betrink dich und vergiss die Sache!

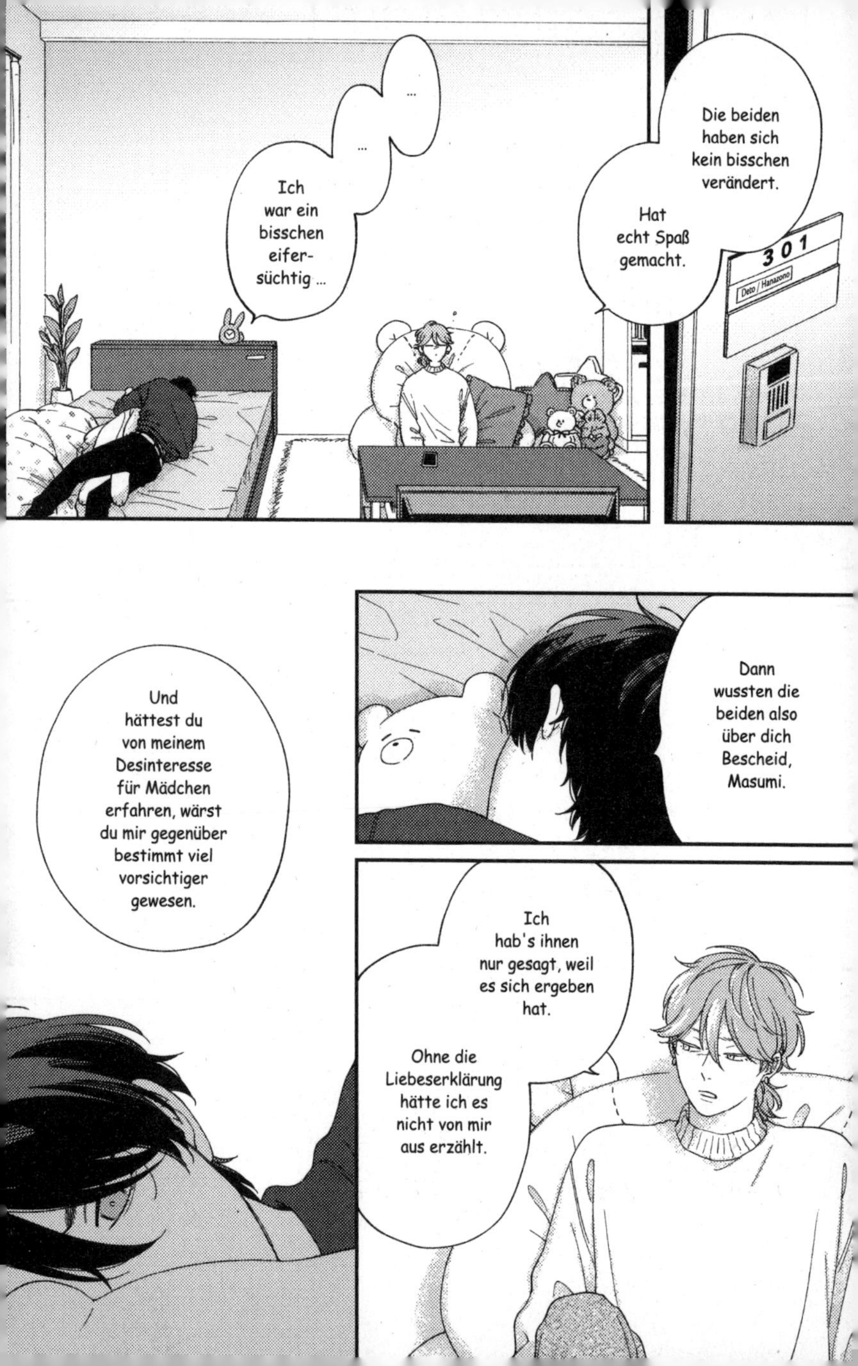
301
Deto / Hanazono
Die beiden haben sich kein bisschen verändert.
Hat echt Spaß gemacht.
...
...
Ich war ein bisschen eifer-süchtig ...
Dann wussten die beiden also über dich Bescheid, Masumi.
Ich hab's ihnen nur gesagt, weil es sich ergeben hat.
Ohne die Liebeserklärung hätte ich es nicht von mir aus erzählt.
Und hättest du von meinem Desinteresse für Mädchen erfahren, wärst du mir gegenüber bestimmt viel vorsichtiger gewesen.

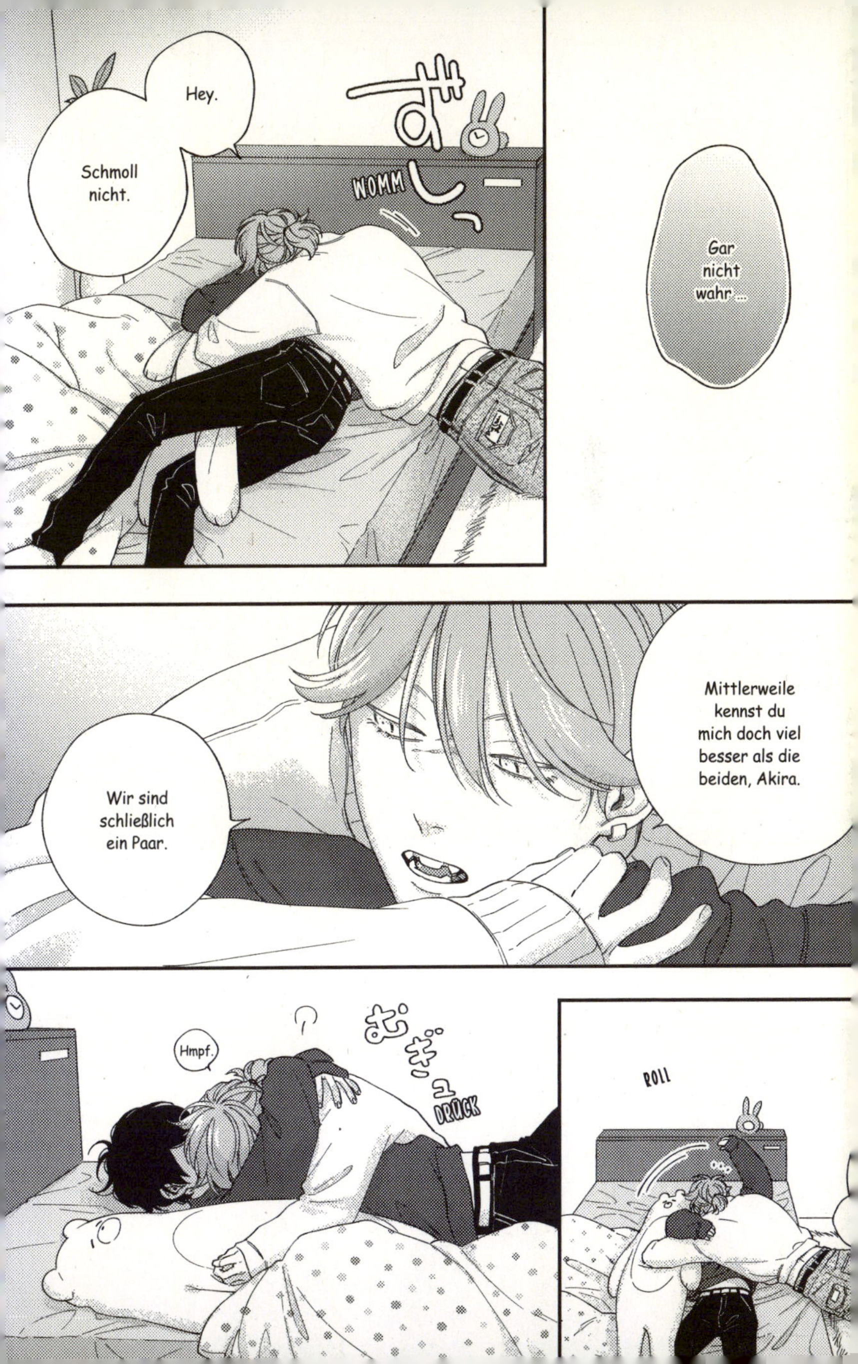
ずしっ
WOMM
Hey.
Schmoll nicht.
Gar nicht wahr ...
Mittlerweile kennst du mich doch viel besser als die beiden, Akira.
Wir sind schließlich ein Paar.
ROLL
むぎゅ
DRÜCK
Hmpf.

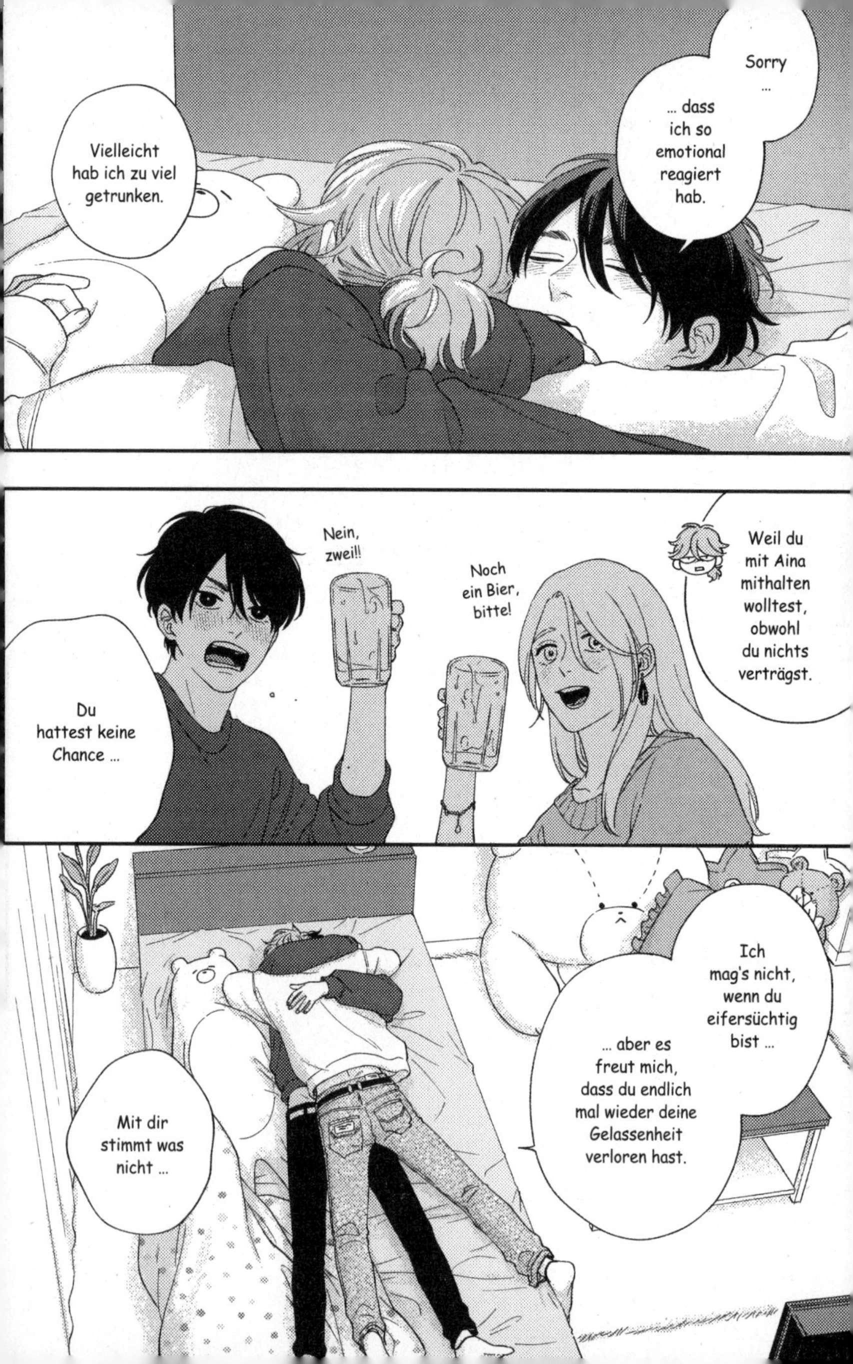

Sorry …
… dass ich so emotional reagiert hab.
Vielleicht hab ich zu viel getrunken.
Weil du mit Aina mithalten wolltest, obwohl du nichts verträgst.
Noch ein Bier, bitte!
Nein, zwei!!
Du hattest keine Chance …
Ich mag's nicht, wenn du eifersüchtig bist …
… aber es freut mich, dass du endlich mal wieder deine Gelassenheit verloren hast.
Mit dir stimmt was nicht …

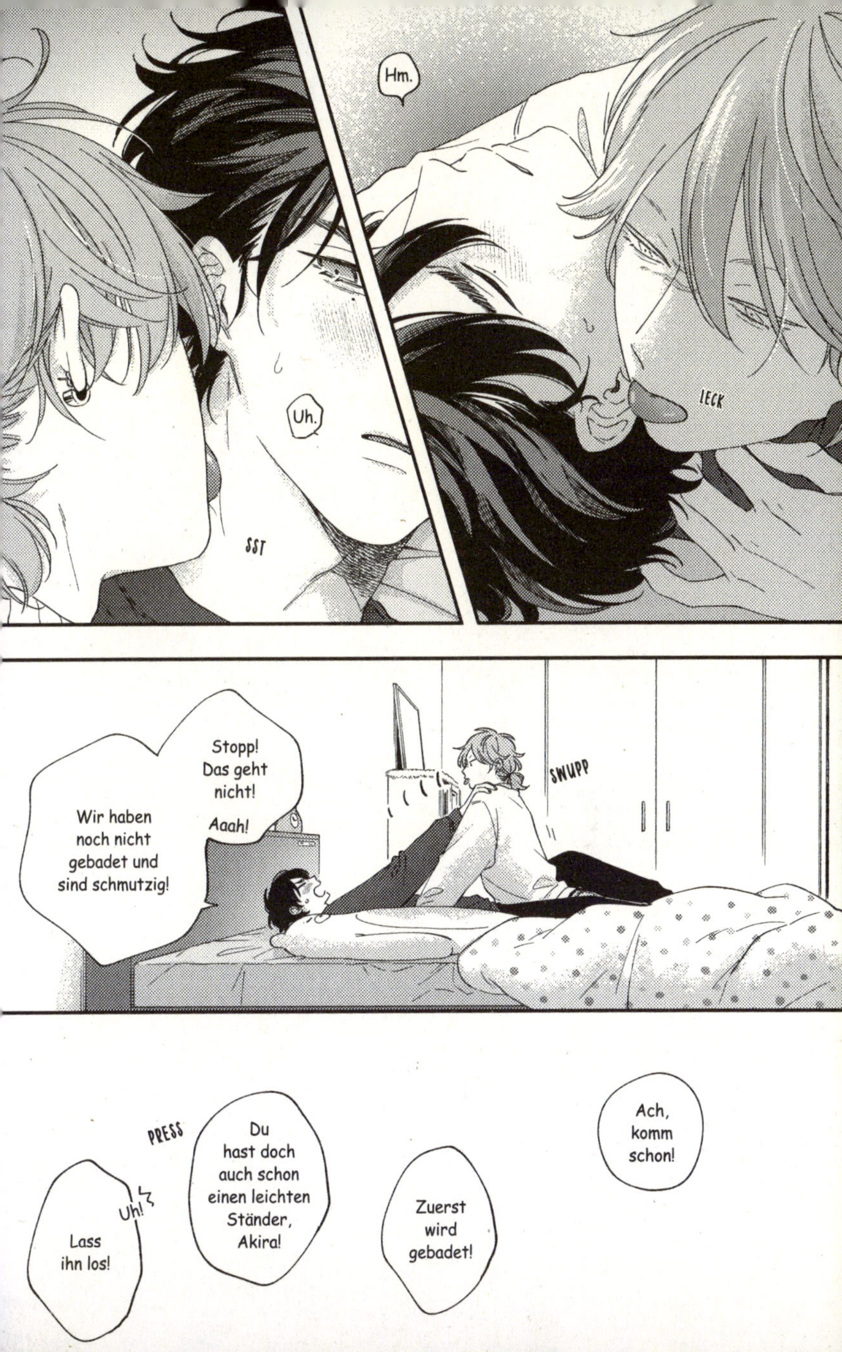
Hm.
LECK
Uh.
SST
SWUPP
Stopp! Das geht nicht!
Aaah!
Wir haben noch nicht gebadet und sind schmutzig!
Ach, komm schon!
Zuerst wird gebadet!
Du hast doch auch schon einen leichten Ständer, Akira!
PRESS
Uh!
Lass ihn los!

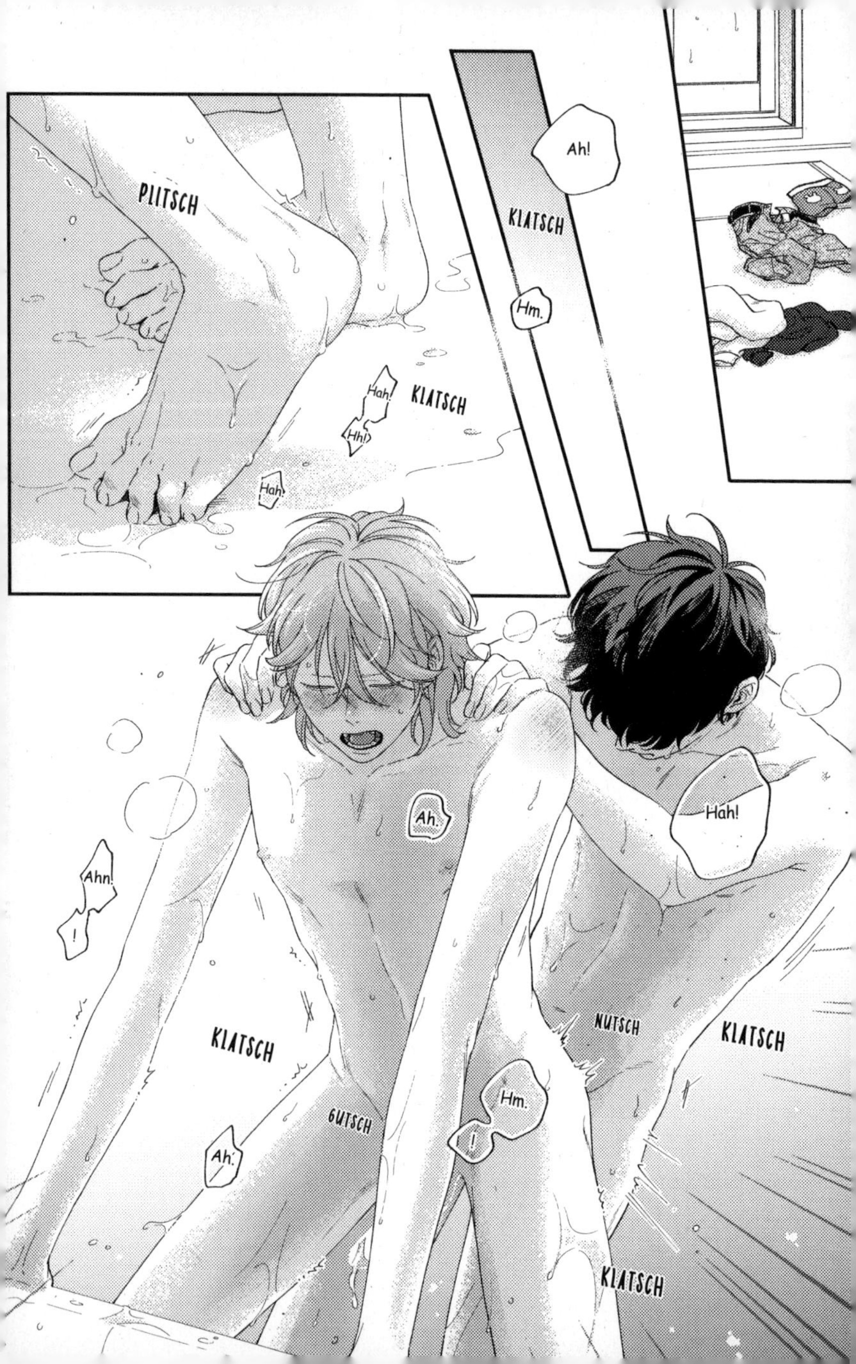
Ah!
KLATSCH
Hm.
PLITSCH
Hah!
Hh!
KLATSCH
Hah!
Hah!
Ah.
KLATSCH
NUTSCH
Hm.
!
KLATSCH
GUTSCH
Ahn!
!
Ah.
KLATSCH

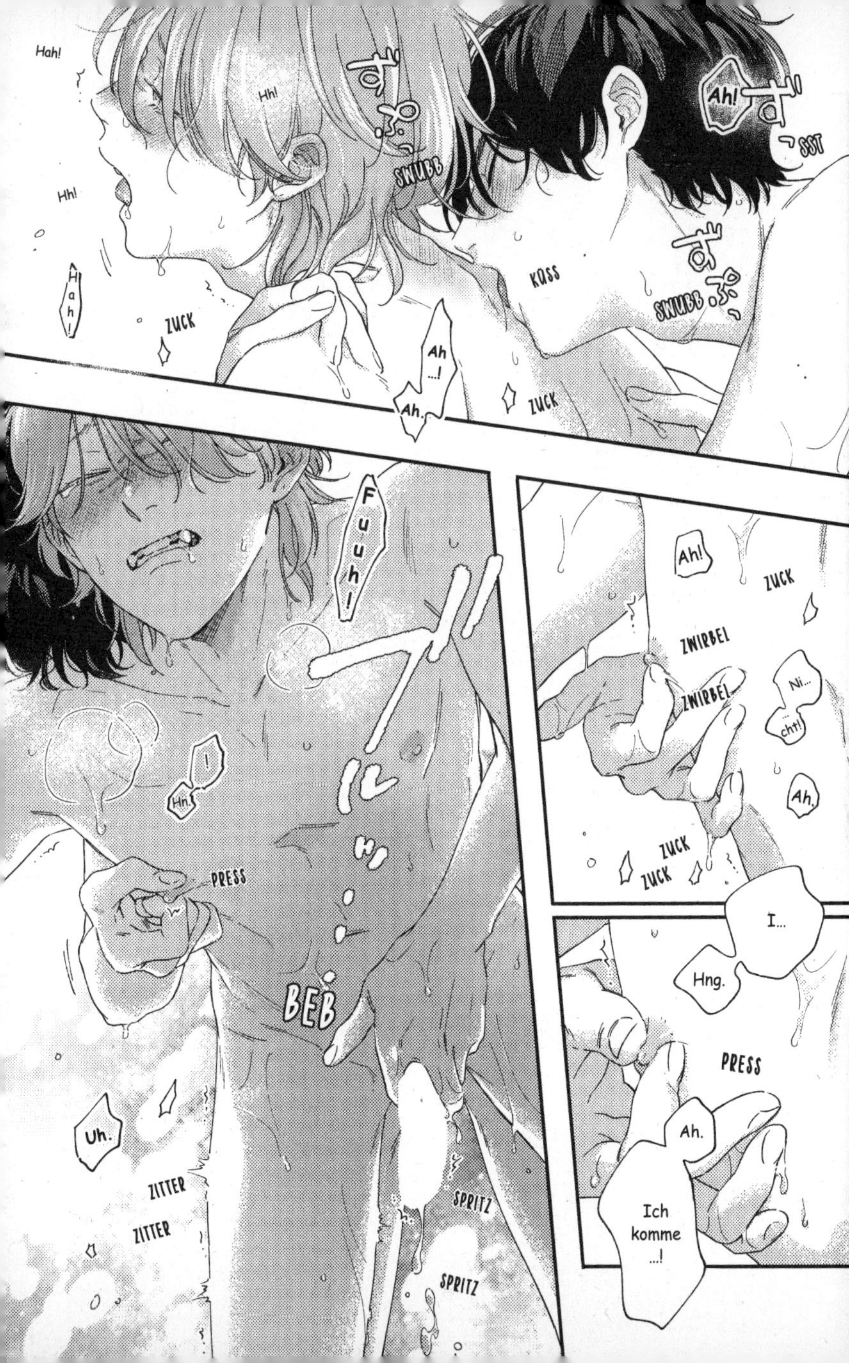

Ah!
ずっ
SST
ずぷっ
SWUBB
KÜSS
ずぷっ
SWUBB
Hh!
Hah!
Hh!
Hah!
ZUCK
Ah ...!
Ah.
ZUCK
Ah!
ZUCK
ZWIRBEL
ZWIRBEL
Ni... ...cht!
Ah.
ZUCK
ZUCK
I...
Hng.
PRESS
Ah.
Ich komme ...!
Fuuh!
!
Hn.
PRESS
BEB
Uh.
ZITTER
ZITTER
SPRITZ
SPRITZ

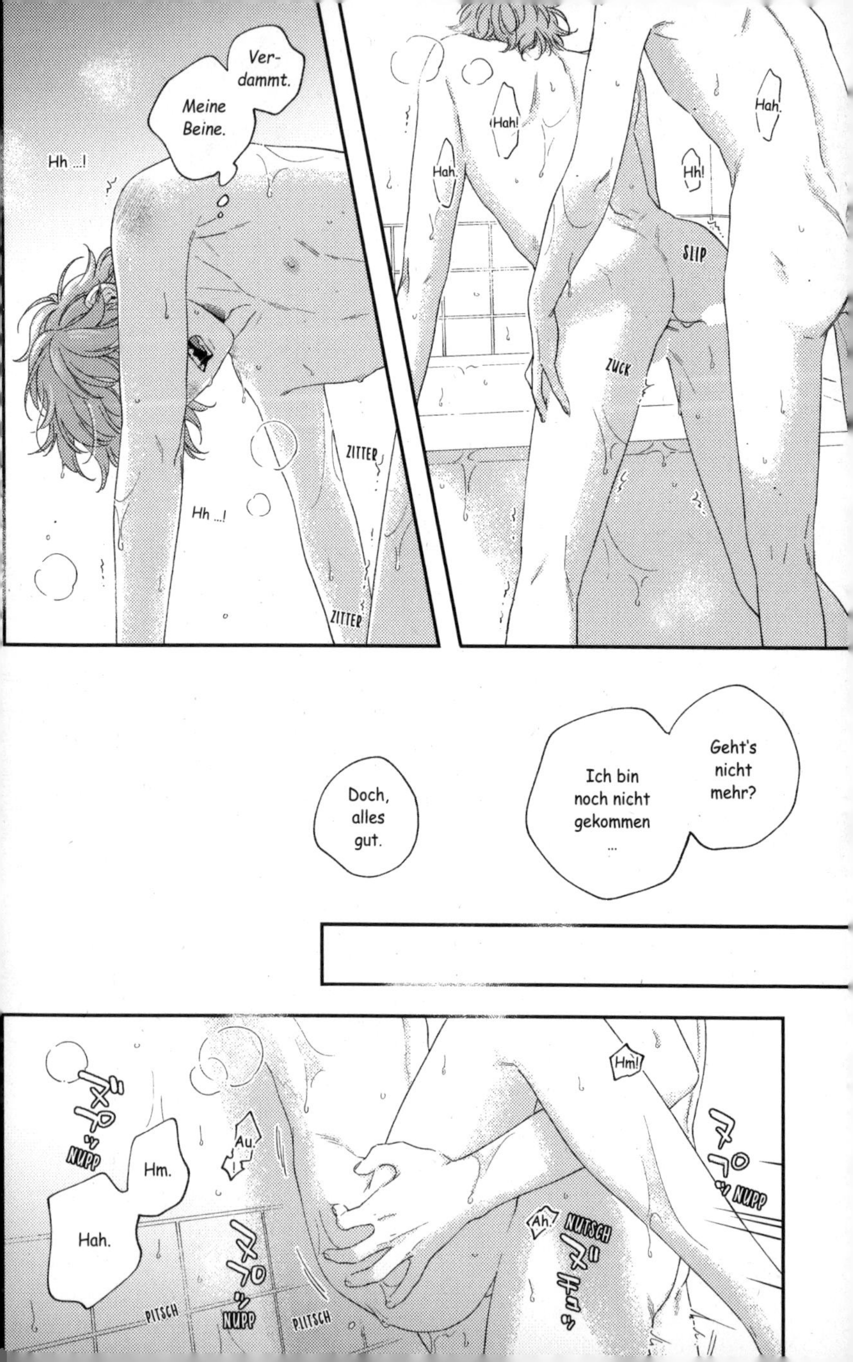
Hah.
Hh!
SLIP
Hah!
Hah.
ZUCK
Verdammt. Meine Beine.
Hh ...!
ZITTER
Hh ...!
ZITTER
Geht's nicht mehr?
Ich bin noch nicht gekommen ...
Doch, alles gut.
Hm!
NUPP
Ah.
NUTSCH
Au. !
Hm.
Hah.
NUPP
NUPP
PITSCH
PITSCH

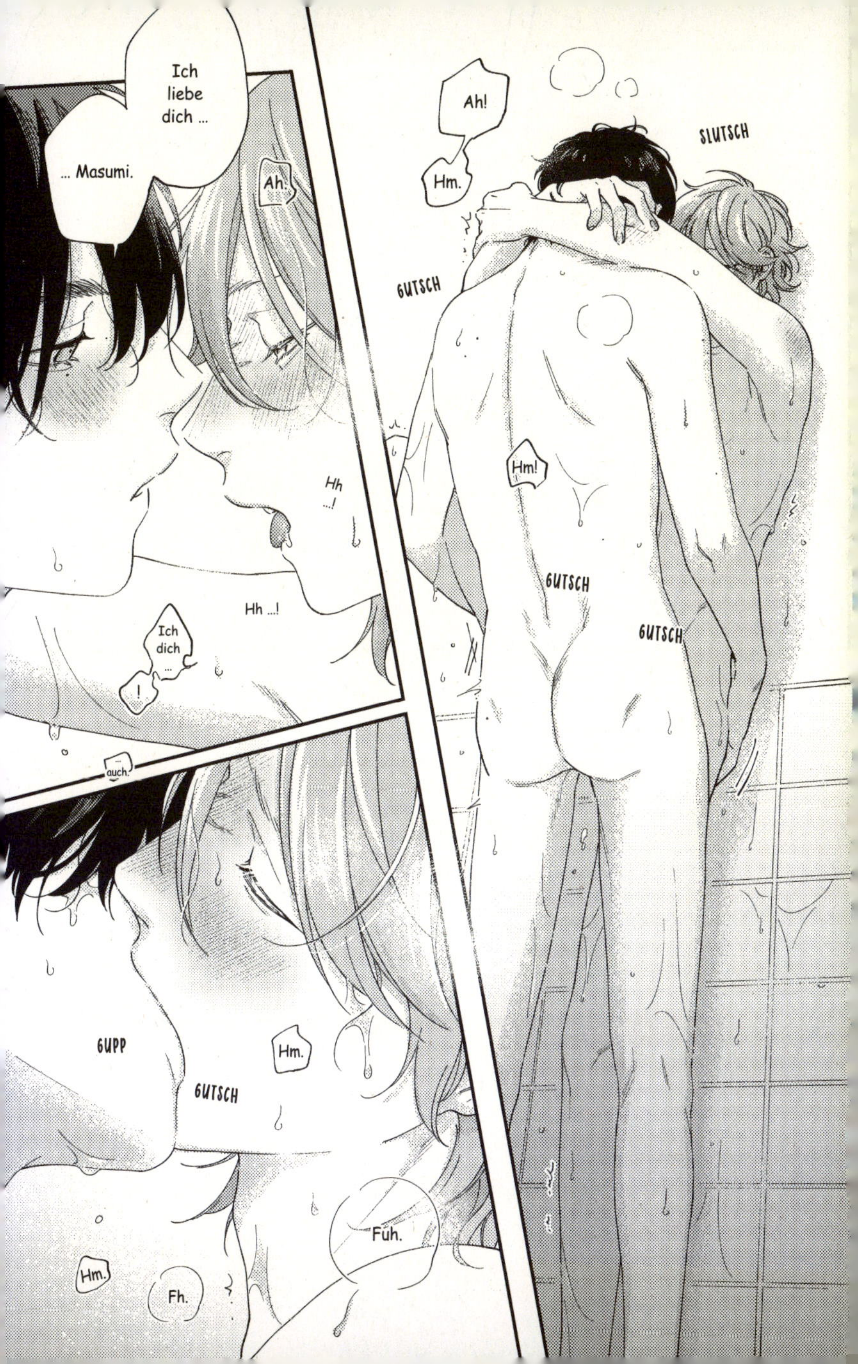
Ah!
Hm.
SLUTSCH
GUTSCH
Hm!
GUTSCH
GUTSCH
Ich liebe dich ...
... Masumi.
Ah.
Hh ...!
Hh ...!
Ich dich ...
!
... auch.
Hm.
GUTSCH
GUPP
Fuh.
Fh.
Hm.

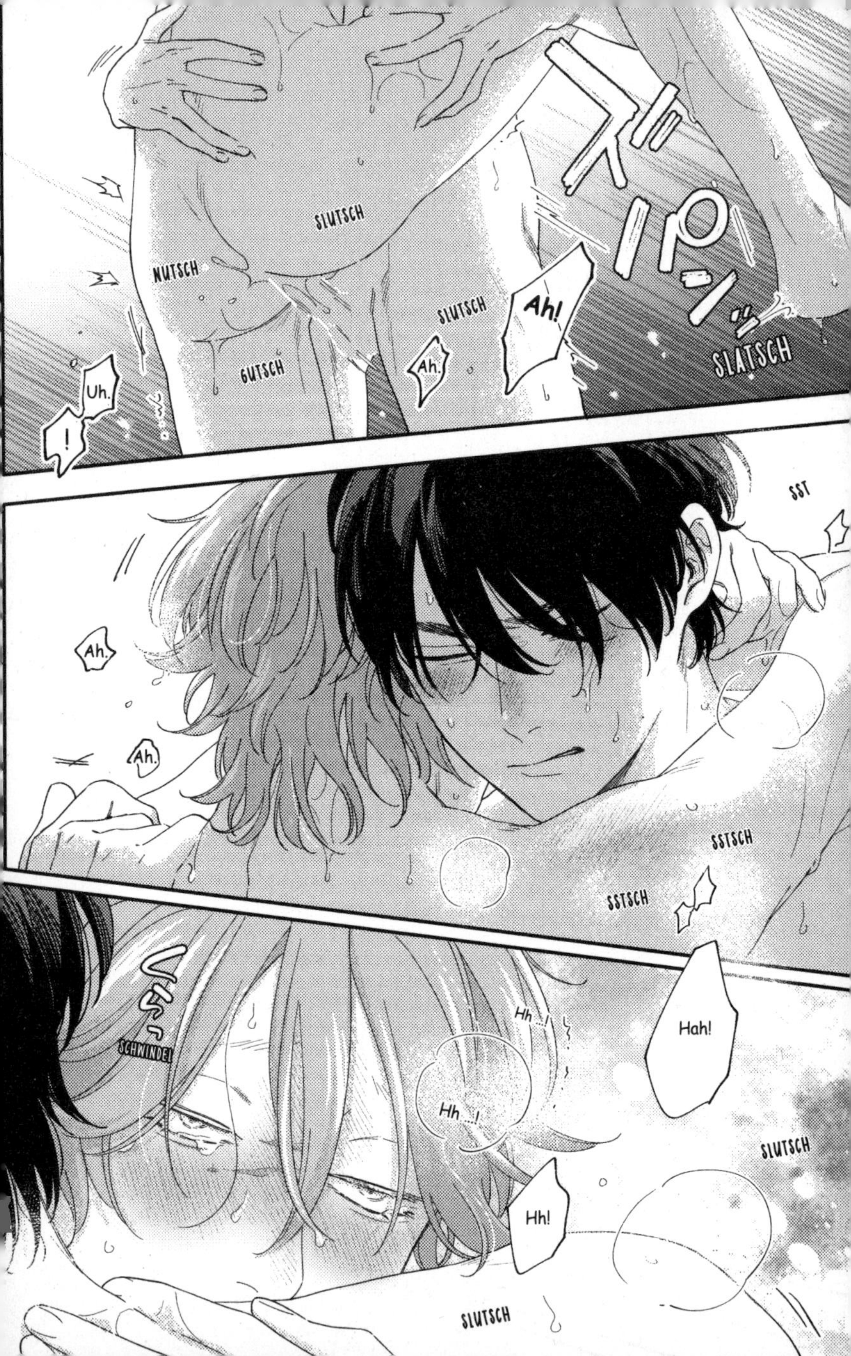

SLATSCH
Ah!
SLUTSCH
Ah.
SLUTSCH
NUTSCH
GUTSCH
Uh.
!
SST
SSTSCH
SSTSCH
Ah.
Ah.
Hah!
SLUTSCH
Hh ...!
Hh ...!
SCHWINDEL
Hh!
SLUTSCH

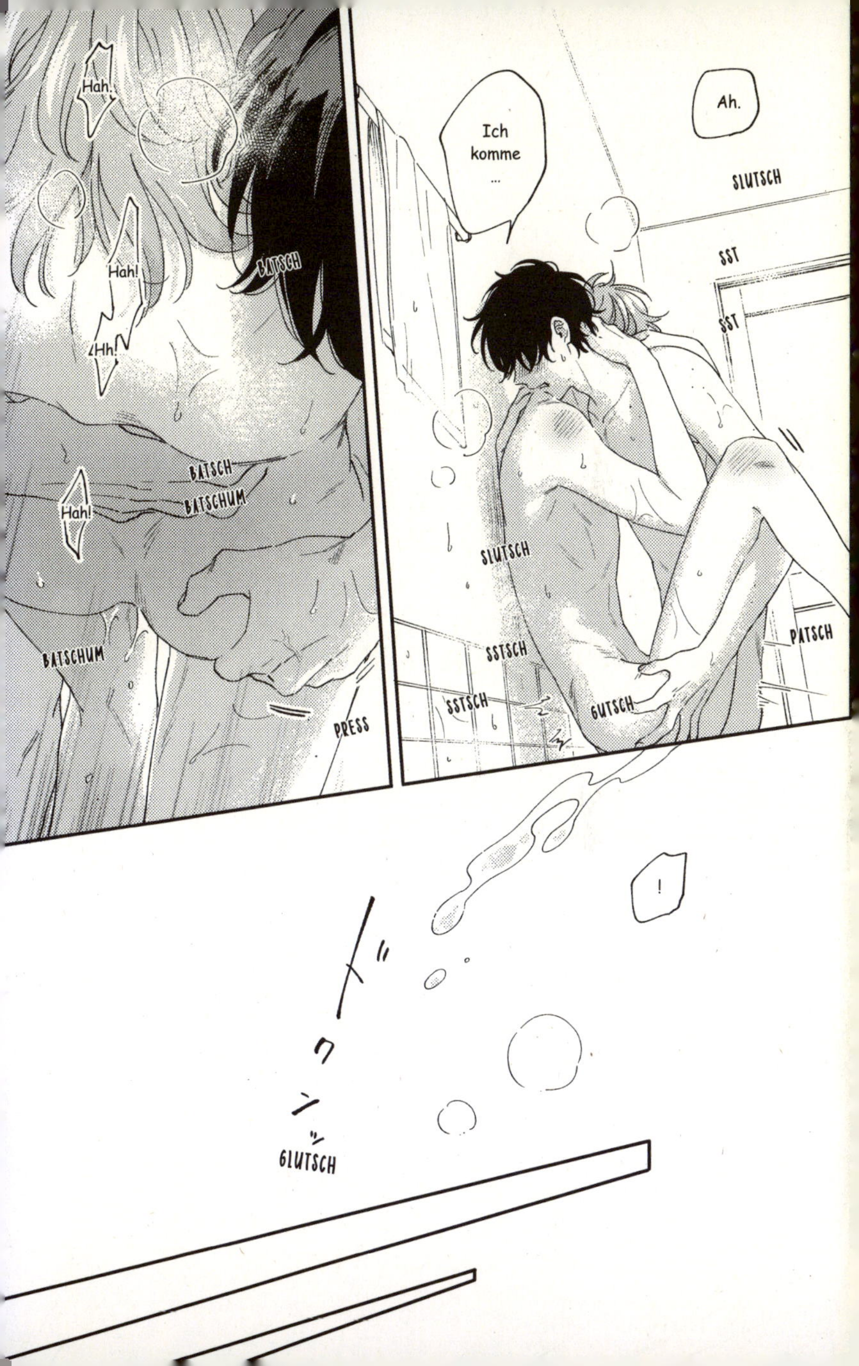
Ah.
SLUTSCH
SST
SST
Ich komme ...
SLUTSCH
PATSCH
SSTSCH
GUTSCH
SSTSCH
Hah!
BATSCH
Hah!
Hh!
BATSCH
BATSCHUM
Hah!
BATSCHUM
PRESS
!
ドクンッ
GLUTSCH

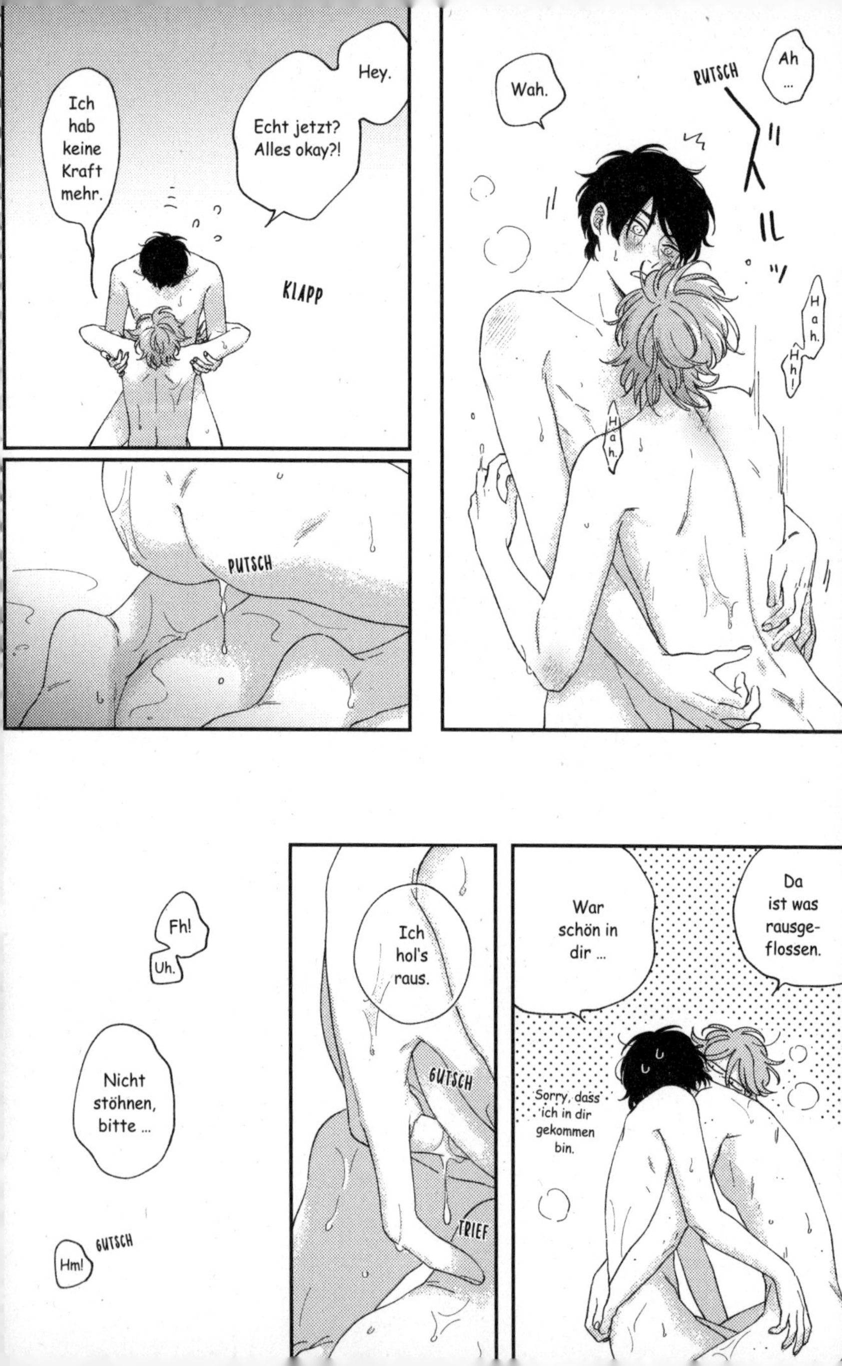
Ah ...
Wah.
PUTSCH
Hah.
Hh!
Hah.
Hey.
Echt jetzt? Alles okay?!
Ich hab keine Kraft mehr.
KLAPP
PUTSCH
Da ist was rausge-flossen.
War schön in dir ...
Sorry, dass ich in dir gekommen bin.
Ich hol's raus.
GUTSCH
TRIEF
Fh!
Uh.
Nicht stöhnen, bitte ...
Hm!
GUTSCH

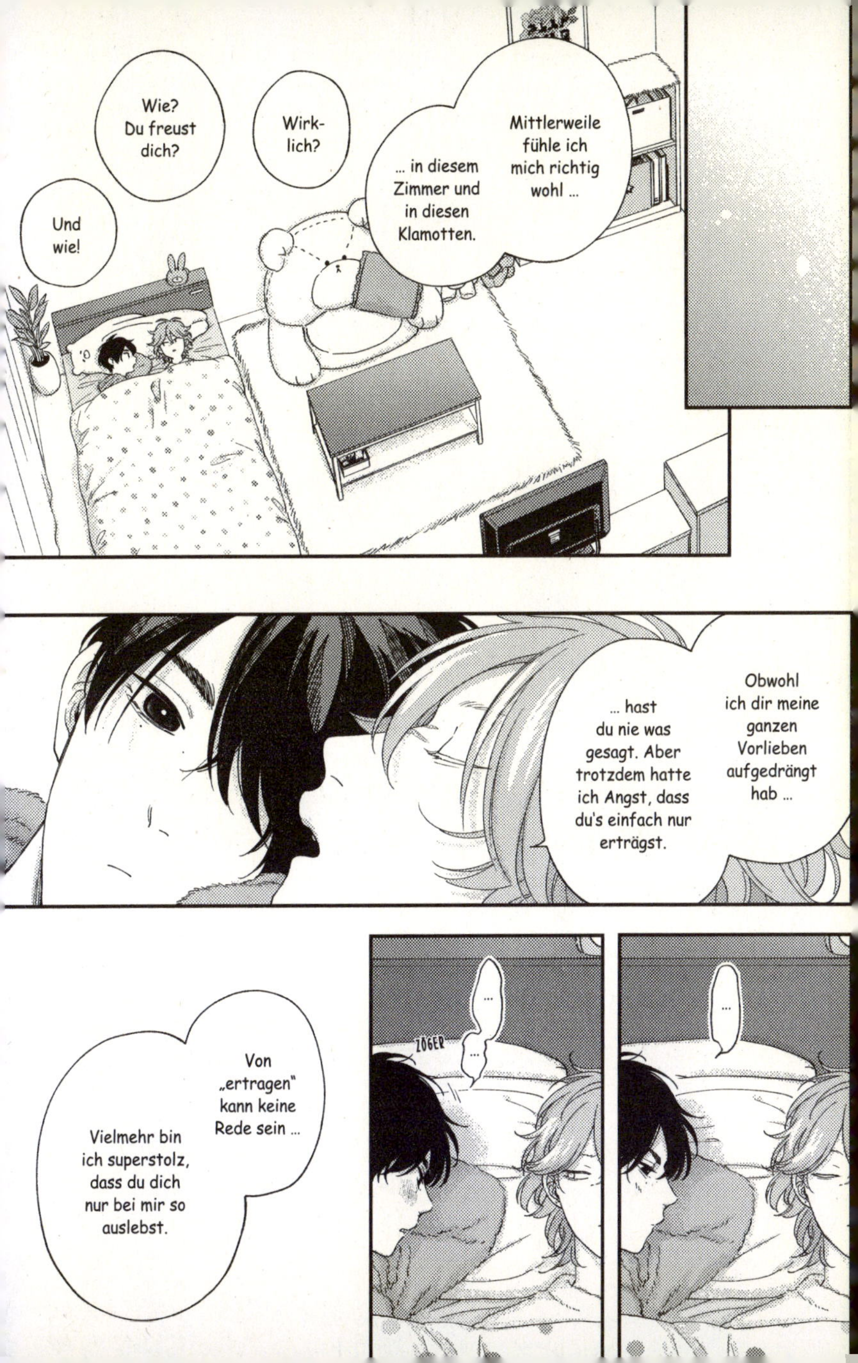
Mittlerweile fühle ich mich richtig wohl ...
... in diesem Zimmer und in diesen Klamotten.
Wirklich?
Wie? Du freust dich?
Und wie!
Obwohl ich dir meine ganzen Vorlieben aufgedrängt hab ...
... hast du nie was gesagt. Aber trotzdem hatte ich Angst, dass du's einfach nur erträgst.
...
...
ZÖGER
...
Von „ertragen" kann keine Rede sein ...
Vielmehr bin ich superstolz, dass du dich nur bei mir so auslebst.

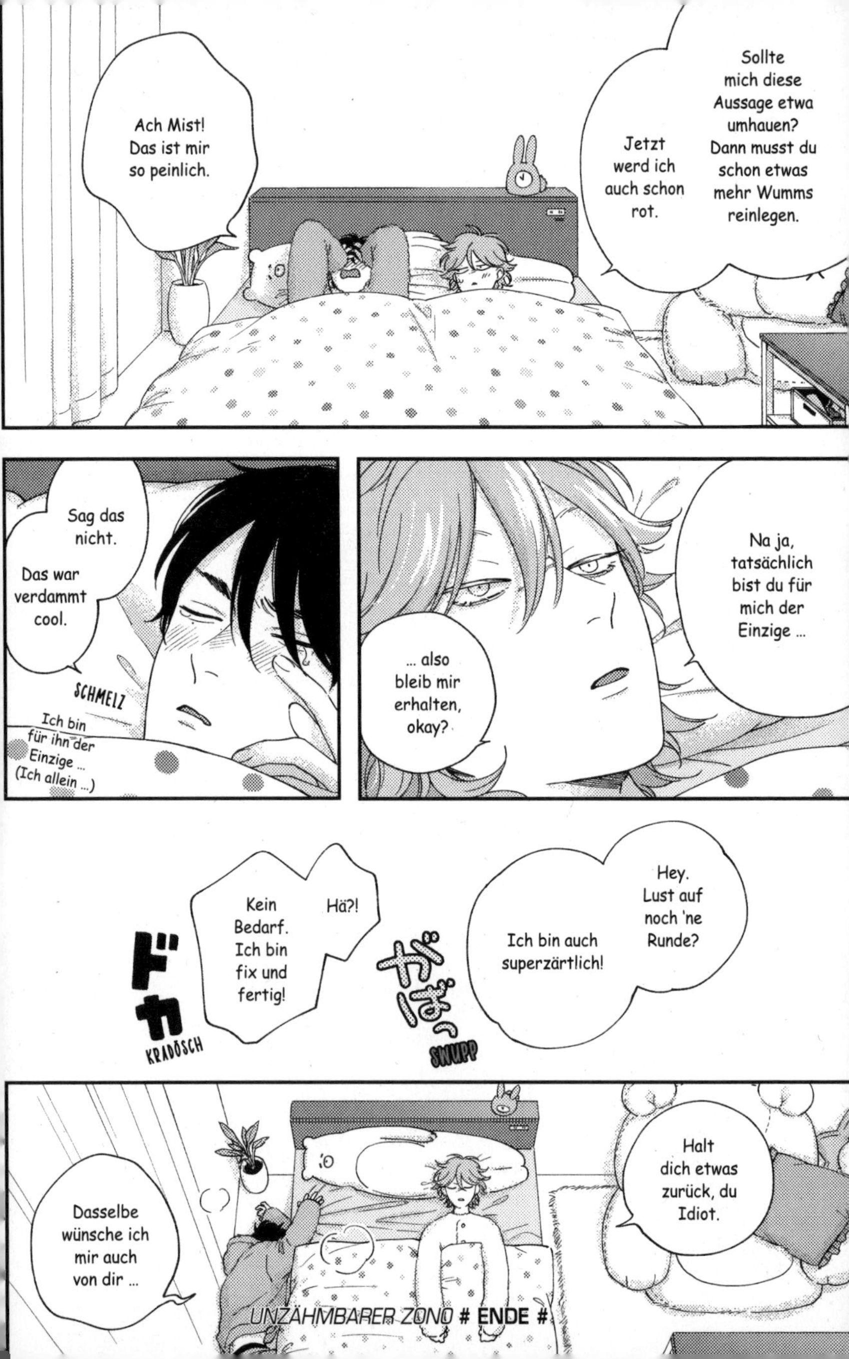
Sollte mich diese Aussage etwa umhauen? Dann musst du schon etwas mehr Wumms reinlegen.
Jetzt werd ich auch schon rot.
Ach Mist! Das ist mir so peinlich.
Na ja, tatsächlich bist du für mich der Einzige ...
... also bleib mir erhalten, okay?
Sag das nicht.
Das war verdammt cool.
SCHMELZ
Ich bin für ihn der Einzige ... (Ich allein ...)
Hey. Lust auf noch 'ne Runde?
Ich bin auch superzärtlich!
がばっ
SWUPP
Hä?!
Kein Bedarf. Ich bin fix und fertig!
ドカ
KRADÖSCH
Halt dich etwas zurück, du Idiot.
Dasselbe wünsche ich mir auch von dir ...
UNZÄHMBARER ZONO # ENDE #

UNZÄHMBARER ZONO

Shikke

UNZÄHMBARER

ZONO

Shikke

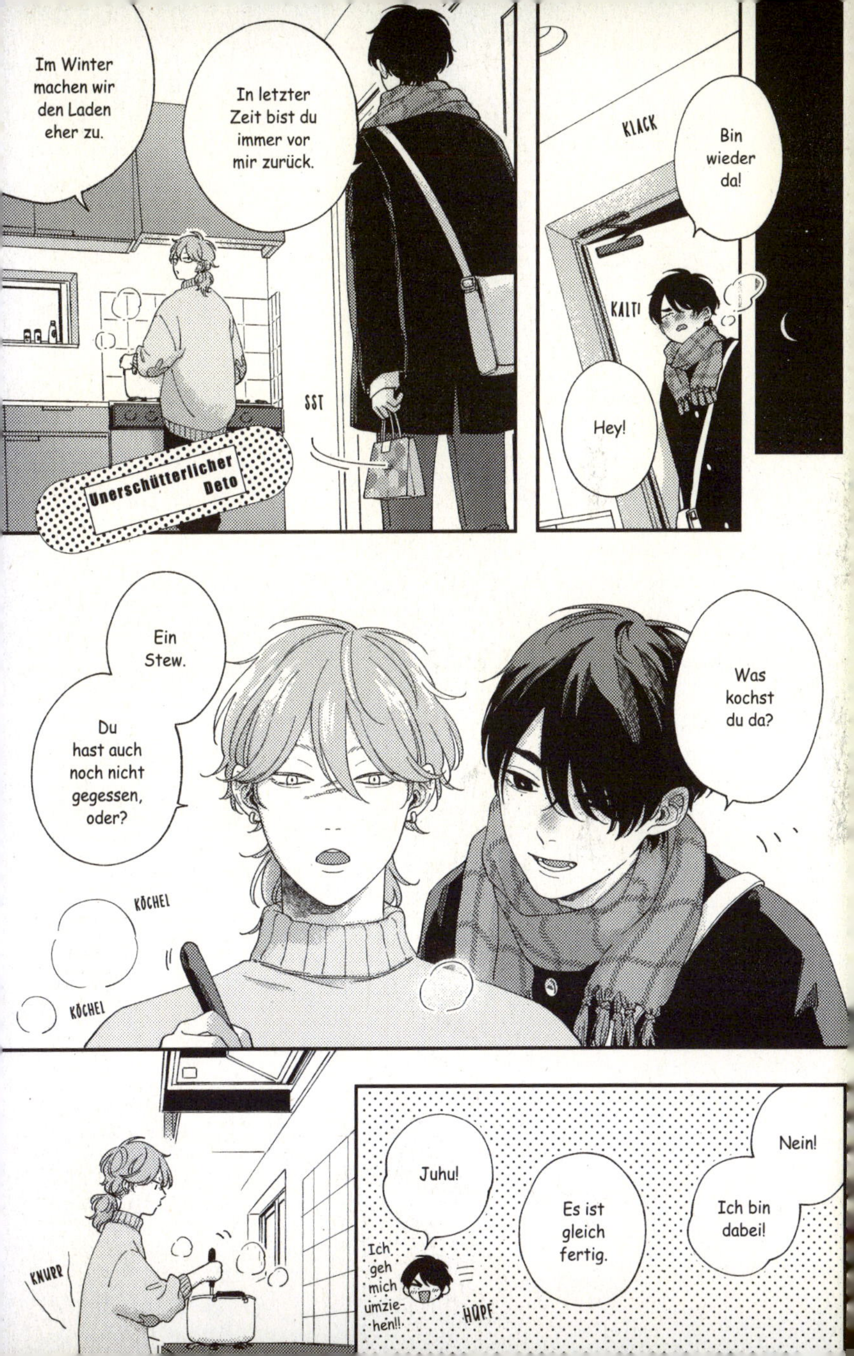
KLACK
Bin wieder da!
KALT!
Hey!
In letzter Zeit bist du immer vor mir zurück.
Im Winter machen wir den Laden eher zu.
SST
Unerschütterlicher Deto
Was kochst du da?
Ein Stew.
Du hast auch noch nicht gegessen, oder?
KÖCHEL
KÖCHEL
Nein!
Ich bin dabei!
Es ist gleich fertig.
Juhu!
Ich geh mich umzie-hen!!
HÜPF
KNURR

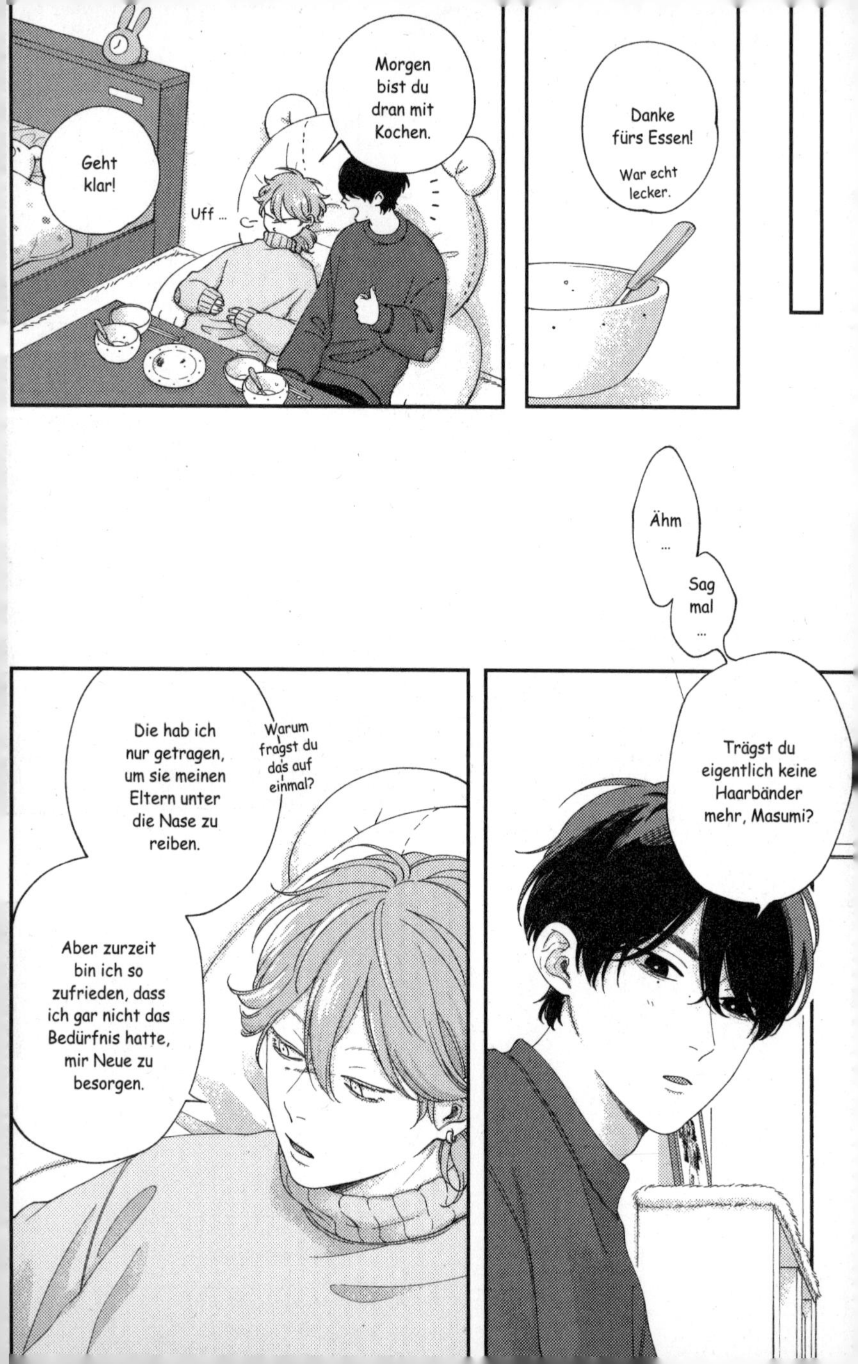
Danke fürs Essen!
War echt lecker.
Morgen bist du dran mit Kochen.
Uff ...
Geht klar!
Ähm ...
Sag mal ...
Trägst du eigentlich keine Haarbänder mehr, Masumi?
Warum fragst du das auf einmal?
Die hab ich nur getragen, um sie meinen Eltern unter die Nase zu reiben.
Aber zurzeit bin ich so zufrieden, dass ich gar nicht das Bedürfnis hatte, mir Neue zu besorgen.

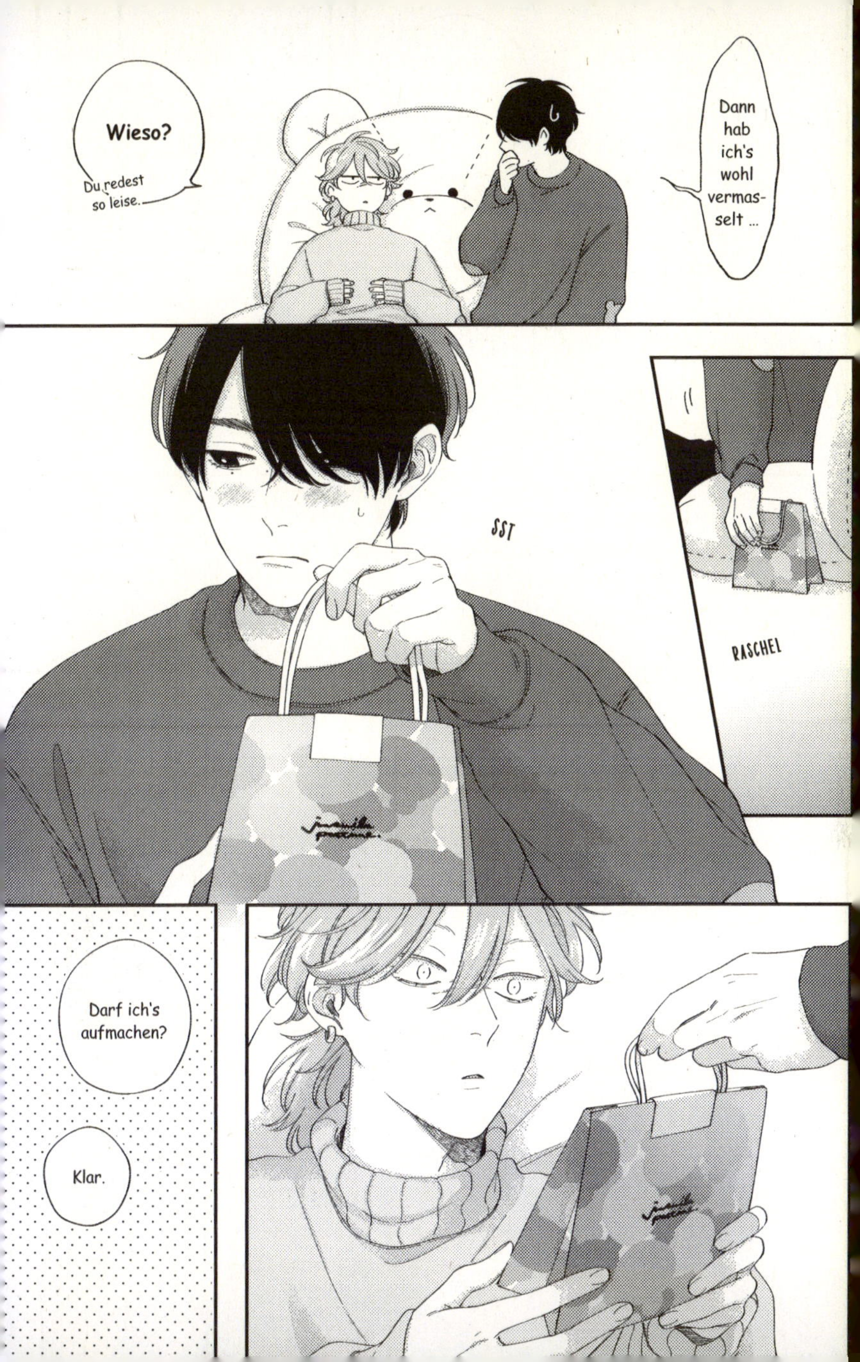
Dann hab ich's wohl vermas-selt ...
Wieso?
Du redest so leise.
SST
RASCHEL
Darf ich's aufmachen?
Klar.

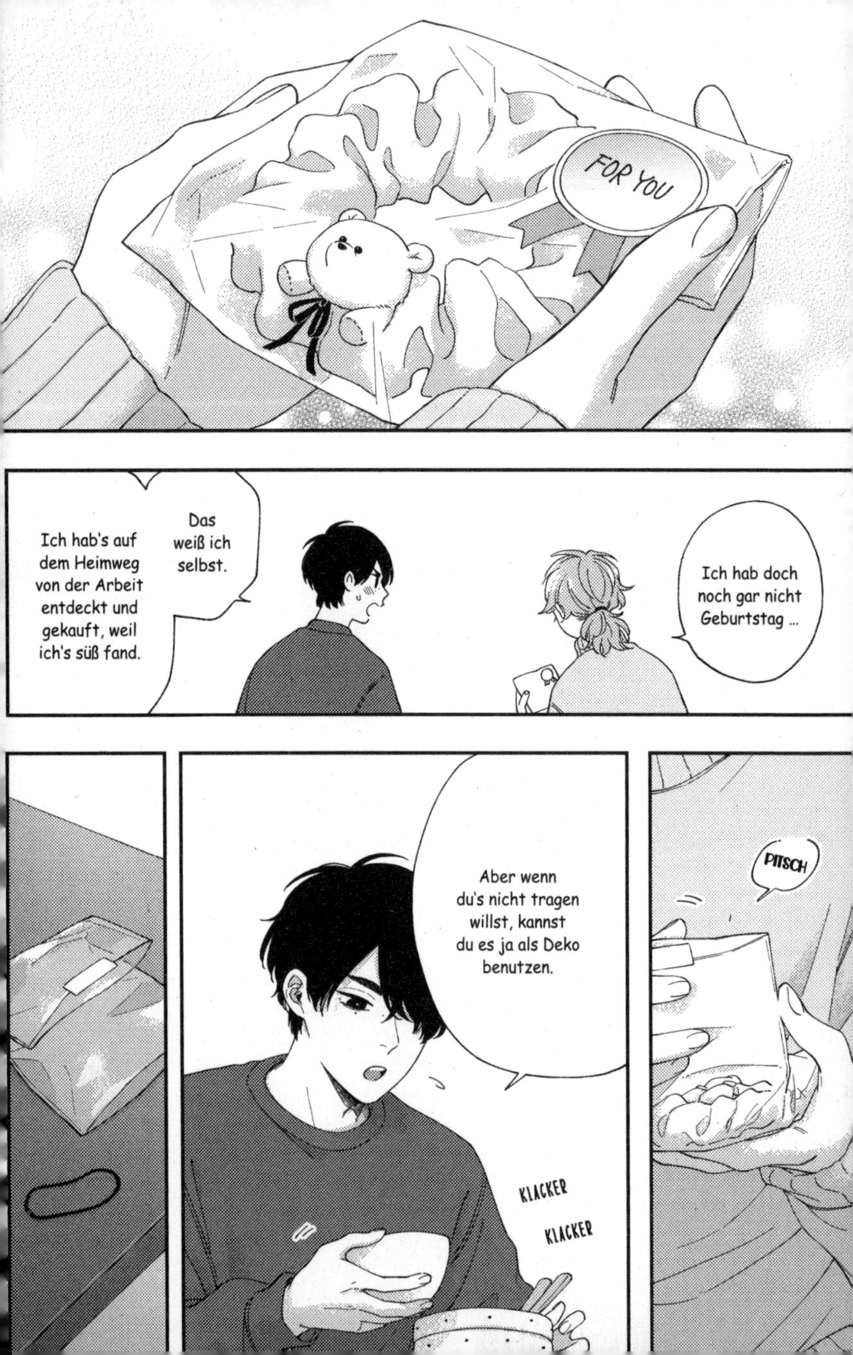
FOR YOU
Ich hab doch noch gar nicht Geburtstag ...
Das weiß ich selbst.
Ich hab's auf dem Heimweg von der Arbeit entdeckt und gekauft, weil ich's süß fand.
PITSCH
Aber wenn du's nicht tragen willst, kannst du es ja als Deko benutzen.
KLACKER
KLACKER

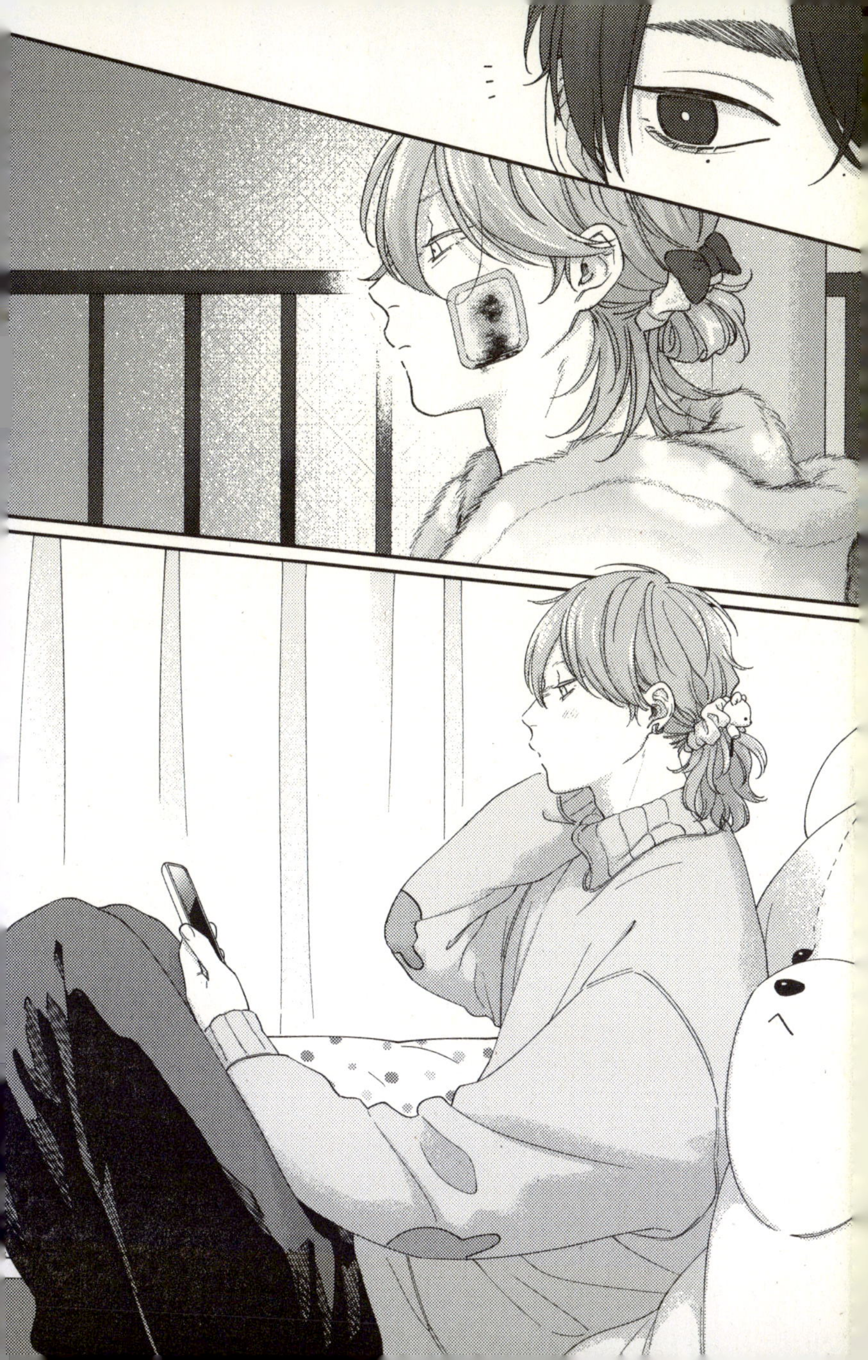

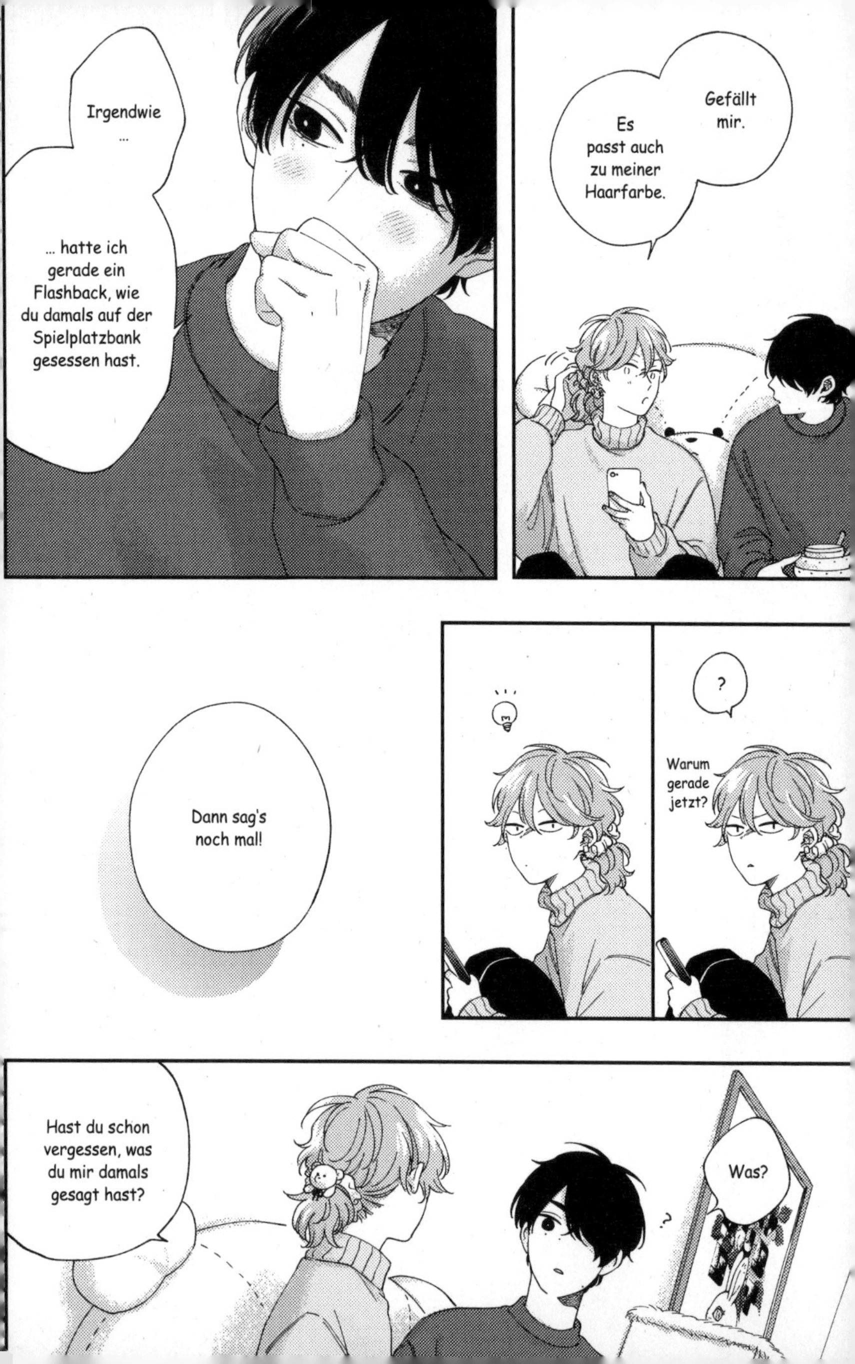
Gefällt mir.
Es passt auch zu meiner Haarfarbe.
Irgendwie ...
... hatte ich gerade ein Flashback, wie du damals auf der Spielplatzbank gesessen hast.
?
Warum gerade jetzt?
Dann sag's noch mal!
Hast du schon vergessen, was du mir damals gesagt hast?
Was?

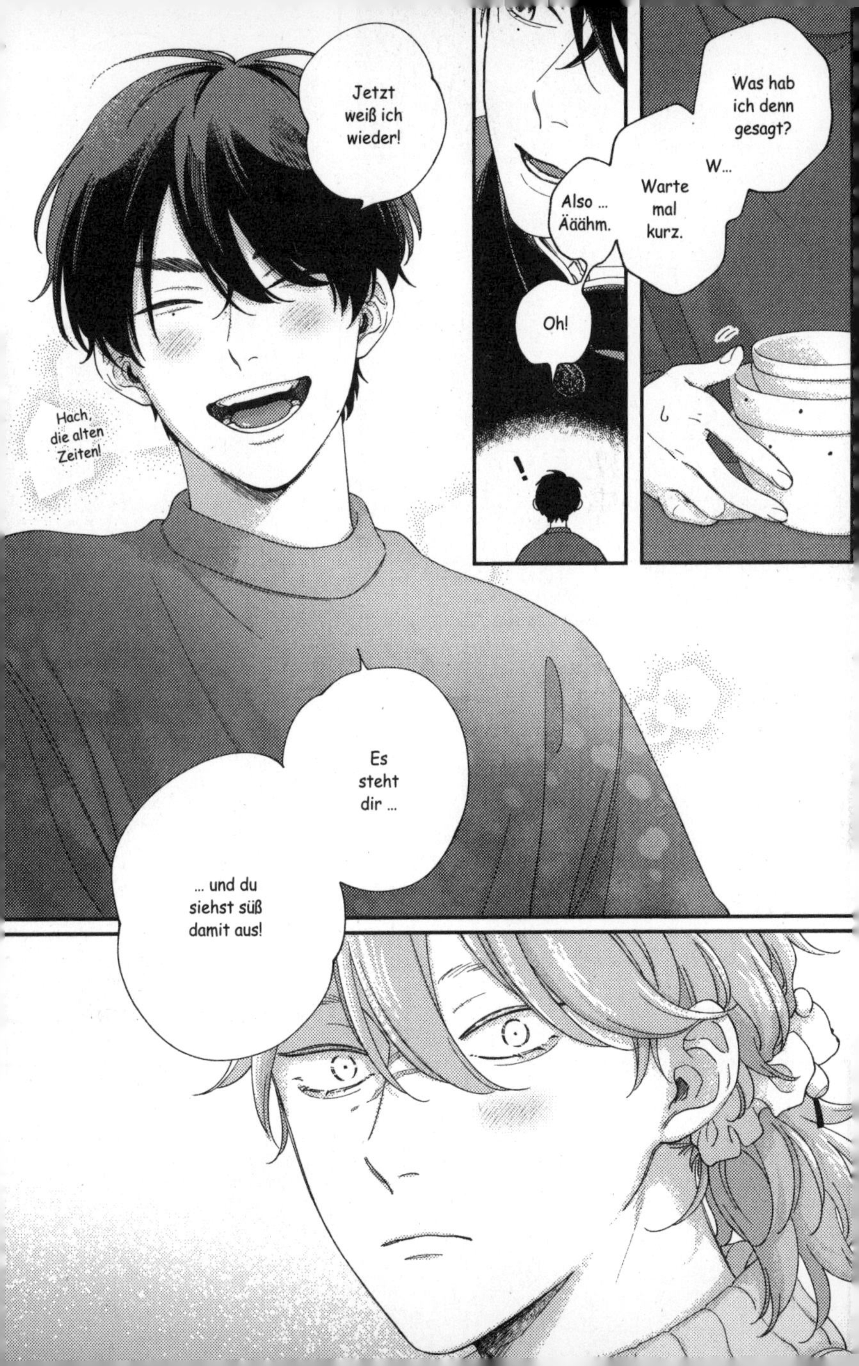
Was hab ich denn gesagt?
W...
Warte mal kurz.
Also ... Äääähm.
Oh!
!
Jetzt weiß ich wieder!
Hach, die alten Zeiten!
Es steht dir ...
... und du siehst süß damit aus!

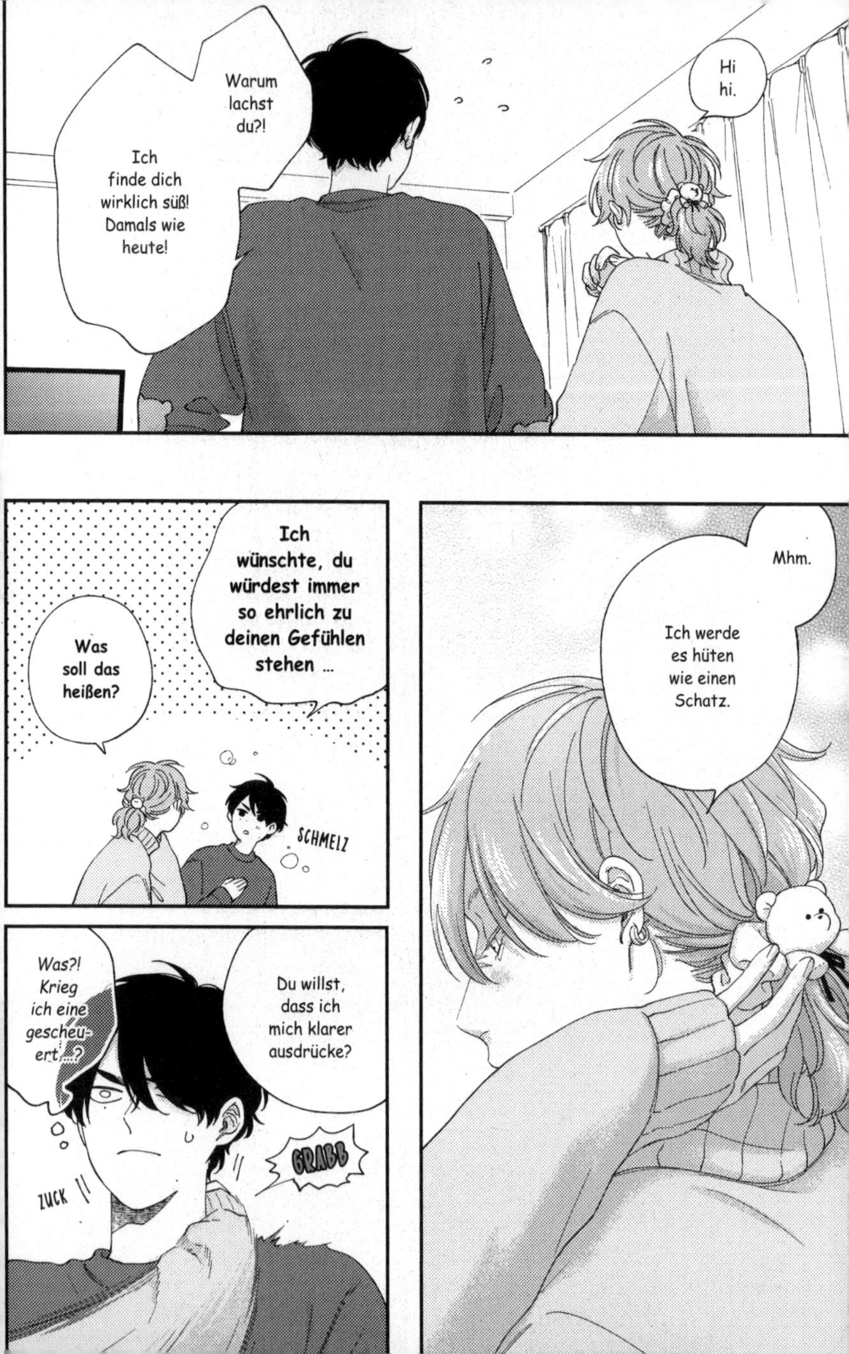
Hi hi.
Warum lachst du?!
Ich finde dich wirklich süß! Damals wie heute!
Mhm.
Ich werde es hüten wie einen Schatz.
Ich wünschte, du würdest immer so ehrlich zu deinen Gefühlen stehen ...
Was soll das heißen?
SCHMELZ
Du willst, dass ich mich klarer ausdrücke?
Was?! Krieg ich eine gescheu-ert ...?
GRABB
ZUCK

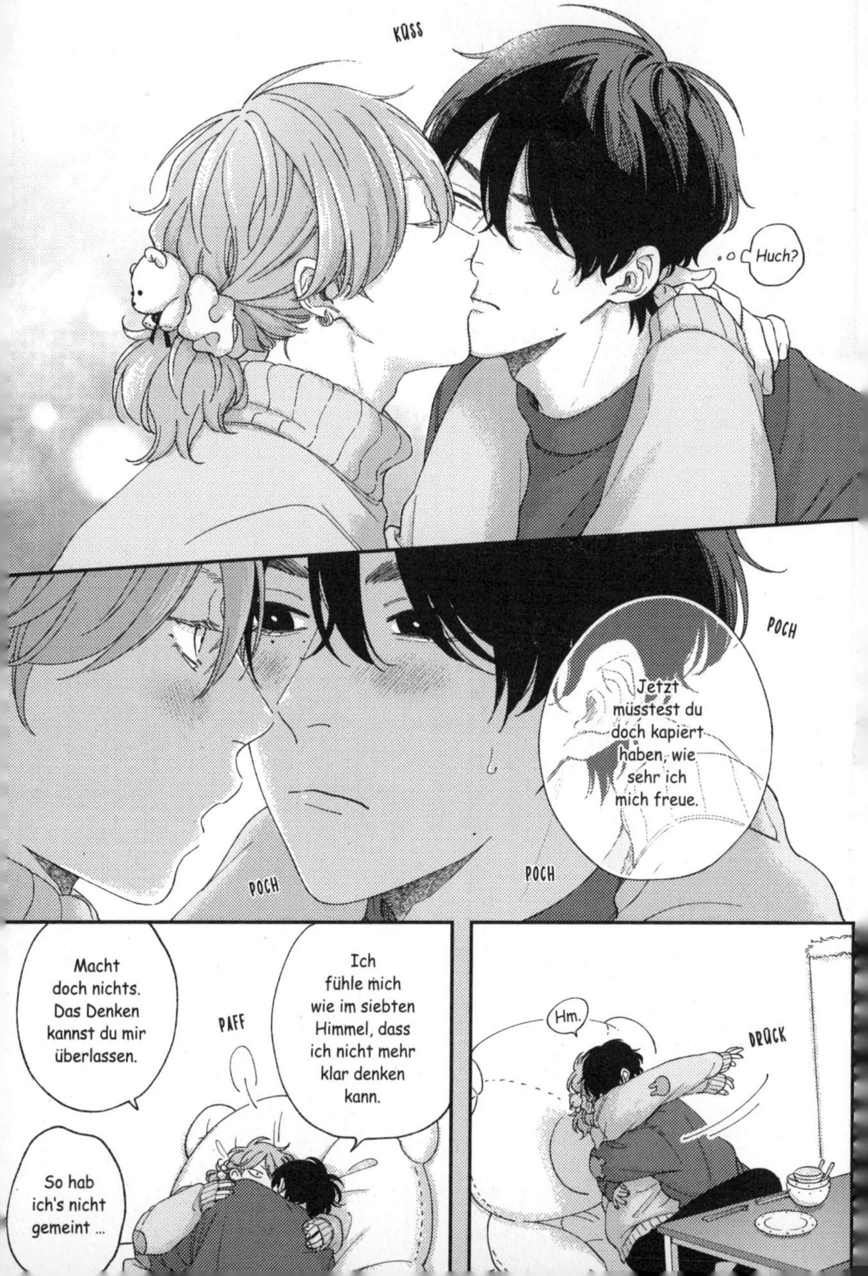
KÜSS
Huch?
POCH
Jetzt müsstest du doch kapiert haben, wie sehr ich mich freue.
POCH
POCH
Hm.
DRÜCK
Ich fühle mich wie im siebten Himmel, dass ich nicht mehr klar denken kann.
PAFF
Macht doch nichts. Das Denken kannst du mir überlassen.
So hab ich's nicht gemeint ...

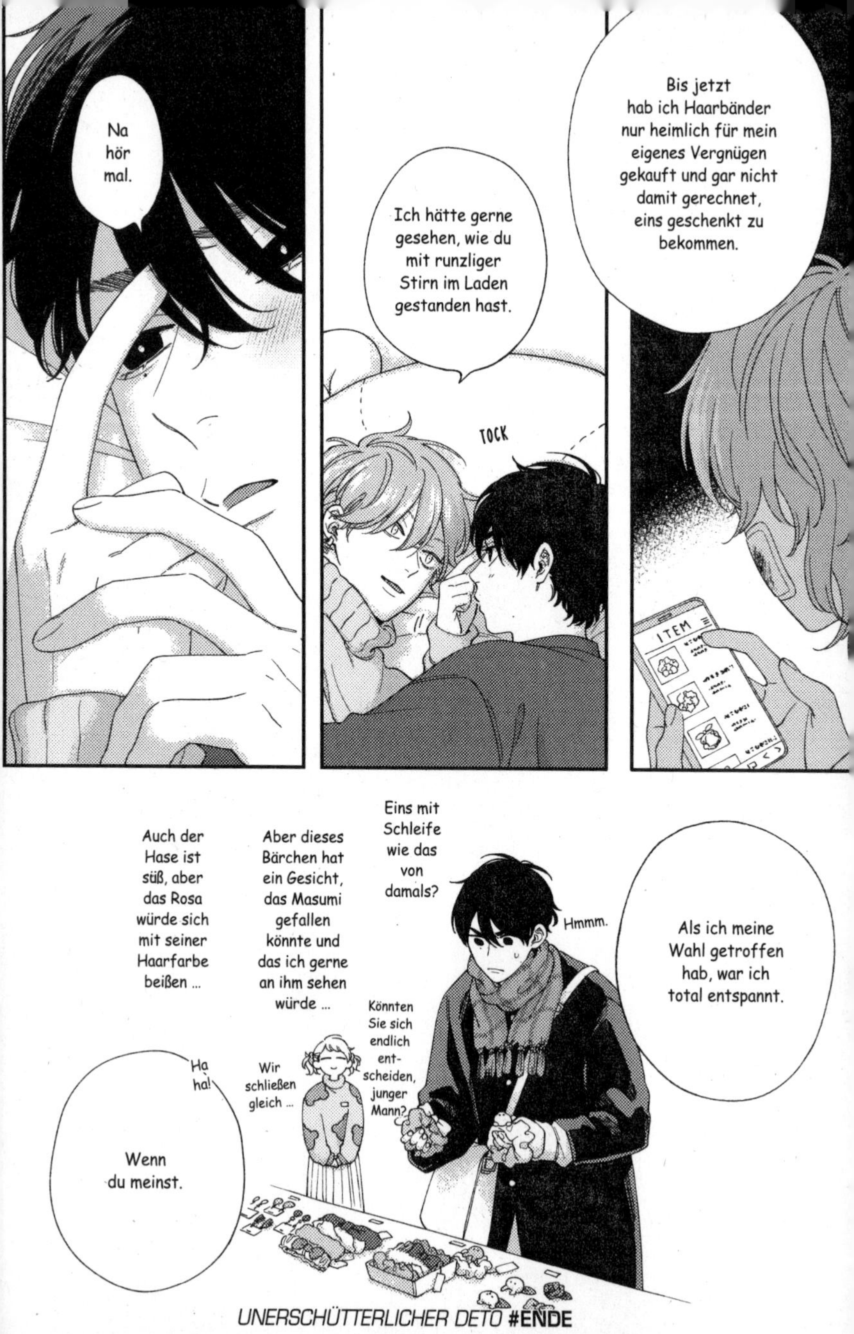

UNERSCHÜTTERLICHER DETO #ENDE

SUTOPPU!

**Koko wa kono manga no owari dayo.
Hantaigawa kara yomihajimete ne!
Dewa omatase shimashita!
Tanoshii hitotoki wo dozo!**

Egmont-Manga-Chiimu

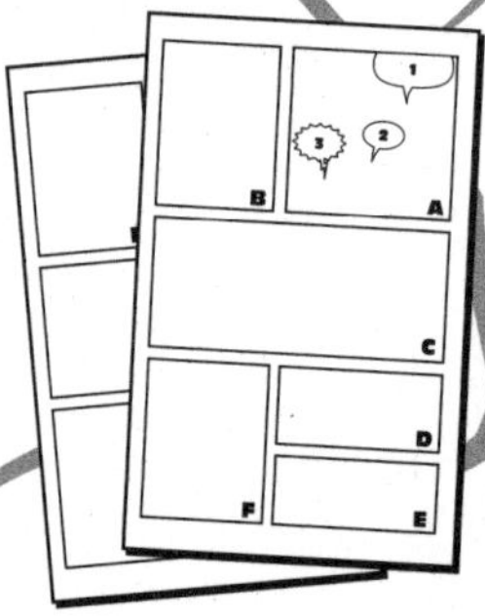

STOPP!

**Das ist der Schluss des Mangas.
Fangt bitte am anderen Ende an!
Und nun genug der Vorrede,
viel Spaß beim Lesen!**

Euer Egmont-Manga-Team

„Unzähmbarer Zono“ von Shikke
Aus dem Japanischen von Melania Schmitz
Originaltitel: „FUKUTSU NO ZONO“

Originalausgabe:
FUKUTSU NO ZONO

First published in Japan in 2020 by
KADOKAWA CORPORATION, Tokyo.
German translation rights arranged with
KADOKAWA CORPORATION, Tokyo through
TOHAN CORPORATION, Tokyo.

Deutschsprachige Ausgabe:

Egmont Verlagsgesellschaften mbH
Ritterstraße 26, 10969 Berlin

1. Auflage 2024

Verantwortliche Redakteurin: Manuela Rudolph
Lektorat: Madlen Beret
Covergestaltung: Wolfgang Schütte
Koordination: Angelika Schönhuber
Printed in the EU
ISBN 978-3-7555-0325-5

story house
EGMONT